卓越教师 教学主张丛书

厦门市卓越教师培育项目成果
西南大学教育学"双一流"学科建设实践成果
总主编 陈 珍 朱德全

灵动课堂

为了学生的真正参与

陈海烽 著

西南大学出版社
国家一级出版社 全国百佳图书出版单位

· 重庆 ·

图书在版编目(CIP)数据

灵动课堂:为了学生的真正参与 / 陈海烽著.
重庆:西南大学出版社,2024.10.--(卓越教师教学主张丛书).--ISBN 978-7-5697-2633-6
Ⅰ.G424.21
中国国家版本馆CIP数据核字第202441BA58号

灵动课堂:为了学生的真正参与
LINGDONG KETANG:WEILE XUESHENG DE ZHENZHENG CANYU

陈海烽　著

责任编辑:朱春玲
责任校对:蒋云琪
特约校对:黄文昭
封面设计:闽江文化
版式设计:散点设计
排　　版:李　燕
出版发行:西南大学出版社(原西南师范大学出版社)
　　　　　地址:重庆市北碚区天生路2号
　　　　　邮编:400715
　　　　　市场营销部电话:023-68868624
印　　刷:重庆亘鑫印务有限公司
成品尺寸:170 mm×240 mm
印　　张:18.5
字　　数:337千字
版　　次:2024年10月　第1版
印　　次:2024年10月　第1次印刷
书　　号:ISBN 978-7-5697-2633-6
定　　价:58.00元

编委会

总主编
陈　珍　朱德全

副总主编
洪　军　刘伟玲　庄小荣　潘世锋　罗生全　周文全

执行主编
范涌峰　魏登尖

编委（以姓氏笔画为序）
王天平　王正青　牛卫红　艾　兴　叶小波　朱德全
庄小荣　刘伟玲　陈　珍　陈　婷　范涌峰　罗生全
周文全　郑　鑫　赵　斌　侯玉娜　洪　军　唐华玲
　　　　　　　　　　　　韩仁友　潘世锋　魏登尖

总序

习近平总书记在2024年全国教育大会上指出,要实施教育家精神铸魂强师行动,加强师德师风建设,提高教师培养培训质量,培养造就新时代高水平教师队伍。《中共中央 国务院关于弘扬教育家精神加强新时代高素质专业化教师队伍建设的意见》指出,要加强中小学学科领军教师培训,培育一批引领基础教育学科教学改革的骨干。强化中小学名师名校长培养。

厦门市历来重视名师队伍的培育培养工作,根据教师专业成长规律,经二十年探索,逐步形成了"骨干教师—学科带头人—专家型教师—卓越教师"的金字塔式名师阶梯成长体系。自2021年起,厦门市教育局与西南大学开展战略合作,共同推进厦门教育高质量发展和教师队伍建设。"厦门市首期卓越教师培育项目"是由厦门市教育局与西南大学教育学部联合倾力打造的精品培训项目,也是厦门市迄今为止最高层次的教师培训项目。该项目旨在打造一支具有教育情怀、高尚师德,富有创新精神,具有鲜明教育教学思想和教学主张,在教育教学和教育科研上发挥领军作用的高层次教育人才队伍。项目以产出导向为理念,坚持任务驱动,通过个人自学、高端访学、课题研究、讲学辐射、挂钩帮扶、发表论文、出版专著、提炼教育思想、推广教学主张等方式优化培育过程。

三年琢磨,美玉渐成。通过三年的探索,围绕成为"有实践的思想者"这一核心目标,每一位卓越教师培育对象形成了特色鲜明、理念前沿的教学主张,并以教学主张为中心形成了一本专著,从而汇集成目前呈现在大家面前的"卓越教师教学主张丛书"。本丛书,既是"厦门市首期卓越教师培育项目"三年实施成果的沉淀,是每一位卓越教师培育对象思想的结晶,也是西南大学教育学"双一流"学科建设的实践成果。

仔细阅读本丛书,可以欣喜地看到,卓越教师培育对象们不仅能敏锐地捕捉到教育教学领域的难点、热点问题,揭示其中的本质规律,还能结合本地教学实际智慧地提出解决方案。总体来说,本丛书有以下三个方面的特点。

一是有较浓厚的学术气息。29位培育对象中有获得国家、省级基础教育教学成果奖的教师,有正高级教师,有省特级教师,但他们还在不断突破,追寻对教育教学本质的理解,追寻从实践到思想的蝶变,追寻高水平的专业表达。他们从实践中提炼出主张,再用主张引领实践,他们在书稿中融入了理论的阐释,学会了建构模型,并借助模型简洁地表述自己的教育教学思想,读起来不生涩也不单调。

二是有较强的系列探索味道。《义务教育课程方案(2022年版)》提出,应做好学段间的教育教学衔接。29位培育对象中,既有教育科研专职人员和学校的管理者,也有班主任、一线教师等,研究成果覆盖了小学、初中和高中的大部分学科,最终形成了29本培育对象教学主张的专著和1本全景式呈现卓越教师培育的经验和初步成效的论著。因此,本丛书既有基于教育者几十年教学实践的思想提炼,又有深入课堂的案例剖析,可以"用眼睛来读",作为教师专业发展的自读文选;也可以"用行动去做",作为教学范例直接进入课堂实践,在行动研究中孵化、创生;也适合专门研究者或管理人员参阅,从中窥探从小学到高中的教育教学重点与发展脉络。

三是有鲜明的课程育人特色。本丛书的撰写以学科课程为载体,以学科课程核心素养为目标,积极探索新时代背景下的育人方式变革,寻求育人最佳路径,以德施教,立德树人。因此,单看每本专著,已能感受到其中鲜明的课程育人特色,综合丛书来看,这一特色更加明显。

期盼厦门市首批卓越教师培育对象大力弘扬践行教育家精神,追求卓越的步伐永不停留,不断完善、应用和推广自己的教学主张和教学成果,为厦门教育做出更多更大的贡献。也期盼本丛书能为广大中小学教师深化教学改革提供参考,为教育学"双一流"学科服务教育实践提供借鉴。

是为序。

陈 珍

(中共厦门市委教育工委书记、厦门市教育局局长)

朱德全

(西南大学教育学部部长、西南大学教育学一流学科建设"首席责任专家"、国家重大人才工程特聘教授、国务院学位委员会学科评议组成员)

序言

追求灵动的课堂教学

　　课堂教学既是一门科学，也是一门艺术，既需要教育的科学理论为指导，更需要教师日常教学实践心得的凝聚、提炼和反思，以学生的核心素养发展为本，形成和发展教学智慧。来自厦门市的正高级教师、特级教师陈海烽老师的这本名为《灵动课堂：为了学生的真正参与》的著作，正是源于陈老师数十年教学实践心得的凝聚、提炼和反思的教育成果。阅读此书，颇感欣慰。

　　陈老师一直根植于数学课堂教学，基于对当前数学课堂教学的不足之处的深度反思，提出自己的教学主张——灵动课堂。这是他多年实践后沉淀的结果。2018年，他就有专著《灵动课堂：从传授知识到传递智慧》出版，当属于灵动课堂1.0版，而这本书属于2.0版。通过阅读，我感到这本书更有循证的意味，换言之学理性更加浓郁，每一个操作的策略都有相应的教育学、心理学、社会学、哲学等理论基础，相信能让读者在使用策略时更明晰其底层逻辑。通俗一点说更能知其然、知其所以然。陈老师以"学生学得主动，教师导得生动，师生良序互动，思维碰撞灵动"的"四动"作为"灵动课堂"四个特征，聚焦的是学生的参与状态。如学生学得主动聚焦学生的主体参与，教师导得生动是为了促进参与，师生良序互动是为了学生的互动参与，思维碰撞灵动是为了促进学生深度参与和核心素养的发展。陈老师要解决的问题和解决问题的策略，我们可以从中管窥陈老师的教育情怀。他还构造了整个数学灵动课堂的教学结构体系，颇具创意。书中梳理了灵动课堂的样态、概念及其相应的特征,探究了灵动课堂的理论基础、灵动课堂的价值旨归和实践模型,构建了学生学得主动的课堂表现策略,探索了教师导得生动的实现策略,提炼了师生良序互动之实践策略,提出了思维碰撞灵动之生成策略。每个策略都做到了条分缕析,理论与实践相互印证。书中还提供了相应的精品教学案例评析,相信一线数学老师阅读之后,无论是在课堂教学实践方面,还是在课堂教学研究方面都会得到不少启发。

灵动课堂是一种充满活力、互动性强、能够有效激发学生的学习兴趣和创造力的课堂教学。在灵动课堂中,教师需要以学生为中心,运用多样化的教学方法和技巧,鼓励学生主动参与,引发学生深度思考,引导学生积极探索。灵动课堂应以学生的需求和兴趣为设计教学活动的出发点;鼓励学生之间的交流和合作,以及与教师的互动;恰当和选择使用不同的教学手段,合理使用现代教育技术,通过问题引导学生进行探索和学习,培养学生的问题解决能力;尊重学生的个性差异,提供个性化的学习路径和支持;鼓励学生发挥想象力和创造力,引发学生的创新性思考;教师需要展现出热情和关心,营造积极的学习氛围;及时给予学生反馈,帮助他们了解自己的进步和尚需改进之处。因此,灵动课堂的创造,需要教师具备较高的专业素养和创新精神,从一定程度上反映出教育家的精神所在。阅读此书,可以为追求创造灵动课堂的优秀教师提供灵感和启发。

中共中央、国务院《关于深化教育教学改革全面提高义务教育质量的意见》指出:"突出学生主体地位,注重保护学生好奇心、想象力、求知欲,激发学习兴趣,提高学习能力。"同时也指出:"教师课前要指导学生做好预习,课上要讲清重点难点、知识体系,引导学生主动思考、积极提问、自主探究。"这些都在本书中得到很好的贯彻和呈现,这不正是灵动课堂要追求的结果么!

特别难能可贵的是陈老师还提出初中生学习数学主动的表现性条目,通过这些条目,读者们可以自己发现、观察当下的学生,让你从中受到启发,进而能有针对性地培养学生数学学习的主动性。

新时代呼唤我们要学习教育家精神,为党育人,为国育才。这就需要真正落实在每日的课堂生活中。教师应将"论文"写在课堂上,陈老师就为我们提供了一个很好的践行教育家精神的范例。学习参与、学习投入目前是广大教育专家关注的话题,相信每一位即将翻开这本书的读者。定能在阅读的过程中找到属于自己的不同收获,一起努力追求灵动的课堂教学!

2024年9月1日

(曹一鸣,大中小学数学国家教材建设重点研究基地主任,
中国数学会数学教育分会常务副理事长,
北京师范大学数学科学学院教授)

目录

第一章 绪论

第二章 灵动课堂：我的数学教学主张

第一节 灵动课堂的概念及其相应的特征……013

第二节 灵动课堂的理论基础与整体建构……015

第三节 灵动课堂的价值旨归和实践模型……027

第三章 学生学得主动：为了学生的独立参与

第一节 学生学得主动：现状分析……037

第二节 学生学得主动：表现策略……040

第三节 学生学得主动：案例品析……087

第四章 教师导得生动：促进学生的积极参与

第一节 教师导得生动：现状调研……103

第二节 教师导得生动：实现策略……106

第三节 教师导得生动：案例品析……155

第五章　师生良序互动:为了学生的社会参与

第一节　师生良序互动:现状分析……………………177
第二节　师生良序对话:实践策略……………………186
第三节　师生良序互动:案例品析……………………212

第六章　思维碰撞灵动:为了学生的深度参与

第一节　思维碰撞灵动:研究启示……………………227
第二节　思维碰撞灵动:生成策略……………………232
第三节　思维碰撞灵动:案例品析……………………258

第七章　结语

参考文献……………………………………………………276

后记…………………………………………………………281

第一章

绪 论

一 退出高考：一个网络话题的反转

数学课上，有同学觉得数学艰涩难懂，而完全置身于课堂之外，心中暗自感叹："我与我的灵魂来了一场说走就走的旅行。"由此观之，数学对于初中的学困生而言，俨然，成了一座难以逾越的高山。有学者对初中学困生的产生原因做了问卷调查，在一道开放题中，某学生写出了如下对数学的调侃。[①]

眼一闭一睁，黑板就满了。

每当老师提问，(我)都低头捡东西，坚持了多年。

眼睁睁看着老师把一道全是英文和希腊字母的题，最后解出的答案竟然是阿拉伯数字？！直到现在还费解！

数学课堂分明就是数学老师和学霸在秀恩爱！

数学课是一个人的狂欢，一群人的寂寞。

虽然不知道数学老师在上面写些什么。不过看起来好像很厉害的样子！

这究竟是怎么一回事？早在2013年，新浪网就北京高考英语的分数由150分降为100分这个话题开启过讨论。讨论英语学科是否应该退出高考，但是随着话题逐渐深入，话锋却转成了数学更应该退出高考。在新浪网参加讨论的15.68万人中，竟然有11.72万人赞成数学退出高考，约占74.7%。这个结果应该引起数学教育工作者的深思。为什么学生不喜欢数学，究竟他们在数学课堂中经历了什么？从上述的调侃中，我们可以看出学生在数学课堂的游离状态。从"眼一闭一睁，黑板就满了"这个画面，我们可以推测，学生可能在课堂上趴睡或者打瞌睡，数学老师没有提醒学生，仍然很"负责任"地自说自话，将黑板写得满满当当。再如"分明就是数学老师和学霸在秀恩爱"这一句，说明数学老师只是和个别的学生互动，仿佛知识就是讲给学霸听的，和其他学生(特指学困生)无关。这说明大部分的学生没有参与到和老师的互动交流中。这些现象都告诉我们一个残酷的事实，在数学课堂上，不少学生没有真正参与其中。同时也从侧面反映了，数学的课堂依旧是很传统的，仍然是老师讲、学生听为主的课堂。大多是以教师为中心的课堂，并非以学生为中心的课堂，换言之，是学生参与度很低的课堂。

[①] 孙利平.初中数学学困生形成原因及对策的案例研究[D].信阳:信阳师范学院，2015:11.

二 板式课堂:一位教育名家的观察

当代教育名家任勇先生认为:尽管经过多年的改革,我国数学教学发生了巨大的变化,有了长足的发展,但是我国数学教学还应在改革与反思中继续前行。他觉得数学教学还应在文化、智慧、活力、美感、互动、方法、趣味等方面深化优化,期盼数学教学"气"象万千。[①]

(1)"大气"不够缚手脚。在教学中,若没有整体的思想,则表现出格局不够,"小家子气"思想严重。例如:用"掐头去尾中段烧"的方法开展数学概念教学,将数学知识中能引发火热思考的念头熄灭;在数学解题时过分强调"特技特法",而将最本质的"通性通法"给忽略。在教学数学解题的过程时,教师单纯以中高考不涉及为由,忽视了对学生全面能力的培养,这无异于将学生对数学知识和数学问题适当延伸的兴趣浇灭。

(2)"朝气"不足真沉闷。对数学老师来说,大家都有一个体会,就是感觉中国数学课堂教学相比国外而言比较沉闷。但是,不能因为数学具有较高的抽象性、严密的逻辑性、广泛的应用性,而让其成为数学课堂教学沉闷的理由。难道我们不能将抽象的东西讲得有趣、生动些吗?

(3)"才气"不旺少启发。数学教学的"才"是指教师应当具有精深的专业知识,能"透视"数学问题,解释数学规律;"气"是富有生气,指数学教师具有娴熟的教学技能,富于启发、生动活泼、深入浅出地传授知识,能激发学生兴趣、培养学生思维能力。"才气",是数学教师富有智慧的体现,表现在其善于将课本的学术形态转化为课堂的教育形态。

(4)"秀气"欠缺少扬美。维纳说:"数学实质上是艺术的一种。"数学中蕴含许多美的因素,运用艺术审美法则,这在一定程度上可以帮助我们提高解决数学问题和研究数学问题的能力。数学美感能激发学生唤醒良好的情感,从而让学生感到数学学习过程是相当有趣的,不会觉得是一种负担、一种劳役,而是一种需要、一种享受。

(5)"和气"不足少互动。众所周知,学生是学习的主体。数学教师在日常能"和气"一些,在课堂上实施真正意义上的师生互动,方能营造和谐融洽的课堂氛围。教师只有以"和气"之态进行数学教学,才能充分调动学生在数学学习

---

① 任勇.期盼数学教学"气"象万千[J].数学通报,2011,50(9):45-50.

在认知的、心理的、生理的、情感的、行为的、价值的等各方面的积极因素,使其主动参与到数学学习活动和数学问题解决中去,才不至于让学生因不敢发表自己的见解而产生厌学退缩心理。

(6)"灵气"不多少智慧。数学课堂应是充满智慧的课堂,这是数学教师的应有追求,需要靠数学教师的"灵气"去催生数学课堂的灵性。例如:在数学教学中,一题多解、一题多变、一题多用的方法,深入浅出的巧妙解答,化难为易的新奇证明,"大智若愚"的有意差错,"设置陷阱"的善意为难都是智慧教师把控课堂、组织有效的策略。

(7)"喜气"不足显生硬。相信大家都有过这样一个体会,听过数学课之后,往往感觉数学课堂很死板,简单点说就是严肃有余,"喜气"不足,很难听到课堂上的掌声。实际上,只要我们用心留意,还是能找到不少可以创造"喜气"的点子。做个游戏,讲个故事,给个趣题,甚至"闹个"笑话,巧妙地将它们融入数学教学中,往往会产生神奇的效果。

从以上几个方面,我们也可以看出,课堂的生命气息不足。叶澜教授认为,应该让课堂焕发生命的活力。如果课堂上缺少"大气",就可能是老师明显的功利心理在作祟。长此以往,学生学习主动性的火焰就会慢慢地被浇灭。"朝气"不足使课堂显得沉闷,这样的环境常常演变为老师的单向授课,而学生的参与度不断下降。加之数学知识随着年级的递增越来越难,课堂就容易变得死气沉沉。教师的"才气"不足,说明教师的数学学科教学知识(mathematics pedagogical content knowledge,简称MPCK)存在不足。这种现象不利于学生对课堂产生新的期待,长此以往就会失去课堂参与的兴趣。如果教师能在数学课堂上积极宣扬数学之美,因为美好的东西总是让人向往和不断追求的,那么学生在心理上就不容易产生负担,也就容易保持对数学问题的持续探究,享受参与解决数学问题带来的愉悦感。"和气"不足少互动的课堂,大多数学生会觉得十分无趣。这样,在没有同伴互动和情绪支持的情况下,学生的课堂状态自然是游离的、无参与的。"灵气"不足的课堂,使得一些孩子在掌握了基本知识之后,尤其是在课堂的后半程容易失去兴趣,不再积极参与课堂活动。长此以往,这对于学优生来说也是一种伤害。"喜气"不足的课堂,孩子们也会觉得上数学课很无聊。这种情况就会导致他们参与的动机不断下降。

总之,目前的数学课堂确实存在上述各种现象,整体感觉比较死板。研究者将其称为板式课堂。在这样的课堂上,学习的气氛是沉闷的,学生的参与度是低下的,因此,教学还有很大的提升空间。如何提高数学课堂上学生的参与度,成为数学教育工作者必须亟待解决的问题。

三 数学焦虑:一个不可忽视的现象

焦虑是指一种紧张、不安、忧虑、苦闷或烦恼的复杂情绪状态,它在心理学上是一个重要的概念(张春兴,1976)。焦虑是属于个体内在的情绪状态,同时也是一种心理倾向,它会造成生理或者行为上的反应,体现个体主观的情绪感受。适度的焦虑可以帮助个体取得比较好的学习成绩,反之,过度的焦虑可能会对学习产生不良的影响。所以,如何降低过度的焦虑就成为了一个基础教育教学的重要课题。在中小学教学中,数学焦虑一直是数学教育领域绕不开的一个重要话题。因为数学焦虑和学生的学习动机以及数学成绩可能存在正相关关系,所以围绕数学焦虑,教育学家进行了大量研究。[①]

关于数学焦虑的研究,开始于20世纪50年代。最早是着眼于数学焦虑对学生成绩的影响,然后对其进行了深入系统的研究。研究者前赴后继,大致形成了一个共识,认为数学焦虑是学生在处理数字或数学有关问题时表现出的紧张、思绪混乱等不安的情绪症状,这些症状会使得学生常常达不到期望的数学成绩。研究者认为焦虑状态极大地干扰了学生的数学运算,阻碍了学生提高解决数学问题的能力,进而影响了学生追求更高数学思维提升的意愿,也影响了学生的学业以及职业生涯的发展。一些学者认为,低学业成就获得感和低学业能力是学生产生数学焦虑的重要原因,这样的学生容易产生逃避心理,进而拒绝讨论数学,最终形成恶性循环。

对于数学焦虑产生的原因,有学者认为是教师不合理的教学方法和学校不合适的数学课程设计造成的;也有的学者认为是时间压力、丢脸、对正确答案的强调、对自己无把握的运算这四个原因造成的。

魏丽敏认为造成数学焦虑的原因十分复杂,可总结为个人、家庭与学校这三方面的因素。个人因素包括过多的数学学习失败的经验、性别的影响、过度的情绪干扰以及智力能力的限制;家庭因素包括不合理的角色期望、自身对数

---

① 吴晶.初中生数学焦虑、数学自我效能与数学学业成绩的关系研究[D].南京:南京师范大学,2014:4.

学的恐惧、不合适的处理以及家庭里缺乏有利于数学学习的环境;学校因素包括对数学的不正确态度、不当的数学教学以及繁重的数学考试压力。

吴明隆与苏耕役两位学者研究认为,学生害怕数学的原因有——考试成绩不理想,会遭到老师和父母的责罚;数学课十分单调乏味;数学难度大,许多内容听不懂;需要记住很多公式;数学教师在课上总是很凶;经常要数学考试。

王俊山等人的研究表明,形成数学焦虑的主要原因在于学生本身的学习态度与学习方法、教师的评价方法以及数学课堂的氛围。

彭瑜和徐速两位学者采用多元方差分析方法,以数学学业成就作为自变量,数学焦虑作为因变量,对不同数学学业成就的初中生的数学焦虑状况进行了深入探讨。分析结果显示,不同数学学业成就的初中生在数学焦虑总分以及四个维度(压力恐惧、情绪担忧、考试焦虑、课堂焦虑)上均呈现出显著的差异。事后检验揭示,在课堂焦虑维度上,高数学学业成就的初中生得分显著低于低数学学业成就的初中生($p=0.003<0.05$),而与中等数学学业成就的初中生之间无显著差异($p=0.081>0.05$)。同时,中等数学学业成就的初中生在课堂焦虑上的得分也显著低于低数学学业成就的初中生($p=0.047<0.05$)。

此外,对于数学焦虑总分及压力恐惧、情绪担忧、考试焦虑三个维度,高数学学业成就的初中生均显著低于中等数学学业成就的初中生(数学焦虑总分$p=0.000<0.05$;压力恐惧$p=0.000<0.05$;情绪担忧$p=0.004<0.05$;考试焦虑$p=0.000<0.05$),并且数学焦虑总分及4个层面也显著低于低数学学业成就的初中生(数学焦虑总分$p=0.000<0.05$;压力恐惧$p=0.000<0.05$;情绪担忧$p=0.004<0.05$;考试焦虑$p=0.000<0.05$;课堂焦虑$p=0.000<0.05$)。类似地,中等数学学业成就的初中生在上述所有维度上的得分也均显著低于低数学学业成就的初中生(数学焦虑总分$p=0.001<0.05$;压力恐惧$p=0.004<0.05$;情绪担忧$p=0.001<0.05$;考试焦虑$p=0.000<0.05$;课堂焦虑$p=0.047<0.05$)。这些数据表明,数学学业成就与数学焦虑之间存在显著的负相关关系。[1]

根据剑桥大学教育神经科学中心的研究结论,焦虑这种情绪反应可能发生在以任何方式参与数学时,包括参加数学考试、数学课或在日常生活中使用数学。该中心在针对981名中小学生进行的算术和阅读理解测试中发现,中小学

---

[1] 彭瑜,徐速.不同数学学业成就初中生数学焦虑的研究[J].数学教育学报,2012,21(4):41-42.

女生的数学焦虑程度高于中小学男生。

2021年,发表在《美国国家科学院院报》上的一篇论文指出,在数学焦虑程度较高的国家,学生的数学成绩往往较低。这项研究由加拿大西安大略大学(University of Western Ontario)的刘内森(Nathan Lau)博士主导,他和同事分析了参与三项大型国际成就研究(Three International Studies of Achievement)的 1 175 515 名学生的数据,并得出结论。

根据笔者长期在教务管理部门的观察统计,初一下学期结束和初二上学期结束后,常常能观察到一些学生出现明显的厌学情绪,如逃避、焦虑乃至抑郁。有学生对数学高度焦虑使得家长不得不为其提出休学申请。有个值得注意的现象是,疫情过后办理休学申请并提供了相关医学证明的人明显增多。而在提供的医学证明上大都显示了他们对数学的焦虑,表现出逃避上课、不想来学校的意愿。如何缓解学生的数学焦虑并让其积极参与到数学课堂中去也是数学教育工作者面临的一个重大课题。

四 低效参与:一份调研报告的结论

大量研究表明,目前的初中数学教学还存在大量以"教师为中心"的现象,这需要引起学校管理者的重视。因为学校管理者对主体参与式课堂教学改革的支持力度决定了学校教育教学改革实施的成效。课堂教学的社会学研究表明,在我国传统的课堂教学中,师生之间往往是知识讲授与被动接受的关系。我国虽然进行了几轮的教学改革,但是课堂教学制度依旧没有改变,依然是以教师讲解为主的模式。在这种课堂教学管理制度视域下,教师位于课堂的中心,掌控着课堂教学的进程和内容,教师在课堂教学中是知识的传授者,学生则是知识的被动接受者。主体性教育则强调要将学生置于整个教育教学的中心,视学生为教育教学过程的主体。由于不少学校当前仍然高举以考试为导向的教学指挥棒,所以这种以教师为中心的课堂教学制度还仍旧存在,并依然是现在教育的主流课堂教学制度。由此形成的是以教师讲授和引导为主的传统教育形式,强调的是整齐划一的教育目标和统一客观的评价标准。虽然某中学进行了课堂教学改革,但是由于各种主客观条件的限制,课堂上的实际课堂教学制度仍然是"以教师为中心"为主导。

以下是两位教师对关于"为什么你还是沿用讲授式进行教学"的回应。

A教师阐述道:"关键在于个体的视角与理解。诚然,鼓励学生参与课堂活动具有显著优势,但这并不应成为全面否定教师讲授价值的理由。教师讲授能有效覆盖广泛学生群体,确保教学效率与进度管理的精准性。在某种层面上,这可以被视为一种策略性的平衡,即教师讲授的增多,或许会相应减少学生的即时参与度。"

B教师则坦言:"鉴于当前教育环境的激烈竞争态势,无论是校际还是班级内部,都弥漫着浓厚的竞争氛围,这无疑给我们教师群体带来了沉重的压力。我们深知,学生稍有不慎,学习成绩便可能落后于他人,这不仅令家长担心,更是我们教师极力避免的情况。因此,在日常授课中,我倾向于尽可能多地传授知识,期望每多讲解一个知识点,都能为学生未来的竞争增添一份优势。此外,学校对学生学业成绩的严格监控,使得我们在每次考试前都倍感压力,深恐学生成绩下滑,这种压力有时甚至超越了学生本身。"

从以考试为导向的教学视角来看,学生在课堂上的积极参与常被视为浪费时间的行为,甚至被认为是可有可无的环节。无论是家长,还是学校和教师,他们更关注的是学生的学业成绩,认为这才是第一位的。在教师为中心的课堂教学制度中,教师认为课堂时间有限,把填鸭式传授学生文化知识作为课堂的首要任务,并要求学生尽快地理解、吸收、运用知识。学生在这种"以教师为中心"的课堂中,更多的是被动的接受、理解和吸收,学生的思维没有得到充分的调动,学生的潜能没有得到充分的激发,所以学生无法积极主动地参与到课堂教学当中,从而导致其主动性也未能得到充分的培育和发展。

北京师范大学曾琦老师通过教师访谈和课堂观察,指出差生和好学生相比,一天之内,要少上3节课,累计一周要少上15节课,而学生的参与现状表现为仅限于课堂,仅限于回答问题,只是教师组织教学的手段,是对教师的服从,由此提出改善学生课堂参与的教育对策是树立学生的主体参与观。[1]

以教师为中心的课堂在数学教学中比比皆是,有些老师仍然重复着昨天的故事。但是倘若你问老师,课堂是以什么为中心的,多数老师依旧会回答以学生为中心,表现出知与行的高度不统一,这说明让教师树立正确的学生观依旧是一项十分艰巨的任务,否则,让学生能真正参与和投入学习也会在课堂教学行动中变得步履维艰。

---

[1] 曾琦.学生课堂参与现状分析及教育对策——对学生主体参与观的思考[J].教育理论与实践,2003(8):42-43.

第二章

灵动课堂：
我的数学教学主张

第一节 灵动课堂的概念及其相应的特征

《辞海(第六版彩图本)》对"灵"字有聪明,灵活的解释。对于"灵动"这个词语,《现代汉语词典》(第7版)是这样解释的:活泼不呆板、富于变化。课堂是教师给学生授课的地方,也是学生学习的场所;课堂是育人的主渠道。课的英文单词"lesson"来自拉丁语"lectio",代表阅读和说出来。

灵动课堂以发挥学生的主体性为基础,通过运用各种教学策略,调动学生、教师、教材等资源灵活创设情境,促进学生积极参与课堂学习,师生进行深度融合交流,形成良性互动,进而提升学生的智慧,发展他们的高阶思维,最终帮助他们达到思维灵动的境界。灵动课堂具有如下四个鲜明特征。

(1)学生学得主动。就是学生能充分地明白自己是学习的主体,都有学习的意愿,对每堂课都有新的期待。课堂上,学生能主动参与,能正确地分析自己的优势与劣势,能扬长避短。

(2)教师导得生动。就是教师充分发挥各种媒体的优势,将数学知识深入浅出地表达出来。教师有扎实的基本功、风趣的语言和深厚的学科知识功底,善于将数学知识形态通过自己的理解、消化、加工形成利于学生掌握的教育形态,促进学生参与课堂学习。

(3)师生良序互动。就是师生之间、生生之间在课堂上能有很好的交流,并且交流是按一定的程序、有逻辑地进行的,并非吵吵闹闹。学生在互动中参与,在参与中互动。

(4)思维碰撞灵动。就是教师与学生,学生与学生进行思维的不断交流碰撞,在思维碰撞中大家深度参与,促使思维往高阶发展。课堂中有很多智慧的生成,也有创新想法的呈现。

灵动课堂的逻辑图谱如下。(图2-1)

图2-1 灵动课堂的逻辑图谱（黑白效果图）

在目前"双减"背景下，减轻学生学业负担的两大路径分别是作业精准设计和提高课堂效率。我的教学主张是"灵动课堂：为了学生的真正参与"，其目标就是为了提高课堂效率。图谱中，首先看到一个人字形，它寓意在课堂中实现立德树人，培养合格的社会主义建设者和接班人，促进学生的全面发展，这也是灵动课堂的旨归和价值取向。人字形的两只"脚"分别为"学生学得主动"和"教师导得生动"，这是构建灵动课堂最活跃的两个灵动因素。图片中的构图又像一根毛笔，在课堂上书写人生，寓意灵动课堂焕发出生命的活力。既然场所在课堂，那么就要抓住课堂的主阵地，这也是减轻学生过重课业负担的重要途径，是落实"双减"政策最有力的举措。当然，整个图形也可以看作是一艘向上飞行的火箭，"学生学得主动"和"教师导得生动"就是尾焰和助推器，最前端的火箭头，是"思维碰撞灵动"，旨在培养具有高阶思维的学生。灵动课堂就是激活课堂，致力于培养学生的创造意识和创新能力，进而培养符合国家需要的创新人才。灵动课堂逻辑图谱的背景设计是一片绿色的草地，寓意灵动课堂属于生态课堂；而那平行四边形的元素，则像一张飞毯，仿佛邀请每一位参与者踏上这场心灵之旅，自由翱翔于知识的天空，激发无限想象，引领思维向着更加广阔深邃的领域探索前行。

第二节　灵动课堂的理论基础与整体建构

一、马克思主义人的全面发展学说

马克思认为：活动是人存在和发展的基本方式。人之所以为人的主要根据在于人自己的对象化、具体化活动。只有在客体的主体化和主体的客体化的活动中，人才能确证自己、表现自己、改造自己，从而实现自己的发展。马克思在确立人的现实客观性的基础上，也突出强调了人的自觉能动性。他认为人的活动并不满足于对现存的外部世界给予的客观环境和历史条件进行简单的再复制，而是千方百计地"把内在的尺度运用到对象上去"。由此可见，马克思主义哲学具有鲜明的主体参与思想。[①]这也正如《学会生存——教育世界的今天和明天》中所指出的那样，如果任何教育体系只为持消极态度的人们服务，如果任何改革不能引起学习者积极地亲自参加活动，那么这种教育充其量只能取得微小的成功。

马克思在认识论中对主体的解释，可以概括为现实的从事实践活动的人。他认为，人是自然的、肉体的、感性的、对象性的存在物。人不仅仅是血与肉的存在，更是感性的、现实的、丰富的、历史的、能动的实践存在物，在社会实践中，不仅仅承受着来自四面八方的制约，同样也在主客体关系中发挥着自身的能动性。当然，人并不是仅作为主体一成不变的，在实践过程中，人在主客体之间相互转换。主体性并非单一存在，是自然属性、社会属性和能动实践性交织并存构成的。人作为主体的特定属性就是人在主体的规范内所呈现出的主体性。马克思认为这是一种质的规定，但这并未限制主体于框架中，而是经过主客体之间的相互作用，以及与其他客观世界的交互活动形成的自主性、能动性和创造性。

[①] 王升.论学生主体参与教学[J].教育研究,2001(2):39.

首先,最低层次的表现是主体性的自主性。所谓自主性,就是作为认识世界,改造世界的主体,在对象性活动过程中,不仅仅按照作为客观规律的外在尺度对客体进行改造,而且试图将这种改造运用到主体所设定的内在尺度中去。而这个内在尺度就代表了人的自主性。人类比动物先进的关键在于人有思维能动性,具有精神存在,在自觉性的前提下,人除了能像动物一样适应生存的环境之外,还可以不断地对环境加以利用和改造,使生存环境更好地为自己服务。

其次,主体性的一般层次表现是自觉能动性。自觉能动性体现在自主认识和改造世界的实践过程中。马克思在实践认识论的基础上,把主观能动性看成是个体与客观物质世界交往中,不受外物或他人作用,能够自觉发挥主动性和能动性,使自身从自然界中得到提升,锻造认识世界和改造世界的能力,针对性地实现对象的能动作用。马克思认为,人是有意识的存在物,也就是说,他自己的生活对他是对象。所以,人在意识到自己的存在状态的同时,更能意识到自己的不足,从而积极地利用自身的状态投入实践中来提升自己。

最后,具有创造性是主体性表现的最高层次。创造性是人类对当前环境的不满状态的一种积极的应对方式,期待对新的可利用价值的探索,致力于实现理想的状态。人用丰富的精神世界和创造性的思维,不断改写历史,渲染未来,人作为主体而言,正常状态是和他的意识相适应的而且是他自己创造出来的。

主体性的表现层次由低到高,只有满足了低层次的需要,才能缔造出人的高级别的需要价值。创造性是超出了现实的主客体结构,是人与动物日复一日实践活动的根本对立。因此,教育主体在行动研究中解决问题,不断通过创造性的正常发挥确证主体地位。[①]

马克思主义关于人的发展的学说为学生主体参与教学提供了坚实的哲学基础。人的发展是指作为复杂整体的个人在从生命开始到结束的全部人生中,不断发生的身心两方面的积极变化过程。影响人发展的因素,从大的方面来说可以分为外因和内因,外因包括遗传、环境和教育,内因指人的主观能动性。尽管遗传、环境和教育在人的发展的过程中有很重要的作用,是人发展的必要条件,但是人必须由外因和内因的同时作用才能得到发展。外因是通过内因即人的主观能动性而起作用的。主观能动性是学生身心发展的内在动力,每个学生

---

① 熊川武.论后现代主义观照的教育主体现代化[J].华东师范大学学报(教育科学版),1998(4):16.

发展的特点和程度,主要取决于他自身的态度与他在学习中参与和努力的程度。马克思认为,人的主观能动性是通过活动表现出来的,活动是人存在和发展的基本方式。离开活动,其余因素所赋予的一切发展条件,都不能成为人的发展的现实,人只有通过活动才能得到发展。因此,在现实教学中,作为主体的学生一定要参与到教学活动中去,只有发挥其主观能动性,才能使其身心得到良好的发展。

另外,马克思非常重视人的全面发展。他认为人的全面发展的内涵就是个人智力和体力尽可能多方面、充分、自由的发展,并在此基础上实现脑力劳动和体力劳动相结合,全面发展自己的一切才能。一方面,马克思强调人的全面发展是一种个人、自由、充分的发展,没有自由发展,就没有全面发展;没有全面发展,更不会有自由发展。因此,在现实教学中,要给学生学习的自由,促使学生积极主动地参与到教学活动中,使其得到充分的发展,而"学生主体参与教学实质上是在教学中解放学生,使他们在一定的自为性活动中获得主体性的发展"[1]。另一方面,马克思的人的全面发展理论要求教育应该是一种全面发展的教育、一种面向全体学生的教育、一种促进个性发展的教育。主体性教育正是着眼于促进人的全面发展,培养学生的主体性,主体性发展是人的全面发展的核心,学生主体性的发展正是他们作为主体参与自身全面发展的基础和前提。总之,马克思关于人的发展学说确立了科学的人的发展观,指出了人的全面发展的历史必然,对当今教育具有重要的理论指导意义,主体参与教学思想顺应了马克思的理论,体现了马克思关于人的全面发展学说的精神实质。

二 主体教育理论

20世纪初,"主体"和"主体性"这两个在哲学和人文科学中首先显现出来的概念,开始被引入教育研究领域,立刻引起了教育理论界的广泛关注,很快成为教育理论研究新的生长点和突破口。近年来,主体性教育理论逐步形成,在我国引起了大规模的教育改革运动。主体性教育理论之所以会在我国发扬光大,是教育实践和教育理论双重呼唤的结果。长期以来,基础教育坚持"师本""书本"为重的教育理念,培养标准化、统一化的人才;着重强调教师的权威,学生成

---

[1] 王升.主体参与型教学探索[M].北京:教育科学出版社,2003:34.

了教育过程中一个旁观性的存在。保罗·弗莱雷认为,灌输式的教育把学生变成了单纯的储存容器,容器被装得越满,教育就越成功;学生对灌输的接纳性越好,就越是好学生。保罗·弗莱雷称此教育为一种彻底的存储行为,这种单向度的教育导致学生因为缺乏创造力、缺乏改革精神、缺乏知识而被淘汰。这种教育模式下培养出来的人,与时代所呼唤的"主体性的人"相去甚远,长期下去不仅会影响受教者身心的全面发展,还可能阻碍社会的进步。

主体性教育理论是对传统教育理论的改革和超越。其核心理念是:在教育教学的过程中,将学生视为认识和发展的主体,在教师的引导和帮助下,促进学生的主体性意识和主体能力提升。从其基本思想我们可以看出主体教育理论有四个重点:一是主体性教育理论强调学生是发展的主体,是具体、活生生、有丰富个性、不断发展的认识主体,是具有主观能动性的独立个体和群体。二是主体性教育理论强调教育教学过程中学生的主体地位,但是并不否认教师在主体的发展中所起的作用。在教育教学中,教师一方面要改变陈旧的教育观念,对传统教育中不合理的行为方式和思维方式进行比较系统地反思,另一方面要鼓励和引导学生积极主动地参与到教学活动中来。三是主体性教育理论重视学生主体性的发展,认为主体性发展是全面发展的核心。主体性指人作为活动主体在对客体的作用过程中所表现出来的功能特性。自主性、能动性和创造性是主体性的基本特征。自主性是对自我认识和实现自我的不断完善;能动性实质上是对外界的选择和适应;创造性则是对现实的超越。四是主体性教育理论认为主体性发展水平表现在两个方面,即主体意识和主体能力。主体意识是指作为认识和实践活动主体的人,对于自身主体地位的一种自觉意识,是主体性的观念表现;主体能力是指主体认识、驾驭和改造外部世界的能力,是主体性的外在表现。人的主体意识和主体能力构成了人的全面发展的内在因素。

北京师范大学张天宝教授等人提出,所谓主体性教育,是指根据社会发展的需要和教育现代化的要求,教育者通过启发、引导受教育者内在的教育要求,创设和谐、宽松、民主的教育环境,有目的、有计划地组织规范各种教育活动,从而把他们培养成自主地、能动地、创造性地进行认识和实践活动的社会主体。总之,主体性教育是一种培育和发展受教育者的主体性的社会实践活动。主体性教育作为一种新的教育思想,是对传统教育的继承和超越,所以它既保留了传统教育那些反映规律性的共同特征,又有其独特鲜明的个性特征,可概括为如下几点。[①]

1.科学性

主体性教育认为,学生既是教育的对象,又是教育活动的主体,在他们身上蕴藏着丰富的学习发展潜能。教育的作用就在于根据学生学习的客观规律,引导学生通过积极思考和独立活动,把人类的知识成果转化为学生的知识财富、智力和才能,转化为他们的思想观点,使学生具有合理的知识结构、智力结构和方法结构。唯有如此,学生主体的自主、能动、创造的特征才能得以充分凸显,主体人格才能臻于完善。

2.民主性

主体性教育的民主性主要表现在两个方面,一是把教育变成一种民主的生活方式,尊重学生的主体地位,让学生得以生动活泼、自由发展。也就是说,"革除一切不平等地对待学生的现象,为提高学生的民主意识和参与能力,发挥学生的主体作用创造最好的教育条件和教育环境。简言之,要尊重学生的人格与权利,解放学生的主体性和创造性"[②]。二是要实现教育内容民主意识的渗透和学生民主思想、民主精神、民主参与能力的培养,以民主化的教育造就一代富于主体性的新人,这也充分体现了教育的民主性原则。

3.活动性

主体性教育就是对学生的学习活动的规范、组织和引导,通过精心设计各种教育活动,使影响学生主体性形成和发展的各种因素达到优化,使各种不同的活动形式和决定着它们的诸多条件相互促进、紧密结合,从而对学生的身心发展发挥主导作用,"教育者或教师企图不通过儿童自己的活动去掌握知识、培养品德,却将知识、道德要求'加到'儿童身上,任何这样的企图只会破坏儿童健康的智力发展和精神发展的基础,破坏培养他的个性品质的基础"[③]。

[①] 张天宝.主体性教育[M].2版.北京:教育科学出版社,2001:44-47.
[②] 王道俊,郭文安.让学生真正成为教育的主体[J].教育研究,1989(9):16.
[③] 转引自弗里德曼,沃尔科夫.中小学教师应用心理学[M].李国辰,译.北京:人民教育出版社,1993:92.

4.开放性

主体性教育的开放性,首先表现在学校教育系统与整个社会的紧密联系上,它要求把学生从课堂引向广阔的社会,通过课外、校外活动及社会实践活动,丰富他们的知识,开阔他们的视野和思维,从而加速学生主体性的成熟过程,缩短对社会生活的适应期。主体性教育的开放性还表现在学校教育内部应树立开放的教育观念,确定培养开放型人才的教育目标和内容,构建开放的教育体系,选择和运用开放式的教育方法和途径,等等。这种开放型的主体性教育,既为学生主体性的发展提供了良好的内部环境,也提供了良好的外部环境;既有助于学生主体性有序、稳定地形成,也有助于加速学生主体的社会化进程。

主体性教育的目的,包括近期目的和最高目的。主体性教育的近期目的是在教育过程中通过增强学生的主体意识和发展学生的主体能力,培育和提高学生在教育中的能动性、自主性和创造性,使他们具有自我教育、自我管理和自我完善的能力,从而形成教育活动的主体和自我发展的主体。主体性教育的最高目的则是通过弘扬人在社会发展中的主体作用,把学生培养成为社会历史活动的主体,造就具有类主体的社会成员。

从主体性教育理论我们可以看出,发展学生主体性的重要性。在教学中,如果抛开学生的主体性,忽视学生的主体地位,那么,学生的全面发展也就成了一纸空谈。而主体参与是主体性教育的核心,是发展学生主体性的有效途径,促进学生的主体参与,正是实现对学生进行主体性教育的重要前提。总之,主体性教育理论关于尊重学生主体性的思想,关于促进学生个性自由、充分发展的思想,关于发展学生自主性、能动性和创造性的思想,为我国的教育确立了高远的目标定位,具有强烈的时代感和先进性。

三 生命教育理论

叶澜教授作为我国教育领域的杰出学者,其生命教育理论为教育研究和实践开辟了新的视野,对于推动教育改革、促进个体全面发展具有重要的指导意义。

(一)生命教育理论的核心概念

叶澜教授认为,"生命"是教育的原点和归宿。生命具有独特性、自主性和整体性。独特性是指每个生命个体都是独一无二的,拥有独特的遗传基因、成长环境和人生经历。这种独特性决定了教育不能采用一刀切的模式,而应尊重个体差异,因材施教,为每个学生提供适合其个性发展的教育机会。自主性强调生命个体具有自我发展的内在动力和能力。学生不应被视为被动接受知识和教育的对象,而应看作具有主动探索和自我成长潜力的个体。教育的任务在于激发和引导这种自主性,让学生成为自我发展的主体。整体性则表明生命是一个复杂的有机整体,涵盖了生理、心理、社会等多个层面。教育应当关注学生生命的各个方面,促进其全面、协调发展,而不是片面地追求知识的传授或技能的训练。

(二)生命教育理论与教育的本质

叶澜教授指出,教育的本质在于促进生命的成长与发展。教育不仅仅是知识的传递,更是生命之间的交流与互动。通过教育,个体能够不断完善自我,提升生命的质量和价值。她强调,教育要回归生活,让学生在真实的生活情境中体验和感悟生命的意义。教育不能脱离生活实际,而应与生活紧密相连,使学生在解决实际问题的过程中,培养创新精神和实践能力,实现生命的成长和发展。

(三)生命教育理论下的课堂教学

叶澜教授主张构建动态生成的课堂教学模式。传统的课堂教学往往是教师单向传授知识,学生被动接受。而在叶澜教授的理论中,课堂应是一个充满生命活力的场所,教师与学生之间应建立起积极的互动关系。教师不再是单纯的知识传授者,更是学生学习的引导者和促进者。学生也不再是被动的接受者,而是主动的参与者和创造者。在教学过程中,教师要善于捕捉学生的思维火花,及时调整教学策略,引导学生自主探究、合作学习。课堂教学应该是一个充满不确定性和创造性的过程,教师和学生共同参与知识的建构和生成,让课堂焕发出生命的活力。

(四)生命教育理论与学生的发展

叶澜教授认为,生命教育旨在培养学生的生命意识和生命能力。生命意识包括对自我生命的认知、对他人生命的尊重以及对自然生命的敬畏。通过生命教育，学生能够认识到生命的宝贵和脆弱，从而珍惜生命、关爱他人。生命能力则涵盖了学生的学习能力、创新能力、适应能力等多个方面。教育要为学生提供丰富的学习资源和实践机会，让学生在不断尝试和探索中提升自己的能力，以应对生活中的各种挑战。同时，叶澜教授还强调生命教育要关注学生的情感体验。情感是生命的重要组成部分，积极的情感能够激发学生的学习兴趣和动力，促进其身心健康发展。教育要培养学生积极向上的情感态度，让学生在学习和生活中感受到快乐和幸福。

（五）生命教育理论与教师的角色

在叶澜教授的生命教育理论中，教师扮演着至关重要的角色。教师是学生身心成长的引领者和陪伴者。教师要具备敏锐的观察力和洞察力，能够及时发现学生的需求和问题，并给予恰当的指导和帮助。同时，教师自身也要不断学习和成长，提升自己的专业素养和生命境界。教师要用自己的生命去影响学生的生命，以积极的人生态度和高尚的人格魅力感染学生，成为学生生命中的榜样。

（六）生命教育理论的实践意义

叶澜教授的生命教育理论在教育实践中具有重要的应用价值。首先，它为学校教育改革提供了理论指导。学校应树立"以人为本"的教育理念，关注学生的生命发展需求，构建多元化的课程体系和评价机制，为学生创造一个宽松、自由、富有活力的学习环境。其次，生命教育理论对于家庭教育具有启示意义。家长要尊重孩子的个性和选择，关注孩子的身心健康，营造温馨和谐的家庭氛围，为孩子的成长提供有力的支持和保障。最后，生命教育理论对于社会教育具有重要的影响。社会各界应共同努力，为青少年的成长创造良好的社会环境，传播积极向上的生命价值观。

总之，叶澜教授的生命教育理论为我们揭示了教育的本质和使命，为教育改革和发展提供了新的思路和方向。在未来的教育实践中，我们应深入领会和贯彻这一理论，努力让教育成为呵护生命、促进生命成长的伟大事业。

四　建构主义学习理论

最早提出建构主义的是瑞士著名的心理学家让·皮亚杰。随后,苏联的维果斯基、美国的布鲁纳等著名的心理学家都对建构主义做了深入的研究。如今,建构主义的思想已经在很多国家盛行起来,并深深影响着整个世界的教育。建构主义学习理论认为,知识不是通过教师传授得到的,而是学习者作为主体在一定的情境即社会背景下,借助他人的帮助,利用必要的学习资料,通过信息加工活动建构对客体的解释而获得的。建构主义关注学习者如何以原有的经验、心理结构和信念为基础来建构知识,强调学习的主动性、情境性和社会性。

建构主义学习理论的核心是,以学生为中心,强调学生对知识的主动探索、主动发现和对所学知识的主动意义建构,学习需要交流和合作,强调教学过程对情境的创设,强调资源对意义建构的重要性。因此,情境、协作、会话和意义建构构成了建构主义学习环境的四大基本要素。建构主义学习理论有五个重点:一是强调复杂的学习环境和真实的学习任务。建构主义学习理论指出,现实世界中存在很多模糊和结构不良的复杂问题,教师应该鼓励学生积极面对复杂的学习环境,确保每个学生可以将所学的知识运用到现实世界的真实任务及多种情境的问题解决中。二是强调社会协商和相互作用。建构主义学习理论认为,学习不是一种孤立的个人行为,在教学过程中,教师要培养学生与他人协商及合作的能力。例如,小组合作学习策略近几年非常受重视,因为它为教师与学生及学生与学生之间的相互作用提供了现实的可能性。三是强调学生用多种方式表征教学内容。在教学过程中,教师一方面要运用不同的方式来呈现和解释教学内容,以使学生获得多种表征方式;另一方面应鼓励学生从多角度看问题,以使学生对同一问题获得不同的表征方式。学生只有获得了多种表征方式,才能更好地将所学知识运用到不同情境。四是强调学生理解知识建构过程。建构主义学习理论认为如果学生可以主动建构自己的理解,那么这种学习将更有力度。因此,在教学过程中,教师不仅要帮助学生理解自己的反省认知过程,而且要使他们意识到自己在知识建构中的主体地位和重要作用。五是强调以学生为中心的教学。建构主义学习理论认为学生是信息加工的主体,是意义的主动建构者,同时,教师是学生意义建构的引导者、帮助者和促进者,教师的职责不是将教学内容强加给学生,而是在整个教育体制与教育对象之间发挥重要的中介作用。

建构主义理论认为学习是一个积极主动的建构过程,学生不是被动地接受外在信息,而是根据先前的认知结构积极主动地、有选择地感知和加工外在信息,从而改变和重组原有的知识结构。任务驱动法基于建构主义教学理论,通过结合学习活动与实际任务或问题,激发和维持学生的学习兴趣和动机,这种方法不仅促使学生在探索问题的过程中主动学习,还通过创建真实的教学情境,让学生在完成具体任务的同时,获得更加深刻的学习体验。学生的学习不单是知识由外到内的转移和传递,更应该是其主动建构自己知识经验的过程,通过新经验和原有知识经验的相互作用,充实和丰富自身的知识和能力。可以看出,在传统教学中,案例和实例是次要的,知识是最重要的,是为完成知识传授服务的。而在任务驱动式教学模式中,知识和任务是同样重要的,甚至在某些情况下,任务的完成(特别是综合性的任务)过程是更重要的内容,把完成任务中能力的培养放在重要甚至主要位置。根本目标是知识还是能力,是判别"实例教学"和"任务驱动"的标志之一。[1]

总之,建构主义学习理论从心理学的角度阐明了教学中学生的主体地位,为学生主体参与教学提供了强有力的心理学基础。同时,建构主义学习理论为数学教学带来了新的理念和有益的启示。教师不应将数学知识以填鸭的方式讲授给学生,而应该创设贴近现实的教学情境,激发学生的学习兴趣,鼓励学生积极主动地参与教学活动,通过教师与学生、学生与学生、学生与数学知识之间的交流与对话,让学生自己去领悟,自己去建构知识。灵动课堂的教学主张强调学生的主动参与也是基于此。

五、深度学习理论

我国对深度学习的研究起步较晚,2005年,何玲和黎加厚两位学者首次提出深度学习的概念。他们认为:深度学习,是指在理解学习的基础上,学习者能够批判性地学习新的思想和事实,并将它们融入原有的认知结构中,能够在众多思想间进行联系,并能够将已有的知识迁移到新的情境中,作出决策和解决问题的一种学习。[2]此后,国内开展了一系列针对深度学习的相关学术研究。

---

[1] 姚明站.任务驱动 打造灵动的课堂[J].化学教与学,2014(10):38.
[2] 何玲,黎加厚.促进学生深度学习[J].现代教学,2005(5):29.

张浩、吴秀娟在《深度学习的内涵及认知理论基础探析》一文中,凝练了深度学习的几个主要特征,即注重批判理解、强调信息整合、促进知识建构、着意迁移运用、面向问题解决和提倡主动终身学习,提出了其核心特征是高阶思维,发展高阶思维能力有助于实现和促进深度学习。

张权力等人认为,教学论或教育学意义上的深度学习是指学生得以深刻地把握知识的内在结构,了解一些学科史及方法论背景,思维品质中的深刻性、批判性和创造性得到肯定和鼓励,情绪情感的卷入有一定的深度,等等。

美国学者弗伦斯·马顿和罗杰·萨尔乔在《学习的本质区别:结果和过程》中首次提出了深度学习概念。威廉和弗洛拉·休利特基金会(WFHF)通过对相关领域专家的深度访谈和详细的文献综述,将深度学习阐释为核心学业内容知识的掌握、批判性思维与问题解决、有效沟通、协作能力、学会学习、学术心志这六项能力的发展。

美国国家研究理事会(NRC)在全面分析不同学科领域的理论和研究的基础上,将深度学习定义为"学习者将某一情境下所学的内容应用于新情境的过程",并将学习者在深度学习中发展的能力具体划分为三个领域:认知领域、人际领域和自我领域。

美国研究学会(AIR)发起的"深度学习"研究,将WFHF所界定的六项深度学习能力与NRC划分的三个领域加以匹配,从而得到一个关于深度学习的研究和实践的兼容性框架。

综上所述,从学习目标的角度来看,深度学习以高阶思维发展为目标导向。高阶思维是具有深刻性的反思思维和批判思维,是更具有综合性的整体思维与辩证思维,也是更具创造性的实践思维与创新思维。深度学习旨在改变学生低效学习的状态,在教师课堂教学的促进下和具有较强层次的课堂教学设计下,以"阶梯"式的方式逐步地触及兴趣、情感和思维的深处。以提高学生的学习素养、促进学生全面而又富有个性的发展为基本目的,强调学生在知识与技能的学习与探索中,对知识进行加工、产生高层次的思维,达到深层次的体验和内在品质的提升。

从学习内容的角度来看,深度学习注重有机整合的内容呈现。学科核心素养既不是若干关键能力和必备品格的机械和,也不是若干知识、技能、经验和品格的机械和,而是各种相关知识、技能、经验和品格深度整合的产物。因此,深度学习要求学生学会整合,一方面是指学生在获取新知识时需要将其和已有知识建立联系,将零散的信息联结成一个完整的知识结构;另一方面当学习内容属于不同领域的交叉知识时,学生还可以整合多学科的信息。除此之外,学生还可以将课程内容和现实生活联系起来,实现校内和校外信息的整合。

从学习过程的角度来看,深度学习是积极主动的学习过程,批判理解的知识建构过程。深度学习是学生实现有意义学习的一种学习方式,鼓励学习者积极地探索、反思和创造,这样的学习过程是一种有意义的知识建构过程,而不是反复地记忆。因此,深度学习要求学生具有主动、积极的学习态度,在对所学知识具有深层次理解的基础上进行学习,在学习过程中始终明确学习的目的和意义,不断地在各科领域中探索自己不知道的知识并获得正面的情感体验,把握学科本质和内部联系。

从学习结果的角度来看,深度学习是促进深度理解和实践创新的学习结果,进而对学习者产生深远影响,促成核心素养落地。深度理解是触及事物本质的理解,也是触及深层意义的理解,实践创新指向学生的活学活用,也指向学生的知识迁移能力和融合创新能力。深度学习的践行结果是要让学生的个性在广度上多元发展,在深度上充分发展,在整体上和谐发展,在相互间共生发展,最终实现生态发展的理想。更为重要的是,深度学习是学习者自身终身发展的需要,特别是在离开学校和教师的指导后,人们对于深度学习的需求将会更加强烈。灵动课堂教学主张的特征——思维碰撞灵动,正是基于深度学习理论的实践结果。

第三节 灵动课堂的价值旨归和实践模型

一、灵动课堂的实践模型

灵动课堂有具体如下四个鲜明的特征。

(1)学生学得主动,其实主要是学生能独立参与、主动参与。灵动课堂的构建和生成需要学生的主动参与,在课堂上表现为敢于发问、敏于观察、爱好推理、自我调控、乐于表达、善于倾听等学习品质,如图2-2所示。

图2-2 学生学得主动的课堂表现

(2)教师导得生动,就是教师具有驾驭课堂的良好素养,能促进学生参与课堂,能够对学生学习给予情绪上的支持;在课堂中能巧妙设置情境;能利用幽默风趣的语言进行深入浅出的精到讲解,善于激发学生去联想、类比联系、归纳总结;善于对问题进行巧妙变式,让学生保持课堂参与的兴趣;在课堂作业上能精心设计,用心编制;同时能利用数学课堂进行学科育人,实现价值导引。其实现策略,如图2-3所示。

图2-3 教师导得生动的实现策略

(3)师生良序互动,就是学生在课堂上能跟老师进行互动交流、对话问答;在课堂上能进行小组合作,实现师生和生生互动,学生在互动中收获社会参与的经验;在课堂游戏中,学生能从智力游戏中体会参与的乐趣;发挥信息技术的作用;在课堂实验中,验证自己的猜想;同时也要注意培养学生的独立思考能力,进而开展更好合作。其实现策略,如图2-4所示。

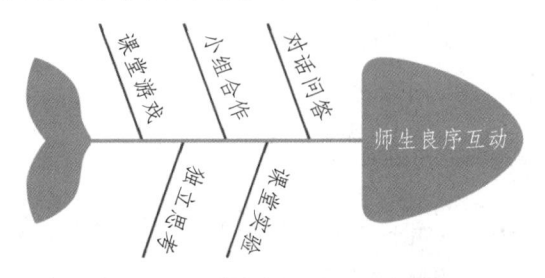

图2-4 师生良序互动的实现策略

(4)思维碰撞灵动,被称为思维的体操,学生在课堂中要有良好的思维生成和思维的激荡。体现在能揭示(数学)结构、发现(数学)本质,体会(学科)价值,能将数学知识进行灵活应用,能综合运用数学知识进行数学建模。其生成策略,如图2-5所示。

图2-5 思维碰撞灵动的生成策略

二、学生真正参与学习的意义

"学习吸收率金字塔",是教育界目前运用广泛的学习理论之一。研究表明,不同的学习方式,学习者的平均效率是完全不同的。美国缅因州的国家训练实验室研究发现,传统的学习方式,例如听讲、阅读,往往属于被动的个人学习,学习吸收率低于30%,而如果采取主动的学习方式,例如小组讨论、做中学,学习吸收率可以达到50%及以上。而在这个"学习吸收率金字塔"中,学习吸收率最高的是"马上应用/教别人",学习吸收率达到了90%! 教育专家们指出,达至最佳成效的方式为:富有工作经验的学生与能扮演辅导角色的教授,共同在课堂上讨论。宗旨为"搭建起实务与理论的好桥梁"。这也许就是这种教学方法的精髓:以教促学,让学生积极学习,在学习过程中,理论学习和实践相结合(将学到的知识传授给他人),以达成更高层次的掌握。(图2-6)

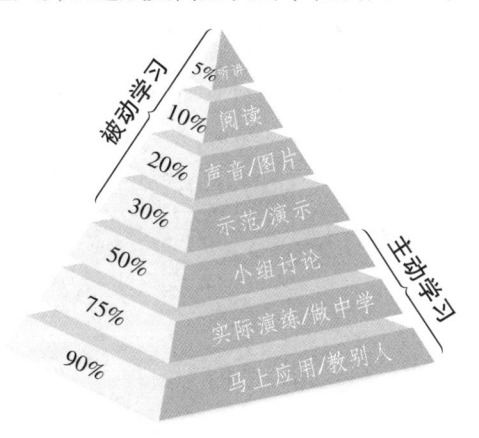

图2-6　学习吸收率金字塔

其实,以教促学这种方法早在古代中国就被人们所熟知。若您对此存疑,不妨先欣赏一幅书法作品(图2-7),此幅作品乃友人惠赠。其中"教学相长"四个字,在书法作品中是否颇为眼熟?

图2-7　书法作品

虽有嘉肴,弗食,不知其旨也;虽有至道,弗学,不知其善也。是故学然后知不足,教然后知困。知不足,然后能自反也。知困,然后能自强也。故曰:教学相长也。《兑命》曰"学学半",其此之谓乎!(选自《礼记》)

【译文】即使有美味的菜肴,不吃,不会知道它的味道鲜美;即使有最好的道理,不学,不会知道它的高妙。因此,(通过)学习然后知道(自己)有不足的地方,(通过)教然后知道(自己)有困惑不解的地方。知道(自己)有不足的地方,然后(才)能够督促自己(进一步学习);知道(自己)有困惑不解的地方,然后才能够自我奋发进取。所以说:教和学是互相促进、共同提高的。《兑命》说:教别人也是自己学习的一半。大概说的就是这个道理吧。

故学然后知不足,教然后知不究。不足,故自愧而勉;不究,故尽师而熟。由此观之,则教学相长也。(选自《韩诗外传》)

【译文】所以说,通过学习,然后才会发现自己的不足;通过传授,然后才知道自己研究不深。发现自己的不足,就会感动愧疚而努力学习,知道自己的研究不深,就会遍天下求师而弄透事理。从这些看来,传授与学习是相互促进的。

从以上可知,通过传授,然后发现自己研究或学习的缺陷,就会促使自己更好反思,最终成为更好的自己。如此说来,先人对教给别人更能引发主动学习早有察觉,认为这就是教学相长。简单一句话,就是让学生明白,教会别人其实就是更好地促进自己的学习。

三 学生自主性得到发挥的指标体系

学生学习数学的主体性发展主要表现在以下几个方面。[①]

一是独立性。学习数学有信心;不依赖教师、家长或同伴,能独立完成学习任务;通过独立思考,认真和判断数学事实或数学问题;不受别人的影响而轻易放弃自己正确的看法;对自己的学习结果和策略能进行适当的评价和调控。

二是主动性。学习数学有兴趣,有较明确的目的;会主动安排,合理分配自己的学习时间;主动参与数学学习活动,勇于提出问题,质疑问难;主动和同伴就感兴趣的数学问题交换认识;能为自己确定较高的学习目标;能掌握并运用数学的学习方法和某些数学思考方法进行学习;自觉地选择简洁算法和解法解题;自觉地进行验算;主动利用所学的数学知识和方法解决日常生活中的实际问题;会用数和形的观点来观察周围事物,并具有这方面的兴趣和态度。

三是创造性。乐于并善于发现问题,解决问题;不满足于常规的解题方法;能从不同的方面、多角度地观察事物并寻求不同的解题思路,具有一定的创新意识;比较善于直觉思维;喜欢动手操作,并创造性地制作一些学具或模型。

有研究者将小学生学习数学主体性发展的目标体系进行整理,得到具体发展指标及其行为表现如下。

(1)低年级的发展指标及其行为表现。

发展指标是以培养数学学习兴趣和习惯为主,体现学习的独立性和初步的

---

① 张天宝.主体性教育[M].2版.北京:教育科学出版社,2001:68-70.

主动性。行为表现如下:

①开始知道学习是自己的事;

②上课认真听讲,不分心;

③喜欢动脑筋,先想后说,上课积极发言;

④听明白再做作业,自己的作业自己独立完成,做完后知道检查,发现错误及时纠正;

⑤积极参与小组讨论,逐步做到会听爱讲;

⑥审题认真仔细,并掌握简单的运算方法;

⑦会根据题意,拼摆学具或画示意图,并借助自己的语言调节来解答一些简单的数学问题;

⑧喜欢结合自己的生活实际,口头编一些简单的应用题;

⑨喜欢上数学兴趣课。

(2)中年级的发展指标及其行为表现。

发展指标是以"主动参与学习活动"为主,体现学习的主动性和初步的创造性。行为表现如下:

①知道学习数学的重要性;

②会主动安排,合理分配自己的学习时间;

③对作业、试卷主动作出自我分析,尤其是对其中的错误能分析原因,加以订正;

④初步掌握预习、练习、复习以及自学数学课本等学习方法;

⑤初步具有对应、转化、图解、假设、替代、代数、集合以及统计等一些数学思想方法;

⑥自觉地选择简洁算法和解题思路解答数学问题;

⑦会用比较清晰、准确的语言表达自己的解题思路和结果;

⑧不把好学生当偶像,相信自己通过努力也一定会成功;

⑨不仅会积极主动地回答问题,还会质疑问难;

⑩敢于争辩,明确表述自己的不同看法,并能认真听取同伴的意见;

⑪学习数学有一定的意志力,具有克服困难的精神;

⑫初步学会收集资料,整理数据,用以说明一些较简单的实际问题;

⑬能设法解决一些较难、较活的思考题,开始有一些创造性;

⑭喜欢上数学兴趣课,积极参加数学课外活动。

(3)高年级的发展指标及其行为表现。

发展指标是以"自我评价和调控学习"为主,体现学习的主动性和创造性。行为表现如下:

①明确数学学习的目的;

②掌握对应、转化、图解、假设、替代、代数、集合以及统计的一些数学思考方法;

③知道怎样学习数学更有效,会对自己的学习方法和策略(如数学记忆,数学思考等)主动而较客观地作出评价,发现不足及时补救,从而调控自己的学习过程;

④会对同伴学习数学中的优缺点作出评价;

⑤会主动地和同伴就感兴趣的数学问题交换自己的认识,并不会受别人的影响而轻易放弃自己的正确看法;

⑥会有条理有根据地说明思考过程和解题策略;

⑦善于发现问题、提出问题、质疑问难;

⑧会用列表、拟提纲等方式对所学的数学知识进行分析、比较、归类、小结;

⑨对某些数学问题能一题多解,并能选择最佳解法,解题策略有一定创造性;

⑩会主动地运用已学的数学知识和方法解决一些生活中简单的实际问题;

⑪会用数和形的观点来观察周围的某些事物,并开始具有这方面的兴趣和态度;

⑫喜欢做思考题,喜欢看数学课外读物,积极参加数学课外活动。

基于上述研究,研究者提出如下初中生数学学习主体发展指标体系:

①明确学好数学是新时代学生的重要使命;

②掌握数形结合、化归转化、方程思想、分类讨论等数学思想方法;

③知道怎样学习数学更有效率,能对自己的解题行为进行调控,不断变化思考角度;

④善于倾听,会肯定同伴在数学学习中的优点,对其缺点能容忍并能尽力帮助纠正;

⑤会主动地分享自己对数学问题的看法,有自己的思辨;

⑥会有条理、有逻辑地展示自己的思考过程,并能进行简洁的书面表达;

⑦会通过超前学习、自学的方式发现问题、提出问题,能借助信息技术等进

行探究和验证,并能对问题进行批判;

⑧会用思维导图、逻辑图谱等对所学的数学知识进行提炼总结;

⑨对数学问题能一题多解,善于从数与形两个角度思考问题,并能思考通法和巧法之间的辩证关系;

⑩会主动地用数学知识解决生活问题,并能进行简单的数学建模;

⑪会用数学的眼光观察周边的现实世界;

⑫能用简洁的数学符号语言表达数学模型,不害怕长链条的逻辑推理;

⑬喜欢研究高中、大学、奥数、强基计划中的数学问题,爱看数学著作,积极参加数学科技创新。

1972年,联合国教科文组织国际教育发展委员会在《学会生存——教育世界的今天和明天》一书中提出,未来的学校必须把教育的对象变成自己教育自己的主体。受教育的人必须成为教育他自己的人;别人的教育必须成为这个人自己的教育。由此可见,人既是管理的对象,又是管理的主体,是自我管理的最高层次。从这个意义上说,学生学习的主动性的促发和实现是灵动课堂的最好形式。

第三章

学生学得主动：
为了学生的独立参与

第一节 学生学得主动:现状分析

姬国君博士团队进行过一项问卷调查,调查对象是13所初中学校(上海、郑州、昆明)的学生,回收有效问卷969份,运用专业统计软件进行统计分析,得出学生主动性方面表现如下。[①]

一、学科学习源于兴趣,自学能力表现不足

对"你对某些学科感兴趣的主要原因是"这一问题的描述性统计分析,研究者得出:在探究学生对某些学科产生兴趣的动因时,65.4%的学生将其主要归因于个人的兴趣所在,另有9.6%的学生表示是出于应对考试的需要,而5.6的学生则认为是受到了父母的影响,同时,有14.3%的学生认为教师的优秀教学是他们对此类学科产生兴趣的主要原因。(详见表3-1)

表3-1 "你对某些学科感兴趣的主要原因是"的统计

原因	频数	有效百分比/%
为了考试	93	9.6
父母的影响	54	5.6
老师教得好	139	14.3
自己的兴趣	634	65.4
其他	49	5.1
总计	969	100

对"你认为自己的自主学习能力"这一问题进行描述性统计分析,结果显示,有49.3%的学生评价其自主学习能力为"一般"水平,而认为自身能力"较强"的占32.5%。仅有9.6%的学生认为其自主学习能力"很强",而认为自己能力"较差"或"很差"的占8.6%。这一数据分布清晰地反映了学生在自主学习能

---

① 姬国君.面向初中生创造力发展的知识自主建构研究[D].上海:上海师范大学,2019:117-119.

力方面的自我评价状况。(详见表3-2)

表3-2 "你认为自己的自主学习能力"的统计

类别	频数	有效百分比/%
很强	93	9.6
较强	315	32.5
一般	478	49.3
较差	64	6.6
很差	19	2.0
总计	969	100

根据以上统计数据，我们可以发现学生学习的动力主要来源于自身的兴趣，所以，在学科教学上培养兴趣就显得十分重要，让课堂更有趣些，更能激发学生的内在动力。同时有个现象值得我们注意，就是老师教得好是学生对学科感兴趣的第二个重要原因。这也正好如古人所说：亲其师信其道。

二、主动注意程度一般，克服困难毅力不足

对于自身在日常课堂上的专注程度（注意力集中程度），44.9%的学生认为他们"经常"能够保持高度集中，29.1%的学生则表示他们"有时"能做到这一点，而能够"总是"保持专注的学生仅占17.1%。仅有8.9%的学生表示，他们在课堂上的注意力"很少"或"从不"能达到专注状态。(详见表3-3)

表3-3 "你平时上课注意力集中程度"的统计

类别	频数	有效百分比/%
总是	166	17.1
经常	435	44.9
有时	282	29.1
很少	70	7.2
从不	16	1.7
总计	969	100

对"在课下老师不做学习要求时，我也会去自主学习"这一问题的描述性统计分析，我们观察到，在老师没有学习要求时，选择"总是"自主学习的学生比例达到29.3%，选择"经常"自主学习的占26.6%，而"有时"进行自主学习的占

25.5%,选择"很少"的占14.0%,选择"从未"进行自主学习的仅占4.5%。这样的数据分布为我们深入了解学生自主学习意愿提供了宝贵的视角。(详见表3-4)

表3-4 "在课下老师不作学习要求时,我也会去自主学习"的统计

类别	频数	有效百分比/%
总是	284	29.3
经常	258	26.6
有时	247	25.5
很少	136	14.0
从未	44	4.5
总计	969	100

注:有效百分比为计算结果,表中此栏仅保留一位有效小数,导致总计结果不为100%。

对"在理解题意困难时,我会乐观面对并积极寻求解决方法"这一问题的描述性统计分析表明,在面临理解题目困难时,持"有时"态度并能以乐观心态积极寻求解决策略的受访者占比27.8%,而表示"经常"这样做的占比25.0%。此外,那些"总是"能够如此应对的受访者占比18.5%,相比之下,"很少"这样做的占比21.8%,而"从不"采取此类行动的受访者仅占7.0%。(详见表3-5)

表3-5 "在理解题意困难时,我会乐观面对并积极寻求解决方法"的统计

类别	频数	有效百分比/%
总是	179	18.5
经常	242	25.0
有时	269	27.8
很少	211	21.8
从不	68	7.0
总计	969	100

注:有效百分比为计算结果,表中此栏仅保留一位有效小数,导致总计结果不为100%。

从以上调查可以看出,初中生的自主学习能力处于一般的水平,还有较大的提升和发展空间。能够不用老师要求就能主动进行学习的发展空间还很大。这只是问卷调查的情况,而实际的情况可能更糟。特别是当面对一个数学问题时,依然有部分同学未能表现出应有的主动性,而表现出克服困难的毅力明显不足。这些调查主要集中在几个较大城市,倘若将这一情况推广至全国,那么情况更不容乐观。

第二节 学生学得主动：表现策略

众所周知，数学教学的本质是在教思维。在义务教育阶段，数学思维主要表现为：运算能力、推理意识或推理能力。通过经历独立的数学思维过程，学生能够理解数学基本概念和法则的发生与发展，数学基本概念之间、数学与现实世界之间的联系；能够合乎逻辑地解释或论证数学的基本方法与结论，分析、解决简单的数学问题和实际问题；能够探究自然现象或现实情境所蕴含的数学规律，经历数学"再发现"的过程；发展质疑问难的批判性思维，形成实事求是的科学态度，初步养成讲道理、有条理的思维品质，逐步形成理性精神。如果学生能学得主动，那么发展思维就成为水到渠成的事情。

灵动课堂的一个具体表现是学生要学得主动，它是灵动课堂生成的动力源之一。学生学得主动是产生灵动课堂的基础和归宿。换言之，灵动课堂生成之后又能诱发学生学得主动。这本身就是一个螺旋上升循环往复的过程。因此，要求学生在进入课堂的时候，能够积极主动地参与到课堂中去。在参与的课程中，个体的独立参与是学生学得主动的一个外在表现形式。那么，学生的主动性表现，即学生知识构建的自主性表现在哪些方面呢？为此，姬国君博士团队展开了调研，进行了教师访谈，形成了如下表格。[①]（表3-6）

表3-6 关于学生知识构建的自主性表现及基本方式

类别	你认为学生知识建构的自主性表现在哪些方面？	基本方式有哪些？
教师A	知识面的广度和深度、学生的兴趣。	乐于分享知识，发言、观点独到。
教师B	知识的获取和运用。	主动性学习，独立解决遇到的问题。
教师C	自主总结，归纳实验结论。	学生自己总结规律。
教师D	提出问题，设计方案，解决问题，反馈问题和总结。	主动性学习，善于追究问题的根源。
教师E	对知识的好奇心、求知欲。	学生能够画出思维导图。

---

① 姬国君.面向初中生创造力发展的知识自主建构研究[D].上海：上海师范大学,2019：130-131.

续表

类别	你认为学生知识建构的自主性表现在哪些方面?	基本方式有哪些?
教师F	探究式学习,分析、讨论、自主交流,学习方法更新。	自主学习,主动合作交流,创新思维。
教师G	学生自学与复习已学知识。	将已学知识迁移并进行知识融合。
教师H	能够高效地完成每个学习章节的知识并总结出来。	知识学习的梳理与总结。
教师I	自觉主动复习,自主梳理知识并建构框架。	自主学习拓展知识部分。
教师J	复习旧知识,预习新知识,学习新旧知识。	复习时归类易错点,使用思维导图。
教师K	学会自主学习。	注重阅读方法的教授,师生合作。
教师L	学生在思考与磋商中完成知识整合、内化,思维碰撞。	亲历体验,反思质疑。
教师M	利用思维导图,画知识树,以旧革新。	对比、归类、推理。
教师N	学习的自主性、自觉性、自律性。	学生进行探究式学习。

综合以上各位教师的访谈,结合个人的工作实践经验,我认为界定学生学得主动的具体课堂表现包括以下几点:一是敢于发问,二是敏于观察,三是自我调控,四是喜于探验,五是爱好推理,六是乐于表达,七是善于倾听。

一 敢于发问

发问,顾名思义。"发"就是发现,引申为发现和提出;"问"就是问题;发问就是发现和提出问题。《现代汉语词典》对"问题"有这样的释义:一是要求回答或解释的题目;二是须要研究讨论并加以解决的矛盾、疑难。第一种主要从功能的角度去解释,第二种是从问题产生的角度入手进行解释的。通常,从问题产生的角度进行解释更能抓住此概念的本质。问题就是一个矛盾,是思维中的矛盾,可以理解为需求和愿望之间的矛盾。换言之,即为目标与现实之间的差距。提出问题就是问题产生者将问题表达或表征出来的认知过程。[1]

---

[1] 陈海烽,李祎.发现和提出问题:数学教学的应然追求[J].中学数学教学参考,2021(35):70-71.

汪馥郁在《课堂中的逻辑味道:让理性引导教与学》一书中将数学问题大体分为以下四种类型。

第一种类型是"是什么",相当于英语中的"what",比如:有理数是什么?式是什么?一元二次方程是什么?勾股定理是什么?垂直平分线是什么?中位数是什么?

第二种类型是"为什么",相当于英语中的"why",比如:为什么"SSS"能判断两个三角形全等?为什么比较两个数的大小通常使用作差法?

第三种类型是"有什么用",换言之,就是用在什么地方,或用于什么时刻?相当于英语中的"where"或"when"。比如:中垂线定理有什么用?勾股定理有什么用?三角函数主要用于哪些方面?

第四种类型是"如何做",相当于英语中的"how",比如:如何证明两个角相等?如何在几何证明中添加辅助线?如何用方程思想解决几何相关问题?

通过实践,笔者发现,爱问问题、能提出问题的学生,一般更容易成为良好的问题解决者。通过问题的提出,学生对问题的理解将更加全面、更加客观,也就为知识运用打下良好的基础。另外,问题的提出还需要依靠学生的创造性思维。学生在发现和提出问题时,往往是从不同视角或新的维度来思考问题的,这是一个创造性的思维过程。当然,教师还可以通过学生发问以及设置问题的类型和相应的难度来获取学生对知识的理解程度,使得教师可以很好地把握学生的学情。

《义务教育数学课程标准(2022年版)》指出:课程目标以学生发展为本,以核心素养为导向,进一步强调学生获得数学基础知识、基本技能、基本思想和基本活动经验(简称"四基"),发展运用数学知识与方法发现、提出、分析和解决问题的能力(简称"四能"),形成正确的情感、态度和价值观。《普通高中数学课程标准(2017版2020年修订)》也同样在课程目标中指出:提高从数学角度发现和提出问题的能力、分析和解决问题的能力。

以上论述都说明了发现和提出问题能力的重要性。爱因斯坦曾说过:发现一个问题比解决一个问题更重要。这使我们不禁又回想起"钱学森之问"——为什么我们的学校总是培养不出杰出人才?其中一个原因就是学生缺乏问题意识,所以培养学生发现和提出问题的能力理应成为数学教育者的应然追求。[1]

---

[1] 陈海烽,李祎.发现和提出问题:数学教学的应然追求[J].中学数学教学参考,2021(35):71.

（一）在概念生成中培养学生发现和提出问题的能力

对一个数学概念，其教学的逻辑往往是：它是怎么来的，如何定义的，究竟有什么用途，可以用来解决什么样的问题。因此，如果教师能在平时的概念教学中持续培养学生发现和提出问题的意识，那么，这将使他们对概念的理解和掌握事半功倍。

【案例】在教学"锐角三角函数——正弦"这部分内容时，教师板书课题，以下是学生针对课题提出的问题。

(1)三角函数是什么？

(2)为什么我们要定义在锐角范围内，钝角不行吗？有没有钝角三角函数？有没有直角三角函数？

(3)正弦是什么？为什么叫正弦而不是其他？有没有历史渊源或者其他含义？

(4)正弦为什么是函数？它的自变量是什么？因变量是什么？变量有没有取值范围？

(5)我们所学的函数有图象，那么正弦函数有图象吗？

(6)正弦有什么用？能帮助我们解决什么数学问题？

(7)除了正弦，还有什么三角函数？

从以上问题可以看出，教师放手让学生对课题进行提问，能有效激发学生的发散性思维，学生提出的问题不仅内容丰富，而且符合前面所述的多种数学问题类型。这说明，学生在自己发现和提出问题的过程中，表现出积极的参与欲望，这不仅有助于所学知识的理解，还能促进他们对课题产生更多的个人见解。布鲁姆的目标学习理论表明，分析、评价、创造属于高阶思维。在概念生成中培养学生发现和提出问题的能力，这样的教学更有利于培养学生的高阶思维。

（二）在法则习得中培养学生发现和提出问题的能力

在初中数学中，特别是在"数与代数"内容领域，存在诸多的数学法则。法则教学的重点是要让学生明白算理，因此，教学要注重法则的形成过程，往往是先通过一定量的数学运算，然后抽象归纳出数学法则，进而加以运用和巩固。法则的习得过程，也是培养学生发现问题、提出问题的契机。北京师范大学资深教授顾明远指出，课堂教学是培养发展学生思维的主渠道，课堂教育不是简单地传授现存的知识,而是要在教学过程中调动学生的学习积极性,引导学生探索和思考。

【案例】二次根式的除法运算法则

计算下列各式,观察计算结果,你能发现什么规律:

(1) $\dfrac{\sqrt{4}}{\sqrt{9}}=$_____ , $\sqrt{\dfrac{4}{9}}=$_____ ; (2) $\dfrac{\sqrt{16}}{\sqrt{25}}=$_____ , $\sqrt{\dfrac{16}{25}}=$_____ ;

(3) $\dfrac{\sqrt{36}}{\sqrt{49}}=$_____ , $\sqrt{\dfrac{36}{49}}=$_____ .

一般地,二次根式的除法法则是

$$\dfrac{\sqrt{a}}{\sqrt{b}}=\sqrt{\dfrac{a}{b}}\ (a\geq 0, b>0)$$

这是人教版数学八年级下册二次根式除法的内容。教材的编写者通过"算两次"的数学思想,举了3个例子,归纳出二次根式的除法法则。教师可让学生通过阅读、计算归纳出法则后,引导学生提出如下问题。

(1)是不是只能用归纳法得到这个法则?

(2)为什么课本是使用归纳法得到这个法则的?

(3)用别的方法来得出这个法则是否可行?

(4)既然是除法法则,那么它和原来的乘法法则有什么联系?

(5)归纳法只是举了3个例子就得出法则,这样的方法是不是严谨?

(6)能否用逻辑推理的办法得到这个法则?

根据学生所提出的问题,我们发现学生呈现出创新意识的萌芽。顾明远先生曾指出,只有会思考并提出问题,才能培养学生批判性思维、创新思维的能力。学生们显然对书本的呈现方式,表现出不"满足",并有了探究的欲望,他们发现可以运用逆运算方法证明法则,并在此基础上提出了另一个的问题:乘法法则能否不使用归纳法,一开始就逻辑证明?

这个问题提出来后,教师引导学生进行探究,有学生得到如下的证明。

因为,一方面 $(\sqrt{a})^2(\sqrt{b})^2=ab$,另一方面 $(\sqrt{ab})^2=ab$;从而有

$$(\sqrt{a})^2(\sqrt{b})^2=(\sqrt{ab})^2$$

将式子两边开平方,因为平方根在非负数条件下只有一个,所以得

$$\sqrt{a}\sqrt{b}=\sqrt{ab}\,(a\geq 0, b\geq 0)$$

从这样的证明中可以看出,学生能够将乘法的问题化归为以前学过的

$(\sqrt{a})^2=a(a\geq0)$ 问题,再以这个为起点,对乘法法则进行证明,表现出创新意识的萌动。

(三)在习题反馈中培养学生发现和提出问题的能力

在数学课堂教学中,设置习题进行教学反馈,是最常见的教学环节之一。教师往往通过设置一定量的习题,让学生来完成,以便检验学生对刚习得知识的掌握情况。换言之,这就是教师提出问题、学生解决问题的常规模式。教师若在此时能有意识地设置好习题问题,则可以诱导学生主动发现和提出问题。

【案例】"含30°角的直角三角形的性质"教学片段[①]

师:问题1,在等腰△ABC中,如图1所示,AB=AC,∠BAC=30°,AB=10,求△ABC的面积。

生1:老师刚说要"双剑合璧",现在有了30°这个条件,显然还缺一个直角,因此做垂线,如图1中虚线所示,作BD⊥AC交AC于D,然后用刚学的定理,即30°角所对的直角边是斜边的一半,从而有$BD=\frac{1}{2}AB$,进而求得BD=5,所以原△ABC的面积是25。

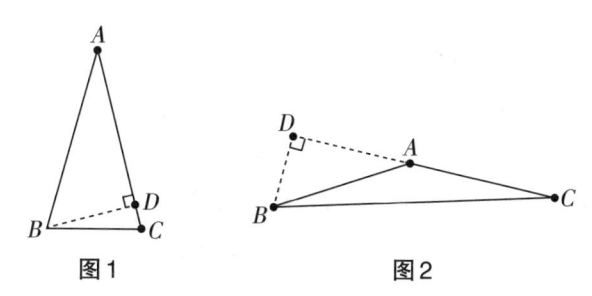

图1　　图2

师:做得好,下面再看问题2,将原题的已知条件30°换成150°,结果又如何?请自行画图求解。

生2:150°容易联想到它的邻补角是30°,如图2所示,依然作DB⊥AC于D。在Rt△ABD中,可知有∠BAD=30°,再由刚学的定理,知BD是AB的一半,即BD等于5,所以△ABC的面积也是25。

生3(举手并发言):老师,我提一个问题,若两个等腰三角形的腰长相等,它们的顶角互补,那么它们的面积就一定相等吗?

[①] 陈海烽.让学生的思维飞一会儿——以"含30°角的直角三角形的性质"教学为例[J].中小学数学(初中版),2015(Z1):118-119.

这个问题的提出有点出乎我的意料,虽然它与这节课学习的核心内容关系不大,但该学生的问题很有价值。为了不熄灭这名学生探究的火焰,我就此引导学生展开了一般的探究。

师:这位同学提出了一个好问题,今后管它叫"一豪猜想"(一豪就是生3)吧!老师将这个问题一般化。问题3,如图3所示,已知三角形中两条边a,b,那么只要它们的夹角互补,这两个三角形面积一定相等。谁能证明这个猜想?

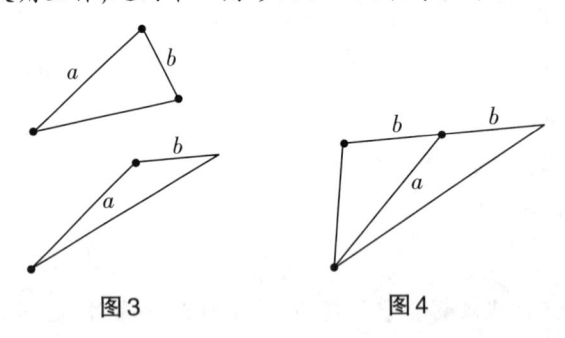

图3 图4

生4:我用的是实验的方法,首先我关注到它们的和是180°(夹角互补),如果移在一起或拼在一起(如图4所示),根据中线等分面积,所以这两个图形的面积一定相等,证明完毕。

师:振荣同学(即生4)提供的方法真是巧妙!我们不妨将它记为"振荣方法"。从180°这个"题眼"出发,想到利用拼图实验的办法,证明两个三角形的面积相等。能否根据此方法的启发,再找找有没有不同的办法?

生5:受上述方法的启发,我觉得利用和为180°,除了可以拼成一条直线外,还可以联想同旁内角互补,因此,我通过实验,拼成了如图5所示的图形。因为这两个图形中的$\angle BCD$和$\angle CBA$互补,所以有$AB // CD$,然后我们很容易通过AAS或ASA的全等证明方法,证明$\triangle ABO \cong \triangle CDO$,得到$\triangle ABO$和$\triangle CDO$面积相等,最后分别加上共同部分$\triangle BOC$的面积,所以这两个原三角形面积相等。

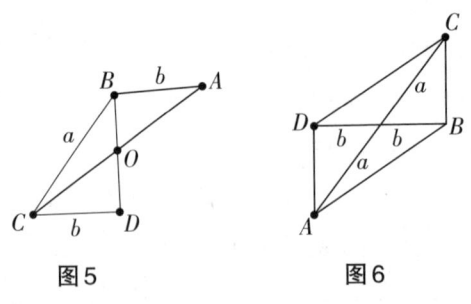

图5 图6

生6:我是找了这样的两组图形来拼,如图6所示,根据对角线互相平分的四边形是平行四边形,从而知四个小三角形面积相等,命题成立。

通过习题设置,学生自行提出的问题更易激起他们自主解决问题的愿望。实际教学中,也的确证实了这一事实,学生在课堂上涌现出了不少创新解法,这正是学生提出问题的教学价值所在。

(四)在复习总结中培养学生发现和提出问题的能力

复习课一般有三大任务,一是将知识系统化,二是查缺补漏,三是提升能力。在上复习课时,如果教师能巧妙设置引发学生发问的情境,那么对学生建构良好的知识结构系统大有裨益,还可以有效地培养学生的问题意识和提出问题的能力。

【案例】"实数的复习"教学片段

通过之前的学习,我们知道了实数按小数部分是否循环,可以进行如下的划分:无限不循环小数称为无理数,非无限不循环小数是有理数。一方面,有理数分为有限小数、无限循环小数和整数;另一方面,有理数又分为整数和分数两部分。大家看看在这里面,我们可以发现或提出什么问题呢?

生:无限循环小数是分数吗?

师:非常好,这个同学提出无限循环小数是分数吗? 我们应该要怎样回答?

生:应该是,否则就与概念之间的划分相互冲突了。

师:那么,进而可以提出什么问题?

生:为什么循环小数是分数?

师:很好,那么我们就一起来研究这个问题吧……

教师在复习时总结了实数的分类办法,然后提出一个矛盾,引导学生就这个矛盾提出相关问题,进而得到一个新的问题。这些问题有利于学生完善实数的知识结构体系,同时他们对问题的探究又能提升其问题解决能力。

(五)培养学生发现和提出问题能力的教学思考

1.教师要重视发现和提出问题的教学价值

思想是行动的指南。只有教师重视提出问题的教学价值,才有可能在课堂上留下充足的时间和空间,在学生提出所谓"弱智"的问题时能给以理解和人文关怀,进而去发现学生提出问题中可取的闪光点,让学生得到充分的尊重与爱护。因为学生能提出问题就是积极参与和认真思考的外在表现。我们经常可以看到,一些老师对学生高举的手视而不见,为了完成自己的教学进度而拒绝等待或给他们发言的机会。特别是对一些平时表现不怎么好的学生,他们提出的问题更容易被忽视,这无形中可能抑制了这类学生参与的积极性。老师如果不重视提出问题的教学价值,就很少会去创造民主的教学氛围,也不太可能使用问题教学法。实际上,问题的提出可以让"差生"有足够的发展空间,他们可以根据自己的经验和理解提出非常有意思的问题。而对于"数学'问题提出'教学的理论基础和实践研究"来说,"好生"除了有足够的发挥余地,由于情境是开放的,提出问题也同样会给他们提供更多的发展空间。[①]作为教师一定要细细品味布鲁巴的那句话——最精湛的教学艺术,遵循的最高原则是让学生自己提出问题。我们建议在义务教育阶段的学生素质教育报告册中,如果能增加"提出问题"等栏目的考评,将有利于教师对学生的这方面"素质"的培养。

2.学生要明白提出问题的成长价值

对学生而言,掌握知识以外的东西,即核心素养的养成,需要教师平时在课堂上,引导他们不能仅仅关注考试分数,更要关注其身后高阶思维能力的提升。让学生认识到学习就是要保有一颗好奇心,对所看到的现象不断进行追问、质疑,再提出各种有价值的问题,这才是自己最好的成长方式。笔者在课堂上经常把学生提出的问题用该生的名字进行冠名,让历届学生都能知道学长学姐的猜想、同学的"谬论",比如上述案例中的"一豪猜想""振荣方法"等,目的就在于此。

3.师生要掌握提出问题的常用方法

对于一名教师来说,掌握一些提出问题的方法,其重要性不言而喻,但是更重要的是要培养学生能独立发现和提出问题的能力。利用日常课堂渗透提出问题的方法,让学生也能像老师那样提出问题,让学生也能品尝到提出问题的乐趣,享受像数学家那样用自己名字命名的获得感,这对于培养学生能力、激励学生成长作用巨大。以下是几种比较典型的在数学课堂中经常运用的提问方法。

[①] 蔡金法,姚一玲.数学"问题提出"教学的理论基础和实践研究[J].数学教育学报,2019,28(4):44.

(1)否定假设法[①]。"what-if-not"是由美国学者布朗与沃尔特基于一个给定的数学问题而提出问题的策略,它的意思是假如不是这样的话,那又可能会是什么?比如在上述"锐角三角函数——正弦"案例中,学生就是通过反思来进行提问的:是不是只能用归纳法得到这个法则?如果不是用归纳法得出法则,那该怎么办?是否还有什么别的方法?这就是否定假设法的应用。

(2)类比联系法。就是通过两类事物的直接对比,然后巧妙地关联,进而使得知识更加系统化。它的一个显著特征是横向联系。这在数学上的应用十分广泛,比如分数和分式的类比,函数与方程的类比等,在概念的学习、法则的习得中也经常应用,案例"实数的复习"就用到了这种方法。

(3)从1到n法。这个方法重在纵向的联系。即从一个特殊的例子入手,能否得到一个更一般的结论,然后去思考相关问题的真伪。上述"含30°角的直角三角形的性质"案例中,就是从等腰三角形推广到一般三角形,进而激发学生用逻辑演绎证明为真,或者举出反例证明为假等。

(4)逆向思考法。在数学上有许多互逆的现象存在,如运算互逆,几何的性质和判定互逆等。虽然互逆的命题不一定都是真命题,但往往可引发更深层次的思考。教师在教学中可引导学生对一个命题的逆命题的真假进行探究,这对培养学生的批判性思维、全局性思维大有裨益。在案例"二次根式的除法运算法则"中,学生就是通过逆运算思考得出了二次根式除法法则。

总之,在数学课堂教学中,教师应不失时机、恰时恰点地培养学生发现和提出问题的能力。指导学生掌握一些提出问题的方法,课堂上留给他们相应的时间和空间,让学生在学习中不断提出有价值的问题,为学生今后从事科研等工作奠基,这是我们为师者的应然追求。

二 敏于观察

所谓观察,就是人们利用感觉感官或者借助仪器,有目的、有计划地对事物进行考察和了解的一种过程和方法,它在人类实践活动的各个领域中都具有极其重要的意义。著名生物学家巴普洛夫在实验室门前刻着"观察、观察、再观

---

① 温建红.论数学教学中学生提出问题的意义及培养策略[J].数学教育学报,2014,23(1):22.

察"几个大字。这就是他工作的座右铭,也是他从事科学实验的总结出来的宝贵的经验。《义务教育数学课程标准(2022年版)》指出:数学课程要培养的学生核心素养,其中一个方面就是会用数学的眼光观察现实世界。

数学为人们提供了一种认识与探究现实世界的观察方式。通过数学的眼光,可以从现实世界的客观现象中发现数量关系与空间形式,提出有意义的数学问题;能够抽象出数学的研究对象及其属性,形成概念、关系与结构;能够理解自然现象背后的数学原理,感悟数学的审美价值;形成对数学的好奇心与想象力,主动参与数学探究活动,发展创新意识。

在义务教育阶段,数学眼光主要表现为:抽象能力(包括数感、量感、符号意识)、几何直观、空间观念与创新意识。通过对现实世界中基本数量关系与空间形式的观察,学生能够直观理解所学的数学知识及其现实背景;能够在生活实践和其他学科中发现基本的数学研究对象及其所表达的事物之间简单的联系与规律;能够在实际情境中发现和提出有意义的数学问题,进行数学探究;逐步养成从数学角度观察现实世界的意识与习惯,发展好奇心、想象力和创新意识。[1]

对主动学习的孩子来说,他们一定是对这个世界充满了好奇心,而且善于留心观察。所谓世事洞明皆学问就是这个道理。对于学习数学而言,从一般意义上讲,就是善于观察式子的结构和图形的结构。有研究者对初中生的数学观察能力进行了分类,详见表3-7。[2]

表3-7 初中生的数学观察能力水平差异

分类维度	水平	特征
信息输入	高	拿到一道数学题时,一眼就看出问题的结构,就能把已知条件联系起来,他们能很清楚地区分出问题结构中的三种不同性质的成分:类型特征、数量关系和无关信息,并且知道这些条件在数学知识体系中的位置。

---

[1] 中华人民共和国教育部.义务教育数学课程标准(2022年版)[M].北京:北京师范大学出版社,2022:5-6.

[2] 夏宛央.初中学生数学观察能力培养研究[D].武汉:华中师范大学,2020:37-38.

续表

分类维度	水平	特征
信息输入	一般	拿到一道数学题时,能在经历观察方法训练后,弄清楚未知量是什么?已知数据是什么?条件是什么?并能够在推导的过程中继续追问,条件是否足以确定未知量?条件充分还是多余?条件是否矛盾?此阶段的学生不一定最后能顺利地解决数学问题,但是能够有意识地自己追问自己上述问题。
信息输入	差	观察能力差的学生,拿到数学题时,一开始就会将注意力放在具体数据上,会把注意力放在诸多孤立的无关紧要的材料上;难以观察到已知条件中"漏掉"什么,或者要解决问题缺少什么;观察的时候没有整体意识,观察到的信息经常是孤立的,不与头脑内部知识产生关联的。
信息保持	高	能立刻记住题目类型的标志、解题的一般方法、推理的模式、证明的基本路线和逻辑格式,并能较长久地保持;对具体情境和数学材料在解题期间记得很好。尤其是面对新题型的时候,当按以往的方法解不出来题时,能够注意到另外一些信息。
信息保持	一般	对具体材料和数字记得比较好,能记得一部分题目类型的特点;当按以往的方法解不出来时,在教师提示之后,能够注意到平常没有注意到的信息。
信息保持	差	无论是对一般化的数学材料,还是对具体的数字,记忆功能薄弱,可能出现的情况是,几分钟前计算过的同一个式子仍然需要再计算一次;在解题时,随着推理的进行,常常忘记前提条件。
信息整理	品质良好	对于单个的数学对象,能关注到其本身的直觉特征、功能特征、关系特征;能明白数学对象所处的概念层次网络以及其抽象水平;能整体地看待数学问题中的要素。
信息整理	品质差	只能孤立地关注到单个数学对象的最明显特征,缺乏整体性,也不能从不同的抽象水平看待数学概念。

注:选用时有改动。

(一)观察式子的结构

有数学名家说过,数学教学就是数学解题的教学。在学生学习的过程中,观察获得数学信息十分重要。学生如果能从数学语言表达的式子当中发现其相应的结构,那么对于数学领悟和数学解题大有裨益。比如在解二元一次方程组时,学生如果能观察到同一个未知数前面系数出现相同或相反的结构,那么,使用加减消元法就会使解方程组变得简单,也能更深刻地理解加减法的本质。

当出现同一未知数前面系数不同的时候,就是要创造条件让它相同或相反,那么最简的方式就是找到该系数的最小公倍数。学生如果平时善于分析观察,那么他对解题的理解会更加到位。再如,我们知道含有参数的二次函数在多数情况下可以进行因式分解,如果学生能及时对解析式进行因式分解,那么他就容易快速地找到与 x 轴相交的两个点,进而快速地解题。

【案例】先看后做,事半功倍[①]

今天上课,老师让我到黑板演算了一道代入求值的题目:已知 $a=\sqrt{5}-2$, $b=\sqrt{5}+2$,求 $\sqrt{a^2+b^2+7}$ 的值。

我演算如下:

把 $a=\sqrt{5}-2$, $b=\sqrt{5}+2$ 代入到 $\sqrt{a^2+b^2+7}$ 中,

$$原式=\sqrt{(\sqrt{5}-2)^2+(\sqrt{5}+2)^2+7}$$
$$=\sqrt{5-4\sqrt{5}+4+5+4\sqrt{5}+4+7}$$
$$=\sqrt{25}$$
$$=5$$

刘老师首先肯定了我运算结果是正确的,接着追问同学们:"大家都是这样做的吗?还有没有其他的解法?"

数学课代表回答说:"我没有直接代入计算,而是将要求的式子中 a^2+b^2 做了变形,再代入 a, b 的值将 $a+b$ 求出,接着代入根式运算要简洁些。"

老师表示了肯定,并要我在黑板上写出这种解法(虚线后为老师后来的注释)。

因为 $a^2+b^2=(a+b)^2-2ab$ ……………… 想到完全平方式,有效变形
而 $a+b=2\sqrt{5}$, $ab=1$ ……………… 观察所给数据特征,进行计算
所以 $a^2+b^2=(2\sqrt{5})^2-2\times 1=18$ ……………… 代入先确定两数的平方和
于是 $\sqrt{a^2+b^2+7}=\sqrt{18+7}=\sqrt{25}=5$ ……………… 代入获最终结果

在计算题目时,我们不能盲目地下笔开始解答,而是要懂得运用一些方法和技巧。就像这道题目,两种解题方法的优劣是非常明显的。最初的那种方法,计算起来既费力又容易出错,每次都需要小心翼翼地一步步去验证。然而,

---

[①] 刘东升,符永平.让数学写作促进"基本活动经验"的积累——不同"写作角度"下的案例及思考[J].数学通报,2014,53(2):26.

课代表随后提出的全新思路,不仅显著缩减了所需时间,而且极大地提高了计算效率,真正实现了事半功倍。这也正如老师在评价时所强调的,在解答计算题时,我们应当养成先"审视"再"运算"的良好习惯。尽管"审视"这一步似乎耗费了更多的时间,但实际上它就像磨刀不误砍柴工,能够帮助我们更加高效地完成计算任务。

从这则案例可以看出,学生将自己上课的过程进行了描述,提醒自己今后要注意多观察式子的结构特征,进而才能更好地掌握解题方法,达到事半功倍的效果。从这个意义上说,该案例体现了学生学习的主动性。

(二)观察几何图形结构

我们知道,几何定理涉及很多几何的基本结构。学生倘若能剖析出每个定理背后几何图形的基本结构,那么也就容易找到解题的线索。例如:当看到三角形中一边有中点时,能够联想到中位线的结构,再取另外一边的中点进行推理,形成一种类似条件反射的自觉行为。初一学生在三线八角图中,找已知角的同位角、内错角、同旁内角,这些"要求"是非常明确的。针对这类目标相当明确的问题,教师通常给的做法是传授"工具性理解",例如找"Z"字,找"F"字,找"U"字。但对于更加复杂或者结构不良的问题,就必须回归本源,回到定义中去。

【案例】从定义模型中发现辅助线身影[①]

如图,已知 $AB//DE$,求证: $\angle ABC +\angle BCD +\angle CDE =360°$。

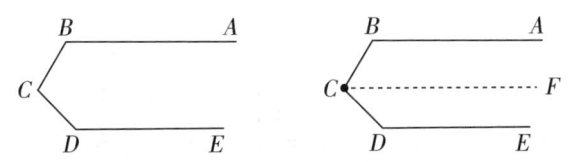

有个学生很快地作出了上述右图的辅助线,以下是我们的对话。

师:为什么你能想到这种办法呢?

生:因为360°让我们联系到两个180°,所以我尽量往平行线去想,因为两直线平行,同旁内角互补。

师:没有错,想得好,这是一种很好的思考角度。那么,有什么体会吗?为

[①] 陈海烽.辅助线添加策略的探寻——关于平面几何难点"辅助线添加"的校本研讨[J].数学教学通讯,2017(29):15-16.

什么过点C作平行线呢?

生:因为我们学习了平行线的模型,看到BCD是一条折线,不是直线,不能当截线,所以为了让BC能当截线,我想到了再作一条平行线。

师:相当好,模型确实是最重要的,辅助线的"念头"经常就是这样产生的。就是将题目中具有的模型还原出来,显现出来。那你再思考一下,是否还有其他不同的解法?

过了五分钟……

生:我想到了,方法还真多。

师:说说看。

生:我也是根据模型,平行线的基本模型,就是两条平行线和一条截线的结构。图中没有出现这个结构,我就想办法让它显现出来。将BC延长当截线,就是一种方法。还有就是自己再找一条截线BD或者BF,然后再运用三角形和四边形的知识就可以了。

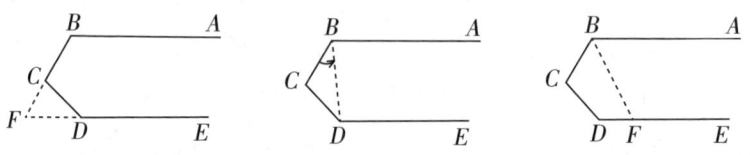

师:很好,做完这道题有什么体会?

生:就是在平时的几何学习中,要善于积累一些图形结构,以便在做题时将它还原出来。

师:总结得很好!其实这也是数学学习中的"化归与转化"数学思想的应用。

【案例】

四边形ABCD是菱形,点O为对角线交点,AD边的垂直平分线交线段OD于点P(P不与O重合),连接PC,以点P为圆心,PC长为半径的圆交直线BC于点E,直线AE与直线CD交于点F,如图所示。

(1)当∠ABC=60°时,求证:直线AB与⊙P相切;

(2)当AO=2,$AF^2+EF^2=16$时,求∠ABC的度数。

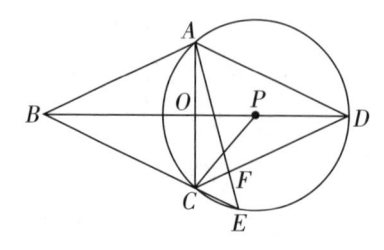

这道题的第二问,学生的得分率不高。究其原因就是不懂这个"$AF^2+EF^2=16$"式子该如何运用。其实,学生如果对式子比较敏感,那么应该回想自己的学习过程,在初中阶段只有学习勾股定理时出现过线段平方结构,所以这时应该要想到可否构建勾股定理的模型。但是AF和EF在同一条直线上,显然不适宜当直角边,再结合图形感知到$EF=CF$应该成立,于是将精力用于找寻证明这两条线段相等上,题目就不难解决了。

从以上案例可以看出,如果学生能主动去观察图形的结构,那么这对于提高他们的解题能力大有帮助。再如,当我们观察到有公共顶点的两条相等线段时,其实具备了旋转的部分特征——顶点可以看作旋转中心,两条线段可以看成是由其中一条线段旋转而形成的。这时,我们可以考虑将图形进行旋转。所以,教学时我们要多创造情境让学生指认和识别,引导学生观察相应的结构模型,总结几何题的一些基本图形(这些基本图形就是题目的一个"器官"),以提高学生的审图能力,进而提升他们的核心素养。

三　自我调控

自我调控是指个体对自己的思维、情感和行为进行监察、评价、控制和调节的过程。主要包括下面几个方面。

(一)善于反思

反思指的是对自身的思维过程和思维结果进行深入认识和检验的过程。它构成了学生调控学习的基石,并且是学生在认知过程中加强自我意识、实行自我监控与自我调节的主要方式。反思涵盖了两个主要方面:一是对自身行为的反思,二是对自身思维的反思。在数学学习中,对自身行为的反思具体表现为对解决数学问题过程的反思。这种反思能够深化学生对问题解决过程的理解,并帮助他们发现并纠正其中的不足。对自身思维的反思是指学生在数学学习过程中的反思,反思自己哪些地方做得好,哪些地方存在不足。曾子云:吾日三省吾身。只有经常反思,日积月累,才能全面地认识自己,并不断提升自己的思维水平。在实践过程中,教师可以引导学生进行数学写作,进行解题的自我监控。

数学写作也是一种自我反思的学习活动。数学写作,作为一种特定的数学作业形式,要求学生运用数学语言、符号和逻辑,将数学问题、解决方案和思考过程清晰地表达出来。它不仅仅是对数学知识的简单复述,更是一种深度思考、逻辑分析和创新表达的过程。数学写作要求学生使用精确的数学语言来描述数学概念和现象。这种语言既包括常规的数学术语,也包括特定的数学符号和公式。在阐述数学问题或解决方案时,学生需要清晰地展示他们的思考过程,确保每一步都是合理和有逻辑的。数学写作不仅仅是答案的呈现,更重要的是展示学生如何找到这个答案,即他们的解题策略和思考过程。除了传统的数学问题,数学写作还鼓励学生探索新的数学领域,提出新的观点和想法。这就需要学生具备批判性思维和创新精神。

数学写作的教学价值体现在以下几个方面。[1]

一是加深对数学概念的理解。通过数学写作,学生可以更深入地理解数学概念,明确其内涵和外延。写作过程中的梳理和总结有助于巩固和加深学生的数学认知结构,可以帮助学生梳理数学知识,自主建构起对数学知识、数学概念的理解。在实际教学中,我们时常发现,学生听得懂和学生会做是两回事,学生的学习依旧属于浅层次的学习,就是进行简单模仿,当老师让他解释原因时却往往词不达意。因此,如果要解决这个问题,我们可以通过数学写作让他们进行反思,仔细审视每一步背后的逻辑依据,检查其中是否存在漏洞。这样不仅能够帮助他们深化对数学概念的理解,还能有效提升他们的逻辑思维能力和问题解决技巧。

二是培养逻辑思维和分析能力。数学写作强调逻辑的严密性和清晰性,这有助于培养学生的逻辑思维和分析能力。通过不断地练习,学生可以更加熟练地运用数学语言来进行思考和表达。创造性思维和批判性思维是创新人才培养最关键的两大核心思维。数学写作没有具体的模式,因此学生得以自由发挥,只要能言之有理,言之有物就行,这样学生的自主性才能得到发挥,其参与数学学习的积极性就更高,在课堂上的表现就会更加投入。

三是提高解决数学问题的能力。数学写作鼓励学生展示他们的解题策略和思考过程,这有助于提高学生解决数学问题的能力。通过反思和梳理,学生可以更好地发现自己的不足并寻求改进。

---

[1] 胡耀华.数学写作的价值及若干教学建议[J].数学教育学报,2007,16(3):60-61.

四是促进师生交流与沟通。数学写作可以成为师生交流与沟通的有效工具。通过阅读和评价学生的数学写作作品,教师可以更好地了解学生的学习情况和思维特点,从而更有针对性地进行教学指导。

五是激发学习兴趣和热情。数学写作可以让学生在探索和发现数学之美的过程中感受到学习的乐趣。当学生将数学与实际生活、应用场景相结合时,他们可能会更加热爱数学并愿意投入更多的时间和精力去学习。

六是有利于评价学生的学力。数学写作确实是一个强大的工具,它有助于我们深入了解和评价学生的数学学习水平。通过数学写作,我们不仅可以收集到更多关于学生学习过程的信息,还可以观察到他们在解决问题时分析、推理、假设和判断等能力的发展变化。更重要的是,数学写作能够揭示学生在学习数学时采用的不同学习方式和策略。例如,有些学生可能采用表层式学习方式,仅仅是为了完成任务或取得好成绩;而另一些学生则可能基于对数学的探究兴趣,采用深层次的学习方式。这种学习方式的不同,会直接影响他们的学习效果和对数学的理解。此外,数学写作不仅能够反映学生对某些核心思想方法的掌握程度,诸如公理化思维,还能提供更为深入的洞察。仅仅通过解题来评判学生的理解水平可能不够精准,因为即便学生能够成功解答证明题,这亦不一定意味着他们真正领悟了公理化思维的精髓。而数学写作则为学生提供了一个展示和阐述自己对公理化思维理解的平台,这一过程本身就是一种学习和评价的有效方式。因此,数学写作不仅可以帮助我们更全面地了解学生的学习情况,还可以作为一种有效的过程性评价方式,促进学生的学习和发展。

七是有利于教师教学改进。教师可以通过阅读学生的文字作品,获取有关其写作中的信息,从而审视自己的教学决策是否精准,教学方法是否恰当,以及教学重点难点是否得当。这些反馈能够协助教师全面审视自己的教学过程,并深入反思教学实践。此外,从字里行间,教师还可以洞察学生对数学问题和概念的理解程度,进而及时调整自己的教学方法。数学写作不仅能够使教师思考自己的教学是否成功,还能促使他们反思教学方法是否存在问题。然而,长期以来,这一极其有效的获取学生信息的途径在数学教学中并未得到足够的重视,这一情况确实值得我们深入思考和探讨。

综上所述,数学写作作为一种特定的作业形式,在数学教学中具有重要的价值和意义。因此,在数学教学中,教师应该重视并引导学生进行数学写作练习,使其成为数学学习的重要组成部分。

开展"数学写作"对于初中生来说,可能是一个新颖且具有挑战性的任务。以下是一些建议,可帮助初中生有效地进行数学写作。

(1)选择适合的主题:首先,选择一个你感兴趣且熟悉的数学主题。这可以是你在课堂上学习的内容,也可以是你自己在数学探索中发现的问题。确保你对这个主题有足够的理解和热情,只有这样你的写作才会更加有深度和吸引力。

(2)进行深入研究:一旦确定了主题,接下来就需要进行深入研究。查阅相关的数学书籍、文章或网络资源,收集足够的信息和数据来支持你的写作。同时,也要理解并掌握这个主题的核心概念和原理。

(3)制定写作计划:在开始写作之前,需要制定一个清晰的写作计划。这包括确定文章的结构、要点和顺序。你可以先写一个大纲,然后再根据大纲来填充具体内容。

(4)注重清晰表达:数学写作需要清晰、准确和简洁的表达。使用简单易懂的语言来解释数学概念和问题,避免使用过于复杂或模糊的术语。同时,也要注意段落的划分和过渡,使文章更加易于阅读和理解。

(5)展示数学思维:数学写作不仅仅能描述数学知识和问题,更重要的是能展示你的数学思维过程。在写作中,要详细描述你是如何解决问题的,包括你的思考过程、尝试的方法以及最终得出的结论。

(6)获得反馈和修改:完成初稿后,可让老师、同学或家长阅读你的文章,并征求他们的意见和建议。根据反馈,对文章进行修改和完善,以提高文章的质量和可读性。

(7)不断练习:最后,通过不断地练习来提高你的数学写作能力。可以选择一些不同的主题进行写作,尝试不同的写作风格和技巧,逐渐找到适合自己的写作方式。

记住,数学写作是一个需要时间和实践的过程。不要害怕犯错或担心写得不好,只要保持热情和耐心,我们一定能够逐渐提高自己的数学写作能力。

对数学教育工作者来说,寻找科学而有效的数学学习方法和学习策略一直是我们的目标,通过对数学写作的价值分析,我们认为,在数学的教学中,我们有必要将它融入到学生的数学学习活动中去,并在数学的课堂中加以灵活运用。

【案例】介绍函数概念

一位数学老师让学生即兴写作,提示语如下:

"记得昨天学过的函数概念吗,想象给自己的学弟学妹写一张条子,说明函数的概念,最好能举例说明你认识的函数种类。写出你对函数概念的理解,假定你的学弟学妹急切地想知道什么是函数,你如何给他们做出完整的解释。"

学生领到这样的作业,一般会更加认真地思考和表达他们的理解,从他们语言文字的阐述中,我们可以评估学生对函数知识的掌握和理解程度,从而去考量深度学习是否真实发生。

在学生的学习旅程中,第一堂课、第一周以及第一个月都是重要的时间节点。若教师能敏锐地抓住学生这些黄金学习时机,便能以较小的努力获得显著的教学成效,真正实现事半功倍。以下是在开学第一课后一些学生的数学写作。

【案例】开学第一课

敢于质疑

七年5班　童欣格

第一节数学学法指导下课前,老师叫我们解决一个数学里的周期问题,问题的大意是:五根手指,从大拇指开始排数,从1排列到2015,到最后一根手指再轮回来,求2015会落在哪根手指上?

同学们的答案各有不同,有的说落在无名指上,有的说落在中指上,还有的说落在小指上……,老师请个别同学表达了自己的观点后,宣布是落在无名指上。下课后,那道题便像落下的尘埃,无人再提及。

在第二节数学学法指导课上,数学老师开始就说:"我对你们太失望了。"所有的人一怔,怎么回事,才上一节课,发生了什么吗?接着老师才讲起上节课说的那道手指的题,并说其实答案并不是无名指,而是中指。这让许多同学都大吃一惊,老师之前讲的居然不是正确答案!这不是在骗我们吗?而老师这时却说:"班里居然没有一个同学敢于质疑、反驳,你们对老师的话是100%的信服……"老师表示,学习就要不断去质疑,去证实,不断地追求真相。我们要敢于质疑,发现真相,而不是轻易听其他人的结论。

学数学是这样,对其他事物也是如此,我们不能盲目地崇拜那些大家,把他们的每句话、每个行动都供奉为"真理",把一切反对他们的观点都否认,而是应该客观地去探索事物的真假。当然,对的,我们需要学习,错的,我们也不能听之任之,而是应该指出,不能误导他人。

数学八十分钟的四十分钟

七年5班　陈雪鑫

数学八十分钟的第一课至今让我历历在目。但四十分钟的手指数学应用题更是令人感到津津有味。

数学老师曾经告诉我们,初中数学要善于思考、勇于质疑。

质疑对我们来说是一项巨大的考验。但那四十分钟告诉我们什么是大胆地去质疑,手指应用题的答案是中指,但老师却编了个善意的谎言。

老师出了手指题目后,全班同学炸开了锅。同学们的答案也没有一致,但老师很耐心地听同学们一一解答,鼓励我们积极发表自己的意见。同学们也自信满满地讲解解题思路,分享自己的丰富经验。老师听得津津有味,对同学们的方法表示认可和赞同,这给予我们同学莫大的鼓舞和自信。最后,老师的答案把我们顺理成章地引到无名指上。

下午,数学学法指导课依然上四十分钟,可数学老师和蔼又显得十分失望地对我们说:"其实真正的答案是中指,而不是无名指,但是遗憾的是,班里并没一个同学敢于质疑、反驳。"小学以来,我们一直对老师所传授的知识深信不疑,老师讲的一定是对的,我们也都一直抱着这种信念,直到这一课。

可以说,这并不仅是一堂数学课,也是一堂人生课,教会我们要懂得去质疑,发表自己的想法。

正所谓"课堂处处是人生"。

八十分钟的四十分钟,一堂不平凡的数学人生课,令人记忆犹新,期待今后的初中生涯,加油!

学会质疑

七年6班　吴若涵

开学第一课,令我印象最深的就是数学了,陈老师让我们了解了数学的真正含义。

今天上数学的第二节课。陈老师走进了教室:"同学们,昨天的课我同样给5班上了,我在前面讲得天花乱坠,最后故意给他们传递了一个错误的答案,而他们就围绕这个错误的答案展开讨论,居然没有一个同学提出我的观点是错误的,真是令我太失望了!"

什么？我惊呆了！传达错误的信息,这无疑是个十分大胆的决定,但这样不是让学生不信任老师了吗？

"当然,有些同学会觉得这样不好,但是,数学老师也是人,也可能出现错误,不能完全相信老师的话。如果你们有不同的见解要敢于提出来,真理就是在不断地质疑和创新中产生的！"

顿时,全班同学爆发出热烈的掌声……

这节课给我很大的启发:是啊,数学就是这样,经过不断地推倒、创新、推倒、创新……最后成了真理。

以上3位学生的文章从文笔上说还显得有点稚嫩,但是可以看出开学第一课给了他们不少的震撼,文章的个别语句也是堪称经典,如:

童欣格:学数学是这样,对其他事物也是如此,我们不能盲目地崇拜那些大家,把他们的每句话、每个行动都供奉为"真理",把一切反对他们的观点都否认,而是应该客观地去探索事物的真假。

陈雪鑫:可以说,这并不仅是一堂数学课,也是一堂人生课,教会我们要懂得去质疑,发表自己的想法。

吴若涵:数学就是这样,经过不断地推倒、创新、推倒、创新……最后成了真理。

这些感悟,对我来说,真是"高、大、上"。

总之,数学写作是学生学会和自己对话、实现内心和解的重要途径,同时也是缓解数学焦虑的一剂重要良方。当学生能在课堂中自主地撰写数学日记,做好相应的数学笔记,用自己的方式来去理解数学时,他们的主体性便自然而然地显现出来了。

数学为人们提供了一种理解与解释现实世界的思考方式。通过数学的思维,可以揭示客观事物的本质属性,建立数学对象之间、数学与现实世界之间的逻辑联系;能够根据已知事实或原理,合乎逻辑地推出结论,构建数学的逻辑体系;能够运用符号运算、形式推理等数学方法,分析、解决数学问题和实际问题;能够通过计算思维将各种信息约简和形式化,进行问题求解与系统设计;形成重论据、有条理、合乎逻辑的思维品质,培养科学态度与理性精神。

数学为人们提供了一种描述与交流现实世界的表达方式。通过数学的语言,可以简约、精确地描述自然现象、科学情境和日常生活中的数量关系与空间形式;能够在现实生活与其他学科中构建普适的数学模型,表达和解决问题;能够理解数据的意义与价值,会用数据的分析结果解释和预测不确定现象,形成合理的判断或决策;形成数学的表达与交流能力,发展应用意识与实践能力。

在义务教育阶段,数学语言主要表现为:数据意识或数据观念、模型意识或模型观念、应用意识。通过经历用数学语言表达现实世界中的简单数量关系与空间形式的过程,学生初步感悟数学与现实世界的交流方式;能够有意识地运用数学语言表达现实生活与其他学科中事物的性质、关系和规律,并能解释表达的合理性;能够感悟数据的意义与价值,有意识地使用真实数据表达、解释与分析现实世界中的不确定现象;欣赏数学语言的简洁与优美,逐步养成用数学语言表达与交流的习惯,形成跨学科的应用意识与实践能力。[1]

【案例】吕薇公式[2]

老师说,就叫"吕薇公式"——一次探求数轴上"两点间距离公式"的历程

七年级 吕薇

数学课上,老师让我们探究这样一道题目:在数轴上,点 A,B 分别表示数 a,b;利用有理数减法,分别计算下列情况下点 A,B 之间的距离:①$a=2,b=6$;②$a=0,b=6$;③$a=2,b=-6$;④$a=-2,b=-6$。

你能发现点 A,B 之间的距离与数 a,b 之间的关系吗?从"有理数的减法"去计算,一开始我百思不得其解。渐渐地,我静下心来,哈!有头绪了,我迫不及待地举手,将这一发现告诉了老师,老师让我到黑板上写出我的思路:

①$2-6=-4,6-2=4$;

②$0-6=-6,6-0=6$;

③$2-(-6)=8,-6-2=-8$;

④$-2-(-6)=4,-6-(-2)=-4$

老师追问:你有什么发现呢?

我说:从这些算式及运算可以发现 $a-b$ 与 $b-a$ 正好互为相反数。

老师又问:前面我们学过了绝对值,你觉得 $|a-b|$ 与 $|b-a|$ 有什么关系呢?

我:相等的。

---

[1] 中华人民共和国教育部.义务教育数学课程标准(2022年版)[M].北京:北京师范大学出版社,2022:6-7.

[2] 刘东升,符永平.让数学写作促进"基本活动经验"的积累——不同"写作角度"下的案例及思考[J].数学通报,2014,53(2):25.

老师要我在算式右边写出"$|a-b|=|b-a|$"。

老师：现在我们可以在数轴上发现任意两个点A,B之间的距离与它们表示的数a,b之间的关系吗？

我：$AB=|a-b|$或$|a-b|$。

老师：非常好，就命名这个公式为吕薇公式吧！以后再碰到在数轴上求两点间的距离，大家就可以使用这个"吕薇公式"了！

那一刻，我的世界春暖花开！

从这堂课，我知道数学也要像科学一样实验仔细观察、深入思考，才能有所发现或发明！

史宁中教授认为，基本活动经验是指学生亲自或间接经历了活动过程而获得的经验。进行数学写作的基础在于学生直接或间接地体验数学活动的完整过程。例如，在课堂上与老师或同学就某一题目展开深入的讨论，参与一次"数学实践"，聆听一个引人入胜的数学故事，或亲自参与数学课堂的发现与创造过程。这些经历将推动我们深入思考，应为学生创设怎样的教学环境，包括如何精心设计数学活动、促进数学交流。同时，我们应如何引导学生深入探索数学领域或发现新知。只有当丰富多样的"数学活动"得以切实开展，学生才能积极参与其中、享受其中，从内心生发出对数学的感悟，他们所撰写的文字才可能真实反映其活动经验。

（二）自我激励

叶圣陶先生曾言：教之本意，旨在不教。李祖超教授亦持此见，他认为：教育激励的终极目标，在于使学生能够于未来的教育活动中实现自我激励的完整过程。那么，自我激励究竟何所指呢？关于此问题，国内外学者众说纷纭，莫衷一是。有些学者视自我激励为自我教育。《中国大百科全书》（第三版）对自我教育法有广义与狭义之分：广义的自我教育法，又称自我修养法，指受教育者以一定的世界观和方法论，认识主观世界和教育自己的全部过程，强调受教育者以自己已经形成的思想品德为基础而提出一定的奋斗目标，监督自己去实现这些目标，并评价自己实践目标的过程；狭义的自我教育法，即自我批评。

自我教育的核心在于"自我"。深入分析则可从内外两个层面进行，外在层面聚焦于"自我"这一主体，表现为将自身一分为二，既作为教育的施动者，又作为教育的受动者，形成一种独特的二位一体教育模式。而内在层面则强调"需要"二字，个体依据自身需求制定规划，以实现目标为导向。首先，自我激励教育是一种积极的教育形式，有助于个体树立健康的人生观和价值观；其次，它是一种向上的教育，通过内化外部刺激，形成积极的正面动机；最后，自我激励教育注重自律，强调自我约束，以构建主体性为核心。因此，研究者普遍认同，自我激励教育是一种内导性的教育模式，它涉及个体思想从认知内化到行动外化的转变过程。在此过程中，满足需求成为前提，个体需求不断演进为内在驱动力，进而充分调动积极性，推动个人需求向更高层次发展。

主体需要持续进行自我鼓舞、自我调控以及自我提升，以增强自身的社会实践能力。现代教育强调人的主体性意识，而培育人的主体认知能力，则是当今教育肩负的重任。

自我激励教育是一种积极向上、自律自强的教育方式，其终极旨趣在于实现成功之境。然而，它与成功教育之间存在显著的差异。自我激励教育重视从历程中提炼智慧，从挫败中汲取教益。此种教育既倡导个体追求最终的胜利，亦对"胜不骄，败不馁"的坚韧精神表示赞赏。在数学学习过程中，学生如果能对自身的学习有一个规划，并积极积累一些成就，不断激励自己上进，那么他就是一个很好的自身激励的实践者。

学生小A，在每次课堂中都能积极发言。他在自己的日记中写道，因为获得了课堂上发言的机会，并得到了老师更多的鼓励，他上数学课就更加认真，举手发言的质量也随之提高，还能虚心接受老师的指正。他还提到，老师建议他今后发言时逻辑应更清晰些，这样表达起来其他同学才能听得懂，自己也能够掌握分析问题、表达问题的有效方法。每次考试过后，他经常会带着试卷来找老师，询问自己的薄弱之处，并让老师提供一些方法帮助其改进，有时还让老师推送一些相关的练习题，完成后请老师帮忙批改。这一系列积极主动的行为，有时发生在课堂中，有时发生在课堂外，都是他自我激励的一种过程性表现。正因如此，他的成绩总是在年段名列前茅。

数学教学也是数学活动的教学。在数学活动课上，教师适时提供学生进行自我评价的机会(可参考表3-8)，让他们在课堂上反思自己的行为，将自身的行为可视化，也是他们进行自我激励的一种重要方式。

表3-8 数学活动课自评表

评价内容	具体描述	自评	互评
学习态度	提前准备充分,学习用品齐全,课堂精神饱满,有浓厚的学习兴趣,不做与课堂无关的事情。	☐10 ☐8 ☐6 ☐4	☐10 ☐8 ☐6 ☐4
学习目标	自主探究与合作学习均能促进积极思考并勇于表达,发言时语言表述清晰,声音响亮。	☐10 ☐8 ☐6 ☐4	☐10 ☐8 ☐6 ☐4
	本节课所学知识掌握很好。	☐10 ☐8 ☐6 ☐4	☐10 ☐8 ☐6 ☐4
合作学习	积极组织参与组内活动,为小组做贡献,协助小组实现目标。	☐10 ☐8 ☐6 ☐4	☐10 ☐8 ☐6 ☐4
	主动分享想法,也鼓励其他成员发表看法,认真听取他人发言,尊重他人意见。	☐10 ☐8 ☐6 ☐4	☐10 ☐8 ☐6 ☐4

你的得分_____,你的收获是:

对于数学活动课,可设置学生评价的方式作为检测,在自我打分(自评)和组内成员打分(互评)的过程中进行课堂目标检测。教师课后也可结合学生的自评、互评情况对学生进行评价。这样的举措旨在鼓励学生进行自我反思,通过自我评估促进自我激励,从而明确在哪些方面需要付出更多的努力。

(三)错题管理

说到错题管理的由来,不得不提到一个人,那就是北京师范大学的刘儒德教授,他在国内最早使用该词。美国教育家杜威指出:真正思考的人从自己的错误中吸取的知识比从自己成就中吸取的知识更多,错误与探索相联姻相交合,才能孕育出真理。犯错并非最可怕之事,真正可怕的是反复犯错而不自知。学生在管理错题的过程中,其核心在于自主搜集、整理与归纳在数学学习中犯下的错误。通过这一过程,他们可以将隐藏在错题中的信息提炼出来,转化为明确或潜在的知识。这不仅能够优化他们的认知结构,还能增强自我监控能力,从而提高解决问题的效率和质量。

其意义则体现在多个方面:首先,对错题进行妥善管理,不仅有助于激发学生的学习热情,还有助于塑造他们良好的学习习惯,从而助力学生实现高效学习,取得更为出色的学业成绩。其次,错题管理也能增进教师对学生的认识,使教师可以更为精准地把握学生的学习状况,及时发现并理解学生的疑惑所在,进而提升教学质量。此外,错题管理更是一种锻炼思维的工具,通过它,学生可以深入理解错题所反映的问题,完善自身的知识体系,提升解决问题的能力,最终达成有效学习的目标。

综上所述,错题管理作为一种有效的学习方法,不仅有助于学生的学业提升,还能促进教师的专业发展,并在培养学生的自主学习能力方面发挥着重要作用。

进行错题管理,可以遵循以下几个步骤。

(1)收集错题:就是要求学生把做错的题目收集起来。可以是一个专门的错题本,也可以是电子文档。在收集错题的过程中,尽量保持题目的完整性和原貌,包括题干、选项和自己的错误答案。

(2)分析错题:学生自行分析为什么会做错这个题目。是理解错了题意,还是知识点掌握不牢固,或者是粗心大意导致的错误?找出错误的原因,有助于更好地理解和改正错误。在初始阶段,教师可引导学生归纳出错的原因,如运算错误、概念不清、方法不善、推理不严、分类不全等。

(3)改正错题:在找出错误原因后,学生需要重新做一遍这个题目,确保自己能正确地解答。如果还是不会解答,可以向老师、同学请教,或者查阅相关的学习资料。

(4)整理错题:将改正后的错题整理到错题集中。可以按照学科、章节、题型等内容进行分类整理,方便以后查阅和复习,如表3-9所列。

表3-9 错题整理表

错题时间:	摘抄题目:
错题来源:	错因分析:
对应教材章节:	正确答案:
所属知识点:	
复习时间:	变式练习:

(5)定期复习:定期复习自己的错题集,确保自己已经掌握了所有的错题。错题本要定期阅读,甚至对一些典型错题可遮住正解再做一遍,不断提醒自己以后看到这种类似的题目,就能回想起曾经犯过的错误,从而避免再犯。如果自己能独立准确完成这道错题,那么这道题以后就不用再看了,可以打钩做标记或删除这道题,将错题本变薄。复习的时间间隔因人而异,只要有时间,就可

以翻看一下,再做一遍,加深自己对旧知识和典型方法的体会。错题本也可采用活页的方式,方便将同类错误或同类问题集中摆放,或在相应题上将同类问题做页码和类型标注。

通过错题管理,学生可以更好地理解和改正自己的错误,以提高学习效率和学习成绩。

(四)自我规划

当学生展现出较强的主动性时,他们往往会对自己的学习与生活做出合理的规划。我们常常能够见到,学生们自行制定学习计划表,以此来指导和管理自己的学习进程。这一主动性若表现在课堂上,就是能够积极思考老师提出的问题,并能够及时合理地规划自己的学习任务,自主选择是否跟随老师的讲解,或者自己阅读其他提高类的课程资料。我们经常可以看到,在初三数学课堂中,不少优秀的学生习惯进行自主学习,而跟随老师的时间不是很多,他们也会偶尔抬头聆听老师的讲解,但是当他们做完一些有一定难度的题目后,就开始选择自学或做与数学有关的提升内容。这时候,老师要有民主宽容的态度,要允许学生超前学习,允许他们自己安排内容,不要老是将学生"拽"到课堂中来。我经常开玩笑说,不要将学生看作风筝,人家想飞,老师总想方设法把他们拽回来,这无益于培养学生的创新学习和自主学习能力。因为本书重点研究在课堂上主动参与的表现,在课堂之外的自我规划策略虽然有很多,但这里不做赘述。

四 喜于探验

喜于探验指的是学生个体喜欢进行数学实验,通过数学实验进行探究。"数学实验"是指"为获得某种数学理论,检验某个数学猜想,解决某类数学问题,实验者运用物质手段,在数学思维活动的参与下,在典型的实验环境中或特定的实验条件下所进行的一种数学探索活动。"片段式数学实验是相对于整堂课都是数学实验而言的,指在教学中利用不超过20分钟进行数学实验。整堂的数学实验课一般要求学生像物理、化学学科的实验一样,撰写实验报告。片段式数学实验的要求比较宽松,指向实验的目的。不用填写实验报告,实验为课堂的教学目标服务,不属于为了实验而实验,而是通过实验验证或者启发自己的思维,进而发展高阶思维能力。

从实验的目的来分类,数学实验可分为验证型和探索型。验证型属于当一个结论或猜想产生后,我们进行相应的数学实验进行验证;探索型指的是通过实验的手段,进一步探索,结论是不确定和开放的。

从实验的课型来分类,数学实验可以分为微型数学实验和专题型数学实验。微型数学实验就是不以整堂课的时间,也不以单一实验内容作为整个任务的数学实验。而专题型数学实验就是我们传统意义上的实验课,也就是整堂课都是实验。

从实验的介质来分类,数学实验可以分为软件型数学实验和学具型数学实验。软件型数学实验指的是通过相应的数学软件,如常用的几何画板、超级画板、玲珑画板、GeoGebra软件来进行实验探索的一种实验类型。而学具型数学实验就是通过学生手头拥有的直尺、三角板、圆规、纸张、笔等一系列学具进行的实验。

初中数学实验,根据其实施地点的不同,可分为随堂实验、实验室实验及课外实验等多种形式。随堂实验即在课堂教学过程中进行的实验,其特点在于内容简短、工具简易,学生能够在短时间内完成,并直接服务于教学目标。这类实验的设计主体多为教师,然而其实施主体既可以是教师,也可以是学生。实验室实验则是指围绕某一数学主题,在专门配置的数学实验室中进行的实验。这类实验通常内容较为丰富,过程较长,充满思考性和探索性。在实验过程中,往往需要制定详细的实验计划,利用实验室的专用工具和材料或计算机及数学软件进行操作,学生需观察现象、记录数据,并分组讨论分析,最终得出结论,给出数学解释,并撰写完整的实验报告。实验室实验的设计主体既可以是教师,也可以是学生,但实验的主要执行者一定是学生。课外实验则是指学生在校外,借助社会场所、资源及工具等进行的数学实验。这类实验具有开放性、探索性和生成性的特点,实验内容可多可少,实施时间可长可短。课外实验的设计主体原则上应为学生,其实施主体也一定是学生。

从实践效果来看,数学实验对学生的思维发展具有积极的促进作用,特别是对其高阶思维能力的发展具有显著影响。高阶思维能力,即 HOTS(Higher Order Thinking Skills),是指个体在解决问题、做出决策和进行创新时所展现出的高级认知过程。根据美国教育家布鲁姆的认知目标分类理论,高阶思维能力主要包括分析、评价和创造等复杂认知过程,这些过程对于培养学生的综合能力和创新精神具有重要意义。我们认同布鲁姆的分类学说对高阶思维的界定,即指向培养学生的分析、评价和创造的思维就是高阶思维。

【案例】"等腰三角形三线合一"的片段式实验过程[①]

在对等腰三角形性质的教学中,许多老师通过折纸的方法,引导学生感知这条折痕的特殊性,然后先作高,再通过证明发现角也相等、边也相等,进而说明折痕也是角平分线、中线等。学生知道这一条顶三条,就是等腰三角形底边上的高可以当顶角平分线,也可以当底边上的中线。这样在学生的眼中还是只有一条线,有些学生仍然不能意会原来是"三线合一"的意思。"合"的本意应是本来三条线段,然后合在一起,而非一条可以当作三条来用。经过实践证明,学生感悟到这一定理往往要酝酿较长的时间,特别是对于学力相对较弱的学生更是如此。通过片段式的数学实验,让学生操作几何画板进行实验可有助于解决这个问题。

操作几何画板的过程如下:

(1)新建画板,作一个三角形;

(2)标记△ABC的符号;

(3)做∠BAC的平分线AE,并度量∠BAE和∠CAE的度数;

(4)过点A做BC的高AD,并度量∠ADC的度数;

(5)取BC的中点F,连AF,度量BF和FC的长度;

(6)拖动点C,发现当△ABC不是等腰三角形时,∠BAE和∠CAE的度数在变化但保持相等,∠ADC始终是90°,BF和CF的长度也是相等的,但是AD、AE、AF三条线段并不重合。

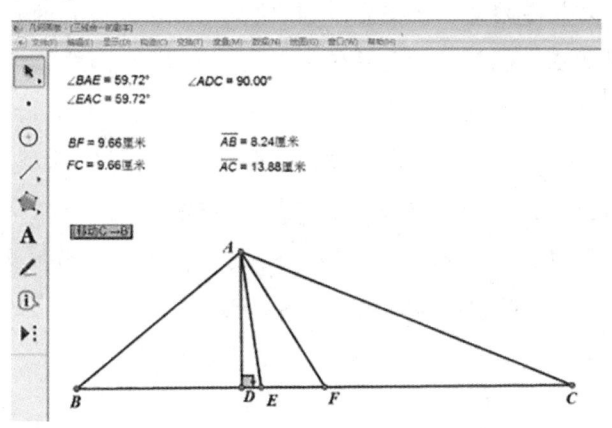

(7)当点C移动到点B的镜像位置时,即AB=AC时,发现AD、AE、AF三条线段重合在一起。

[①] 陈海烽.片段式数学实验的实践与思考[J].初中数学教与学,2020(10):8.

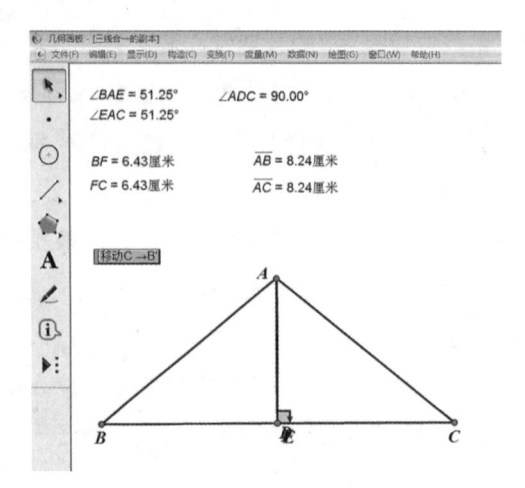

学生参与操作，通过自己的观察，可以发现AB=AC时，AD、AE、AF这三条线明显地重合在一起，懂得了"重合"本质。同时进而也可以发现，其实到三线合一时，这个三角形也是等腰三角形。这就属于"创新意识"被唤醒了，进而学会分析评价，明白这个性质的特殊性只能在特殊的三角形下成立。也就是说只有在等腰三角形的情况下才具备此性质。

所以在数学教学中，让学生有自己独立实验操作的机会非常重要。特别是《义务教育数学课程标准（2022年版）》中多次提到用尺规作图，也意在促进学生利用直尺和圆规等工具进行数学探究。

【案例】配方法的片段式数学实验过程[①]

配方法作为数学的一个重要方法，在学习完全平方公式的时候就有涉及，而真正的学习是在人教版数学九年级上册的一元二次方程。对于配方法的教学，许多老师通常是这样讲解的，首先是二次项系数化为1，其次是方程的两边同时添上一个一次项系数一半的平方。为什么添上的是一次项系数一半的平方，多数老师是通过完全平方公式一一对应来解释的。这样做未尝不可，但是失去了一次培养学生发展高阶思维的机会。分析是数学上很重要的高阶思维，在引导学生进行分析时，从数与形的角度入手显得十分重要。让学生养成分析问题时尽量从数与形两个角度去思考，等于让学生拥有了这两翼，那么就容易展翅高飞。

准备好如下两个图形，引导探究过程：

如图1，正方形的边长为x，长方形的长为x，宽为b。

[①] 陈海烽.依托实验教学 提升核心素养[J].中国数学教育,2017(9):27-28.

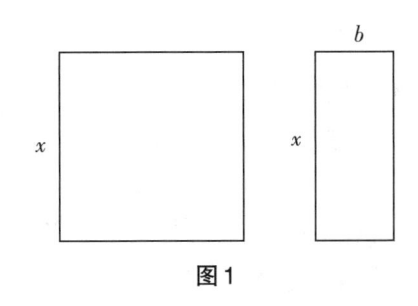

第三章 学生学得主动:为了学生的独立参与

图1

如图2,把长方形平均分为两个面积相等的小长方形。然后,把一个小长方形拼放到图1的右边,另外一个放到图1的下面,如图3所示。为了得到一个大的正方形,那么必须在图3的右下角补上一个边长等于 $\frac{b}{2}$ 的小正方形,于是得到一个边长为 $(x+\frac{b}{2})$ 的大正方形。

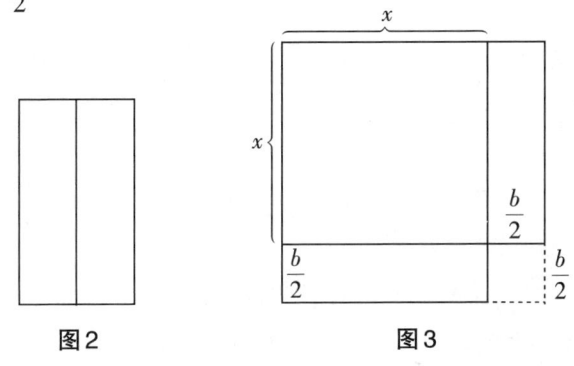

图2　　图3

让学生动手实验,会有一种创新甚至豁然开朗的喜悦。对于为什么要加上这个一次项系数的平方,在脑中会有图像的存在,俗话说"百文不如一图",从图形上"创新"理解,更容易抓住数学本质。

作为数学实验,如何加强它在传统命题中的考察呢,为此研究者也做了相应的试验,下面就是一次将数学实验融入学习测评的尝试。

请用所提供的一张A4纸(尺寸为:210毫米×297毫米)完成下列操作。

(1)折出一个等腰三角形△ABC,使底边BC最大。按折叠步骤画出示意图,并结合示意图,以简要文字说明折叠过程。

(2)在(1)的条件下,折叠该等腰三角形的底角∠C,使得点C与边AB上的点G重合,记折痕与边BC,AC的交点分别是F,M。请通过折纸探究边AB上是否存在这样的点G,能使AM=FM。按折叠步骤画出示意图,并结合示意图,以简要文字说明探究过程和结果。

(画示意图的要求如下:①每一次折叠画一个示意图;②将试题中表示点的

字母标注到示意图中相应的位置;③折痕用虚线表示)

根据上述的数学实验,请提出一个你认为值得研究的猜想。

教师可以将目前流行的数学软件如几何画板、超级画板、GeoGebra等推荐给学生,让他们能在家进行主动探究,也可以把几何画板安装在教室的公共电脑上,方便他们利用课间,甚至在课堂上进行探究,验证自己猜想的结论。

例如,我在讲解关于圆的一道题,就是足球的最大射角问题时,做了一个发挥。先预设情境,博物馆或者家里要挂一幅画,那么这幅画的大小和悬挂高度都是有讲究的。这个情境与大数学家米勒有关,那个图形就是我们所说的米勒圆。有位学生对此十分好奇,他还特别关注米勒圆圆心的确定,先通过自己的尺规认真作图,再利用教室公共电脑上的几何画板进行验证,最终根据自己的理解方式确定了米勒圆的圆心,让笔者为之叹服。

五 爱好推理

推理,逻辑是思维的基本形式之一,是由一个或几个已知的判断(前提)推出新判断(结论)的过程。

推理的内涵包括:推理属于理性认识阶段的逻辑思维形式,是人们思维活动的主要体现者。推理是由概念组成的判断组成的,但它与概念和判断不同,有自己的特点,即能够从已知的判断推出未知的判断。推理的基础是客观事物相互之间的关系。推理的思维形式不是先天具有的,也不是人们相互之间随意约定的,而是客观事物相互之间的关系在人脑中的反映。

推理的价值主要体现在:帮助人们从已知的信息中推导出新的结论,从而扩大知识的范围。在科学研究中,推理是得出结论的重要手段,通过推理可以验证假设、发现新规律。在日常生活中,推理还有助于人们做出决策、解决问题。

在初中阶段,发展推理的重点是逻辑推理能力和合情推理能力。在数学学习中,如果学习者喜欢进行推理研究,那么他往往能成长为一名优秀的数学学习者。我们经常发现,许多优秀的数学学子很喜欢侦探类的小说。他们从阅读这类小说中获得内心的满足与愉悦,而这种愉悦的本质是获得推理活动后的快乐。

例如,把20,21,22,23,24,25这6个数被分别置于图中6个圆圈之内,目的是确保三角形每一边上的3个数之和保持恒等。

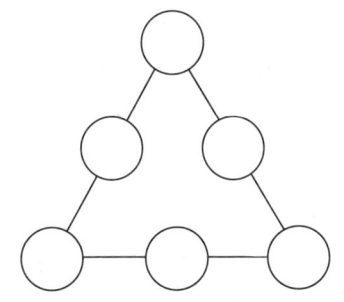

第三章　学生学得主动:为了学生的独立参与

在仔细审视图形及这6个数之后,我们应有所领悟:较大的数或较小的数不宜同时出现在三角形的同一边,否则其总和将过大或过小。换言之,我们可以考虑将较小的3个数各自置于三角形的3个顶点,而将3个较大的数置于与之对应的对边上。①这样的布局有助于确保每边之和的均衡性。

对于有理数加法法则的教学,我们知道有理数加法法则如下。

(1)同号两数相加,取相同的符号,并把绝对值相加。

(2)绝对值不相等的异号两数相加,取绝对值较大的加数符号,并用较大的绝对值减去较小的绝对值;互为相反数的两个数相加得0。

(3)一个数同0相加,仍得这个数。

有个学生整理出自己的口诀为:同加异减,符号看大。意思是如果两个加数同号,那么绝对值直接相加,符号看绝对值大的数的符号。如果是异号两数相加,就是用小学学过的相减,最终结果的符号则取决于绝对值较大的那个数。可以看出,学生已经有追求简洁美的欲望,觉得教材中某些法则的表述比较冗长,他们试图通过简化来提炼结论,这反映出他们对逻辑推理的热爱。我也经常鼓励学生自主适当地进行概括推理,以促进他们个人能力的发展。事实上,这名学生最终考上了北京大学。

再如,三角形的边的关系有两边之和大于第三边,两边之差小于第三边。爱推理的学生指出,要排除构不成三角形的情况,就是三点共线的情况。学生的推理无懈可击,同时这样的情况还适用于今后快速地找出两条线段和或差的最值,成为今后解决类似问题的关键技能。又如,等腰三角形底边上的一点到两腰上高之和等于等腰三角形一条腰上的高。爱好推理的学生会通过极端法则,将底边上的点放在底边的两个端点处,显然就得出了相应的结论。这种方法在今后探究两条线段的数量关系时,显然也是大有可为的。

---

① 黄楣端.在数学教学中学生合情推理能力的培养[J].福建中学数学,2004(12):2.

如果学生能主动地将数学问题进行推广,也就是从特殊到一般再到更一般的情况,或者从特殊到更特殊的情况,即将已知条件进行强化或者弱化,那么他对题目本质的把握就会更上一层楼。高中数学老师一般有这样一个体会,有些学生在学习不等式的放缩法时,喜欢将结论进行加强,进而得出一个难度更高的命题。就初中数学学习而言,喜欢一题多解,喜欢巧解是这群主动性较强的学生的特征。他们会从数的方法想到形,从图形的内置想到外拓等。总之,他们不容易满足老师或是网上提供的答案,而喜欢另辟蹊径,更喜欢脑洞大开,从而获得推理上的满足感。

【案例】我还有另外一种解法

如图1,在Rt△ABC中,∠CAB=30°,CD⊥AB于D点,BC=1,点P是直线BC上一动点,连结AP。若点E是AP的中点,则DE的最小值是_____。

【分析】延长AB到F点,使DF=AD,连接CF,作FH⊥BC于H,如图2,利用含30°的直角三角形三边的关系计算出$AC=\sqrt{3}$,$FH=\frac{\sqrt{3}}{2}$,再证明DE为△AFP的中位线得到$DE=\frac{1}{2}FP$,利用垂线段最短,当点P在H点的位置时,FP的值最小,于是得到DE的最小值为$\frac{\sqrt{3}}{4}$。

【解答】解:延长AB到F点,使DF=AD,连接CF,作FH⊥BC于H,如图2,

在Rt△ABC中,∵∠CAB=30°,BC=1,

∴$AC=\sqrt{3}$,∠ABC=60°,

在Rt△BCD中,$BD=\frac{1}{2}$,$CD=\frac{\sqrt{3}}{2}$,

在Rt△CDF中,$DF=\frac{3}{2}$,$CD=\frac{\sqrt{3}}{2}$,

∴BF=1,

在Rt△BFH中,$BH=\frac{1}{2}$,$FH=\frac{\sqrt{3}}{2}$,

∵DA=DF,AE=EP,

∴DE为△AFP的中位线,

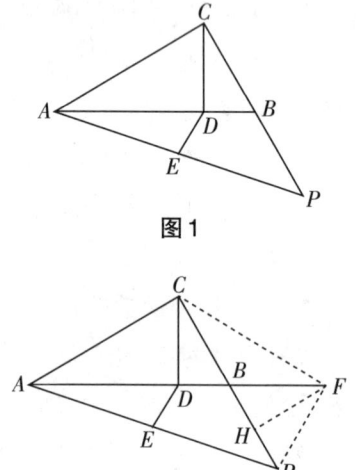

∴ $DE = \frac{1}{2}FP$,

当点P在H点的位置时,FP的值最小,

∴ DE的最小值为$\frac{\sqrt{3}}{4}$。

故答案为$\frac{\sqrt{3}}{4}$。

【点评】本题考查了三角形中位线定理:三角形的中位线平行于第三边,并且等于第三边的一半。也考查了含30°的直角三角形三边关系和直角三角形斜边上的中线性质。

以上方法就是从图形的角度进行分析的。求线段最小值,从图形上来说,无非是两条路径,一是转化为两点之间线段最短的问题,二是垂线段最短的问题。又因为P是直线BC上一动点,显然当P与B重合时,E是AB的中点,当P和C重合,E是线段AC的中点;因此猜想E在△ABC的中位线上运动,所以当DE⊥FG时是最小值[①]。(图3)

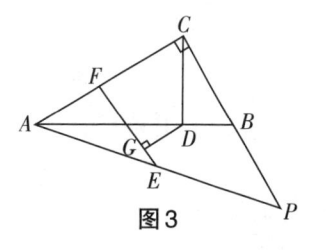

当我讲完后,有学习优秀的同学举手告诉我,上述的方法都是从图形出发的,他们可以从代数的方法再进行分析。从代数意义上讲,寻找最小值有函数方法、配方法等。函数方法又有一次函数法和二次函数法。对本题来说,构造如图4所示的坐标系,则显然有如下方法去计算。我们可以看出:

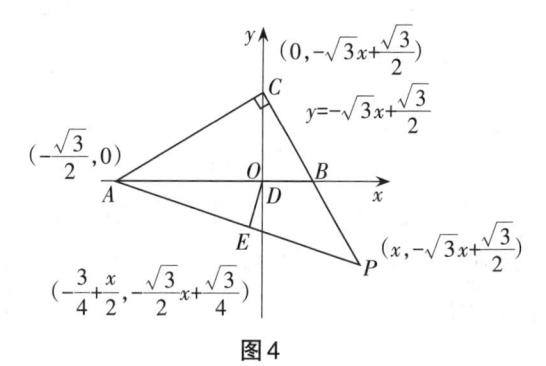

$DE^2 = (-\frac{3}{4}+\frac{x}{2})^2 + (-\frac{\sqrt{3}}{2}x+\frac{\sqrt{3}}{4})^2$

$= x^2 - \frac{3}{2}x + \frac{3}{4} = (x-\frac{3}{4})^2 + \frac{3}{16}$

[①] 陈海烽.灵动课堂:从传授知识到传递智慧[M].西安:陕西师范大学出版总社,2018:230–232.

从而很容易知道这个最小值为$\frac{\sqrt{3}}{4}$。

可以看出,学生显然不满足笔者的讲解,他们倾向于逻辑推理,上述构建平面直角坐标系的方法就是学生推理而得到的。因此,如果学生能将数形结合的思想扎根在头脑中,经常从代数的角度推理一下,再从图形的角度推理一下,那么这种习惯将有助于他们在数学的学习上走得更深更实。

六 乐于表达

当学生能主动地分享数学知识和数学思想方法的时候,那么他的主动性就激发出来了,表现为能在课堂上主动地表达出自己对问题的看法,提供问题解决的思路,并能将自己思考的历程清楚地展示出来。我们就可以说这位学生主动参与到课堂中了。自信的表现是胸有成竹、不怕失败,这也是有担当的人的重要品质。

(一)勇于讨论

记得萧伯纳告诉我们,你有一个苹果,我有一个苹果,我们两个交换,还是只有一个苹果,你有一个思想,我有一个思想,我们两个交换,就都有两个思想了。因此,学生如果意识到自己不能保守,要将自己的想法和看法与同伴交流,组成一个学习共同体,那么他便有了自我意识。积极参与讨论也可能产生出新的火花,容易起到1+1>2的学习效果。

(二)当"小老师"

教育心理学中的"主动学习"理论和"同伴教学"策略给我们很大启示,在课堂上可以让学生当"小老师",激发他们主动参与的积极性。

首先,主动学习理论强调学习者在知识构建过程中的主动性和积极性。当学生成为"小老师"时,他们需要主动整理、归纳和讲解知识,这种过程能够极大地激发他们的学习动力,并促使他们更深入地理解和掌握知识。

其次,同伴教学策略通过学生之间的合作与互动,促进知识的共享与传递。学生当"小老师"就是这一策略的具体应用。在这个过程中,学生不仅能够锻炼自己的表达能力和沟通能力,还能够通过帮助他人学习,巩固自己的知识体系,并发现自身可能存在的问题和不足。

至于学生当"小老师"的益处,主要体现在以下几个方面。

(1)提高学生的自信心和责任心:当学生成功地讲解知识并帮助他人学习时,他们的自信心会得到增强。同时,他们也会意识到自己作为"小老师"的责任,从而更加认真地准备和讲解。

(2)培养学生的主动性和自觉性:为了当好"小老师",学生需要主动学习和查找资料,解决在备课过程中遇到的问题。这种过程能够培养学生的主动性和自觉性,使他们养成会学习的好习惯。

(3)锻炼学生的管理能力:在进行课堂教学时,"小老师"需要具备一定的组织和控制课堂的管理能力。这些能力可以通过实际教学过程中的锻炼得到提高。

(4)激发学生的学习兴趣和形成良好的学习氛围:学生当"小老师"能够改变传统的师生间单向传递知识的方式,使学生从被动接受者转变为知识的传播者。这种角色转变能够激发学生的学习兴趣和主动性,同时也有助于营造良好的学习氛围。

(5)提高课堂教学效率:对于一些悟性高、基础好的学生来说,他们可以通过当"小老师"来巩固和深化自己的知识体系。而对于一些接受新知识较慢的学生来说,他们可以通过向"小老师"请教来获得更多的帮助和支持。这种互帮互助的学习模式有助于提高课堂教学效率。

总之,学生当"小老师"是一种有益的教学方式和学习方式。它不仅能够提高学生的自信心、责任心、主动性和管理能力等素质,还能够激发学生的学习兴趣和营造良好的学习氛围。同时,它也有助于提高课堂教学效率,使教学活动更加生动、有趣和有效。

教学从根本上看是"老师教学生学",传递的重点并不是知识,而是通过对某一个知识的获取,学生能明白习得这个知识的方法,进而提升自己的数学素养。

【案例】课堂"小老师"[①]

笔者刚刚将课题"直线与圆的位置关系"书写于黑板上,准备开展课堂教

---

① 戴俊峰.激发学生主动参与 构建有效数学课堂——九年级数学《直线与圆的位置关系》教学反思[J].数学教学通讯,2011(36):17.

学。此刻,学生赵某显得尤为激动,口中念念有词:"位置关系分为三种,相离、相交、相切,且其判断依据在于……"于是,笔者心生一计,说道:"看来赵同学对今日的教学内容已有深入了解,何不让她担任今日的"小老师",而我则作为她的助教,各位同学意下如何?"不待全班同学的回应,赵某已自信地走上讲台,以从容不迫的姿态开始了她的教学:"各位同学,你们通过预习掌握了哪些知识点?"

学生1随即回应:"直线与圆的位置关系有三种,分别是相离、相切、相交。"

学生2补充道:"相切时,直线与圆仅有一个公共点。"

学生3进一步解释:"在相离状态下,直线与圆没有公共点。"

赵某点头赞许:"预习得不错,还有其他发现吗?那么,我们判断位置关系的依据是什么?谁愿意分享?"

学生4回答:"依据是圆心到直线的距离。"

赵某进一步追问:"那距离究竟意味着什么呢?"

学生5解释:"距离就是垂线段。"

赵某打趣道:"你刚才插话倒是挺快的,但解释得还不够完整哦。"(说到此处,赵某自己先笑了起来,同学们也随之哄笑)接着,她继续提问:"还有哪些疑惑需要探讨?"

学生6提问:"相切是不是相交的一种特殊情况呢?"

(面对此问题,赵某显得有些迷茫,显然她并不清楚答案。)

学生7则关注证明题:"在证明时,我们应该采用哪种判定方法?"

学生8则对线段与圆的位置关系感到困惑:"线段与圆的位置关系应该如何描述?"

在赵某的引导下,学生们展开了热烈的讨论与交流,大部分问题都得到了圆满解决。然而,"相切是不是相交的一种特殊情况呢"以及"线段与圆的位置关系应该如何描述"这两个问题,却成为难以逾越的障碍。这时,赵某向笔者投来了求助的目光,笔者微笑着为学生们提供了必要的引导。

不知不觉间,一节课的时间已经流逝,课堂氛围既融洽又充满热情,这出乎了笔者的预料。更令笔者惊讶的是,课堂作业的正确率极高——2道填空、3道选择、1道证明题,全班46名同学中,有45人全对,仅有1人在选择题上犯了小错。

从上述案例中,我们可以得出一个结论:深入理解教材和学生是进行有效教学的前提。"直线与圆的位置关系"这一课的教学内容相对集中,线索清晰,没有过多的旁枝末节。在集体备课时,笔者与同事们已经对这一课的重点、难点和要点进行了详尽的梳理。对于初三的学生来说,哪些内容容易掌握,哪些问题容易出现错误,笔者心中已有数。学习是一种主体实践的活动,也是一种主体建构的过程。当学生具备了一定的知识基础,掌握了一定的学习方法后,他们便有能力去学习新的知识。学生只有通过自身的感知、理解和融合,才能真正"消化"知识,并将其长久地"储存"在脑海中。此外,当学生在自学过程中遇到困难、感到困惑不解时,教师的适时点拨和引导,以及讲解,会让学生有一种豁然开朗的感觉,从而真正"懂"得知识,不仅知其然,而且知其所以然。这样的"教"和"学"才是真实有效的。

古语有云:"学然后知不足,教然后知困。"笔者之所以选择让赵某担任"小老师",一方面是因为她个性开朗,语言表达能力强,渴望有机会展示自己的才华;另一方面则是因为她思维敏捷,基础扎实,对新知识的领悟能力强。然而,有时她也会表现得不够沉稳,常常满足于一知半解,且喜欢表现自己,常常随意插话。笔者能够预估到哪些内容她能讲清楚,哪些内容她自己懂但不一定能讲清楚。不出所料,她在相切是否为相交的特殊情况以及线段与圆的位置关系描述这两个问题上,自己都没有真正弄懂,更不用说讲清楚让其他同学弄懂了。笔者让赵某担任"小老师",就是希望她能够深刻体会"学然后知不足,教然后知困"的道理。学习是无止境的,只有经过不断深入的探究,学习才能取得成效,这样的学习才是扎实有效的。

赵某执教的这节课,既有笔者与她的合作,也有她与其他同学的合作,还有笔者与其他学生的合作,更有教材与每个学生的合作。只要教师尽量多给学生提供自主合作的空间和时间,使每个学生都有参与的机会,学生便会通过独立尝试、二人交流、小组讨论、多人合作等学习形式自主解决问题,从而实现知识的再创造,并获得成功的喜悦。因此,教师应从实际出发,灵活处理教材,对教材进行拓展,增设一些利于学生讨论合作的学习内容,这对培养他们的合作精神和创新能力大有裨益。值得一提的是,在课堂上,当赵某发现有同学对学习内容一知半解就随意插嘴时,她对此提出了批评,也猛然间明白了这正是自己身上的缺点。这样的感悟,是一种无言的教育,比教师直接的批评教育要有效得多。

教学过程本质上是一个互动交往的过程,这种交往是人类学习交流的核心特点。通过交往，我们能够从分歧中寻求统一，从模糊中逐渐清晰。让"小老师"来执教，不仅确保了互动生成贯穿整节课，还使得学生的注意力更加集中，他们思考问题和解决问题的能力得到进一步提升。教学的目的并非单纯为了"教"，而是为了引导学生"学"。让"小老师"执教，是对新型课堂教学方式的一种探索。学生客串教师角色，为"教"赋予了新的意义，正如那句老话所说，"教学相长"。立足于学生层次的"教"，不仅有助于稳定学情，还能激发其他学生的挑战欲望。这样，每个学生的参与度都会更高，参与面更广，参与热情也会更加高涨，从而有效提高课堂生成的效果。

"小老师"的教学方法有助于消除学生的学习疲惫感。时而让学生扮演教师的角色，这成为一种新颖的教学方式，用以加强学生的合作与交流。当学生代替教师进行授课时，其他学生不仅会感到新鲜有趣，他们的竞争心理也会被激发出来。这正好印证了"教学方法多变，学习兴趣持久"的道理。这次尝试让我深感振奋。确实，教学没有固定的方法，这堂出乎意料的精彩课程让我意犹未尽，同时，我也期待更多新的尝试与探索。

(三)微课析题

所谓微课，一般指的是时间小于15分钟的微视频讲解。析题，就是将题目的解答思路或方法和解题过程展示出来，达到给予听众启发或共鸣的目的。学生微课析题是指学生自己制作微视频，将自己对一道题的解答过程分析出来，展示给其他同学。因为微课具有可重复使用的优越性，使其迅速在全国传播开来，但是让学生特别是初中学生自己制作微课，展示自己对一道题的解题分析，这样的案例尚不多见。[①]"一生一微课"指的是让学生自己制作一道题的微课，不求多，做好一道题;题目的选择可以是自己选择，也可以由教师提供。"一题一专家"指的是力求让学生通过一道题的讲解，能将该类型的题目讲解通透，其他同学如果碰到类似的数学问题，可以直接找他咨询或讲解，如同医疗专家看病一般。

---

① 谢春华,陈海烽.基于微课的学生说题案例探析[J].数学教学通讯,2017(14):15.

【案例】微课析题:2016福州中考第27题①

题目呈现:已知抛物线$y=ax^2+bx+c(a\neq 0)$经过原点,顶点为$A(h,k)(h\neq 0)$。

(1)当$h=1,k=2$时,求抛物线的解析式;

(2)若抛物线$y=tx^2(t\neq 0)$也经过A点,求a与t之间的关系式;

(3)当点A在抛物线$y=x^2-x$上,且$-2\leq h<1$时,求a的取值范围。

析题流程:

第(1)问,因为顶点为$A(h,k)$,所以设$y=a(x-h)^2+k$,将h,k的值代入;又因为抛物线经过原点,所以将原点$(0,0)$代入解析式,求得$a=-2$。(幻灯片展示解题过程)

第(2)问,因为$y=tx^2$经过A点,所以将A点的坐标代入解析式可以得$k=th^2$,再代入原有的顶点式$y=a(x-h)^2+k$当中,得到$y=a(x-h)^2+th^2$,再次利用抛物线经过原点的条件,将原点$(0,0)$代入,可以得到$ah^2+th^2=0$。因为$h\neq 0$,所以$a=-t$。(幻灯片展示解题过程)

第(3)问,因为点A在抛物线$y=x^2-x$上,把点A的坐标带入可以得$k=h^2-h$,就可以得到新的A点坐标(h,h^2-h),将A点的新坐标代入解析式,再一次将原点$(0,0)$坐标代入抛物线解析式当中,可以得到$ah^2+h^2-h=0$。又因为$h\neq 0$,经过化简得到$ah+h=1$,再进一步化简得到$a+1=\dfrac{1}{h}$。由这个式子想到一个反比例函数图象,可以作出图。由于h的范围已知,所以将h的取值分为两部分:①$-2\leq h<0$,假设$h=-2$,可以求出$-2\leq a+1<0$,得到$a\leq-\dfrac{3}{2}$(幻灯片演示数形结合找到范围的过程);②$0<h<1$,假设反比例函数第一象限的一个点的横坐标为1,这个时候$0<a+1<1$,可以得到$a>0$,综合得到$a\leq-\dfrac{3}{2}$或$a>0$。(幻灯片演示寻找的过程)

这道题目感觉是比较简单的,条件比较少,重要的是要靠我们通过仅有的条件来推导出几个重要的关系式,我的小结是:

(1)利用好题目的每一个条件,比如知道顶点坐标,可以设题目的解析式为顶点式;

(2)代入消元,在已知条件下把不需要的参数消去;

(3)认真观察解题过程出现的式子的结构,类比出一个常见的数学模型。

---

① 陈海烽.微课析题:积累问题解决活动经验的法宝[J].数学教学通讯,2019(2):4-5.

【案例】微课制作感悟[①]

录课感想

九年1班　谢林珊(案例制作人)

不知道大家有没有过这样一种经历,考试的时候死活也想不出来,但到最后在讲评的时候却恍然大悟:"原来用的是这个方法啊,我当时怎么没想到。""原来这题这么简单。"

也许你会好奇为什么人家想得到你却想不到。答案就是,人家总结了方法而你却只是听听而已。

我觉得我们现在做题其实缺少的就是一个整理、总结的过程。

不得不说我们现在确实很忙,每一科都要学习、复习,没有时间去总结归纳那么多东西,而微课却正好为我们提供了一个总结思考的机会。

讲一道题你不仅仅是要把它讲清楚而已,你会问问自己我从这道题目中有什么收获,有什么方法是可以迁移到别的地方去用的。从而将这些想法更好地呈现给同学们,让他们从你的微课中得到一些启示。

古语有云"教学相长也"。做出一道题和讲清楚一道题的差别实在是太大了。因为在讲题时你会追求最简单的思路、最清晰的过程以及最通俗易懂的讲解。你会发现题目所给出的每一个条件所存在的意义,发现之前你初做题目时进入的小误区,走的弯路。这些都会成为宝贵的有借鉴意义的经验。

微课在满足了"我漂亮地讲完一道题"的成就感的同时,也给我带来了一些数学学习上的新思考。所以我认为多讲讲难题还是很有用的。

以上案例是我校(厦门五缘实验学校)组织开展"一生一微课,一题一专家"活动的缩影。学校还对微课的提供者给予了收藏证书,并给以相关的小专家命名,使得小专家的队伍得以不断扩大。笔者认为其对培养学生的基本活动经验至少有如下启示。

1.微课析题让学生活动有了更好的平台

史宁中教授认为:经验只能通过活动来获得。开展"一生一微课,一题一专家"的活动使学生直接地参与到解题、析题,制作微课的活动中来。比如案例中的谢同学,她认为讲微课能获得成就感的同时,也收获了一些数学学习上的新

[①] 陈海烽.微课析题:积累问题解决活动经验的法宝[J].数学教学通讯,2019(2):5.

思考,微课正好为同学们提供了一个总结思考的机会。

2.微课析题让学生思维有了沉淀的载体

郭玉峰和史宁中在《初中学生数学基本活动经验的量化研究》中指出,从数学基本活动过程出发,数学基本活动经验可从维度划分和竖直层次水平两方面进行刻画。维度划分体现数学基本活动的过程,包括观察联想、归纳猜想、表达、验证或证明;竖直层次水平反映学生在数学基本活动各个方面达到的层次,分为三级,其量化指标见表3-10[①]:

表3-10 量化指标

竖直层次水平	维度划分			
	观察联想	归纳猜想	表达	验证或证明
层次一:模仿阶段	不能有意识地观察共性、特性和关系,不能主动的联想。	不能主动用特例尝试得出猜想。	不能用语言表达,只是模仿表达。	不能推理、验证或证明。
层次二:性质阶段	能观察到共性;能进行相似联想。	能尝试特例,得到其他的特例。	能用口头、式子、符号表达共性。	能初步说理。
层次三:实质阶段	能观察共性、特性、关系;能进行大跨度的联想(包括类比)。	能尝试特例,得到一般的结论。	能用口头、式子、符号表达一般结论。	能举出反例、反证、演绎推理证明。

上述案例不难发现,谢同学已经能达到第三层次,也就是实质阶段。正如她感悟的那样:"我觉得我们做题现在其实缺少的就是一个整理、总结的过程。"这就是思维的沉淀,也就是经验的积累。

3.微课析题让学生经验有了外显的可能

学生回家制作微课,等于逼着自己认真消化老师上课讲过的内容,并用自己的语言把自己理解的知识再说一遍,相当于把老师的"间接经验"内化为自己的"直接经验"。这些经验通过一道题得以很好地显现出来,学生今后在解决此

---

① 郭玉峰,史宁中.初中学生数学基本活动经验的量化研究[J].课程·教材·教法,2013,33(11):48-54.

类问题时会有一双慧眼,其他的同学在学习这个经验时也有了相应的支点,不再觉得抽象。又由于微课的播放具有可重复性,就使得经验的传播有了更好的载体,实现最大程度的可视化。

4.微课析题让学生兴趣有了强化的动力

学习金字塔是美国学者、著名的学习专家爱德加·戴尔1946年首先提出的。如果学习方式是"听讲",两周后知识保持率仅为5%。但是学习后马上"教别人"或者"马上应用",两周后知识保持率可达到90%。学生要当"专家"向同学传授知识,为了展示自我,就必须像教师一样认真备课,主动学习新知识,主动向老师和同学甚至家长寻求帮助。学生一旦成功扮演"小老师",享受到教学活动成功后的喜悦,便会强化学习动机,转换学习方式,提升学习能力,从而更喜欢钻研学习数学。比如案例微课制作感悟的那位同学,在全市(厦门市)九年级数学统一测试中,获得了最高分148分,这也是她不断将知识内化为自己能力的最好报答。同时,这对其他同学也是一个很好的示范,许多同学也不甘示弱,录制了比她更好的课例,掀起了一股录制微课的小高潮。

"一生一微课,一题一专家"是笔者利用微课融入初中教学的一种新的尝试,当然我们的探索还是初步的,期待更多的同仁一起参与实践研究,使得我们开展此项活动的经验更加丰富。

七 善于倾听

倾听是一种非常重要的沟通技巧,它意味着全神贯注地听取对方的意见、感受和需求,并给予积极的回应。倾听能够促进彼此之间的理解和信任,帮助解决问题和建立良好的人际关系。佐藤学的主张是:相互倾听构成了相互学习的基石。老师们常常期望学生能踊跃表达,然而,深入倾听每位学生的声音,并以此为基石进行针对性的指导,实际上远比单纯鼓励发言更为重要。倾听这一行为,堪称学习之核心中的核心。那些学习出色的学生,往往也是倾听的高手。那些只顾自我表达而忽视他人话语的学生,是难以真正学有所成的。若我们欲在课堂中更有效地提升学生的言语表达能力,那么,相较于鼓励其多发言,培养倾听能力或许更为关键。这似乎是一条间接的路径,然而,实则是通往目标的捷径。在教室的语境中,一旦倾听能力得以培养,课堂的言语表达便自然会变得丰富多彩,而非相反。倾听在教学上是指能在注意力高度集中的状态下听取老师、学伴传递过来的信息,并能做出积极的回应。一个能主动学习的学生,通常也是一个优秀的倾听者,他们善于从老师或学伴中筛选、甄别有用的信息,通过自己积极的内化加工,并做出相应的肢体上的回应,如看着身体、前倾、点头、微笑等。

学生听课不只是一种纯粹的行为活动,更重要的是一种心理活动。从心理学的角度看,可以将学生的有效听课活动划分到注意分类中的随意注意。随意注意是指有预定目的、需要一定意志努力的注意。例如,当我们阅读一篇理论性较强的数学文献的时候,一旦认识到这篇文章的意义,我们便自觉、自动地将心理活动过程集中指向这篇文章的内容,积极选择吸收文章提供的各种信息。当学生处于有效听课活动中时,他们的注意集中于教室、黑板、教学内容等和教学相关的事物及对象上,对周围的一切,比如:教室外面走廊上的行人,教室墙壁上的挂画,甚至自己同桌的小声说话,都可能"视而不见、听而不闻"。虽然听课活动是一种内部心理活动,但是仍然可以通过学生的外部行为表现来评价学生是否在认真倾听。我们可以从以下两个方面来判断学生是否认真倾听。

(一)无关动作的消失

我们大致可以将学生的课堂行为分为相关动作和无关动作。课堂上学生的相关动作是指与教学内容相关的动作,包括:与教师的眼神交流、记录笔记、在书本上进行标示等。学生在课堂上的无关动作主要包括:和同伴小声讲话、东张西望、传纸条、玩弄文具等。学生在认真倾听的时候,他的注意是一种持续性的注意,即注意在一定时间内保持在某个认识物体和活动上。在课堂上,学生的持续性注意就是指学生的注意紧紧集中在与课堂相关的活动和事物上,对其他无关的事物不会去关注,也就是无关动作停止或消失。例如,一个学生在课堂上听课不认真,搞小动作,当教师一个幽默的笑话将班上同学逗得哈哈大笑的时候,他被同学的笑声吸引了,心里可能在想,同学们在笑什么,有什么好笑的呢?于是,他的注意转向教师所讲的内容,手头上的小动作也就自然而然地停止了。课堂上无关的动作是影响学生听课效果的一个因素。学生无关动作的停止或消失是学生认真倾听的重要体现。学生的注意力集中于与教学任务有关对象就是认真倾听的体现。

(二)视觉集中

眼睛不仅能观察事物,更重要的还在于传达感情、交流思想。学生在认真听课的时候,视觉总是集中在一定的客体上,如教师、黑板、教材。学生眼神时而集中于教师,并随着教师在课堂上的走动而转移,时而较长时间凝视黑板,注视着老师的板书,但学生看教材或者记笔记的时候,其眼神又聚焦于教科书或是笔记本。当学生在思考的时候,其眼神可能会短时间注视着教室的天花板。因此,学生的这种视觉集中性是学生认真倾听的重要表现。当然,在课堂上,必须区分学生的两种视觉表现。其一,表现为"东张西望",这种东张西望与前面所提到的学生视觉对象的转换有一定的区别。视觉对象的转换是基于学生注意力集中体现的基础之上的,而"东张西望"则表现为视觉对象的转换过于频繁,是视觉不集中的表现。表现为目光游离,时而看着窗外,时而看看其他同学,偶尔看看教师,当教师在强调一个重要的教学内容的时候,他们可能正望着窗外的事物。其二,表现为学生的眼神长时间集中于某一个物体之上,如天花板的吊灯、墙壁上的一幅画,或者教材上的某一页,眼神显得呆滞,没有精神。其实学生的心中也许在思索其他的事情,但他的注意并没有集中到与课堂相关的事物上。教师的讲授、提问也许都不能引起他的注意,他完全沉浸在自己的世界中,这样学生或许什么都没有想,即处于一种我们经常所说的"发呆"的状态。这两种视觉表现都是学生没有认真倾听、效率不高的表现。

善于倾听的学生会对自己进行调控,如:

"我知道他刚刚说了什么……"

"老师(或同学)刚才是这样说的,先说了这个,再说了那个……"

"他说话的顺序是这样的……"

"他说的这个地方说得不明白……"

"我觉得他思考问题的角度是……"

"感觉他读音挺准确的,可惜还有不足,比如……"

"我感觉这一点和他是相同的,我认为还有不同点是……"

"他的那个说法我确实没听明白,……"

"他说得有点啰唆,如果是我,我可以用简单方法解决……"

"可以不用证明全等,用角平分线定理就可以快速得出……"

"他的方法很有道理,我觉得还可以举出这样的例子……"

"确实××同学提供的方法比我的更好,学习了……"

第三节 学生学得主动:案例品析

教是为了不复需教。本质是为了激发学生的潜能,培养自主学习的能力。所以,教师在课堂上要留给学生足够的空间和时间,树立以学生为主体的课堂观,以人为本的学生观,鼓励学生在课堂上自信地表达,同时不断地倾听来自学生的反应,利用学生喜欢探究的心理,设置情境激发学生动手的欲望,让课堂充满灵动的韵味。下面提供两个案例,以飨读者。

【案例】你有多少种画平行线的方法[①]

数学实验是学生通过动手动脑,以"做"为支架的数学教与学的活动方式,是在教师的引导下,学生运用有关工具,通过实际操作,在认知与非认知因素参与下进行的一种发现数学结论、理解数学知识、验证数学结论的数学活动。如果仅仅只有实际操作,而缺乏对操作现象的分析与思考,那就可能失去发现数学结论、理解数学知识、验证数学结论的大好机会,从而成为"表面的热闹"。那么,如何引导学生透过实际操作中的现象体会数学的本质呢?

下面结合"数学活动:你有多少种画平行线的方法"进行介绍。

(一)总体分析

1.内容分析

"你有多少种画平行线的方法"是一节数学活动课,活动内容主要围绕"过一点画已知直线的平行线"的画法进行探索和阐释。其中,对平行线多种画法的探索需要化归为"三线八角"的模型,对画法的阐释需要回归到平行线的判定定理,因此,这节活动课是平行线判定定理的一种拓展和应用。

2.学情分析

在小学阶段,学生会用平移三角尺的方法画平行线,却不知其所以然。而在学习了平行线的判定方法和性质后,学生对之前画平行线的方法有了更进一步的理解。在此基础上,当画图工具减少时,该如何准确画出平行线?当没有

[①] 练琼莺.数学实验要"透过现象看本质"——以"你有多少种画平行线的方法"为例[J].数学教学通讯,2021(23):14-15.

画图工具时,该如何折出平行线?这对学生来说是新奇的,也是有一定挑战的。

3.活动环节总体设计思路

教师通过不断减少画图工具,引导学生"画一画""说一说""折一折"等,让学生经历画法的探究过程及对画法的阐释过程,使学生更深刻地认识画平行线的本质及证直线平行的方法,培养学生言之有据和复习总结的学习习惯。

(二)教学过程

1.活动:画一画

(1)问题提出:关于平行线,我们已经学了它的判定定理和性质定理;这节课我们要在这个基础上再认识画平行线的方法。过直线外一点如何画这条直线的平行线?

活动要求:请大家拿出准备好的纸、笔及画图工具(直尺、三角尺等)。在纸上画一条直线a,并取直线外一点P(如图1),过点P画直线a的平行线,你能想到几种方法?如何说明你画的直线会与已知直线平行?

(2)小组活动:学生动手操作,自主探究;教师巡视指导,发现问题及时解决。

活动展示:收集不同画法,用希沃传屏至白板上,让有相应画图方法的学生解释说明。

师:老师收集了一些同学的画法,大家请看屏幕,请相应同学认领图片起身回答。首先来看看这幅图(如图2),请说说画法和依据。

生1:我的画法是平推三角尺,依据是:同位角相等,两直线平行。

师:哪两个角相等呢?我没有找到,请你标出来。

生1:(上台标注)这两个角相等,而且等于30°。

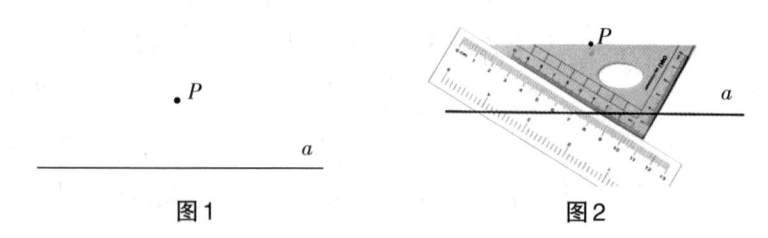

图1

图2

师:说得好!实质上是一个"三线八角"模型(板书图3),用平行线的判定定理来证明;请大家思考,这里直尺和三角尺的作用分别是什么?

生2:直尺相当于截线,平推三角尺可以保持角相等,这样就有同位角相等了。

师:精辟! 同样用这一原理画的同学请举手。

生3:我想到好多画法,不仅可以平推(三角尺中的)30°角,还可以平推90°、60°、45°角!

生4:把三角尺换成直尺也行! 直尺有90°角。(学生频频点头)

生5:不用直尺和三角板,我用两本书也可以!(老师走过去,把画法拍下来投屏,如图4,引起一片轰动)

师:妙! 前面都用到两种工具,一个充当截线,另一个平推产生相等的同位角。

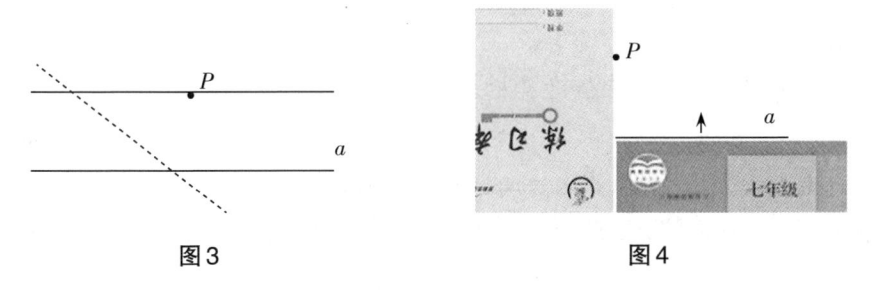

图3

图4

师:(出示学生画法图5、图6)大家请看屏幕,有同学仅用一把直尺,这样画出来的是平行线吗?

生6:是! 都是90°。

师:请你上台标出来。

生6:依据同旁内角互补,两直线平行。

师:没错。这里巧妙利用了直尺与刻度线互相垂直的特殊位置关系,通过画垂线的方法画出平行线。(板书图7)

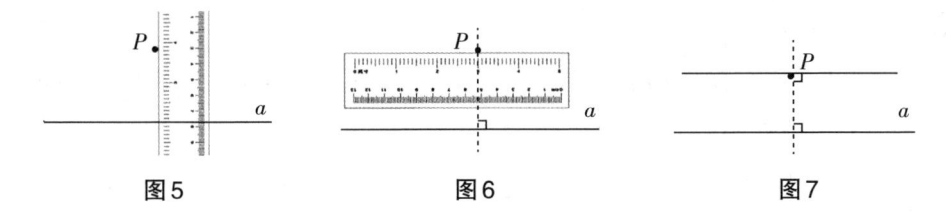

图5

图6

图7

师:仅用一种工具,还有别的画法吗?

生7:用一把三角板也可以,只要有刻度就行。

生8:没有刻度也可以,借用尺子天然的直角。(老师拍照传屏,如图8、图9)

图8　　　　　　　　　图9

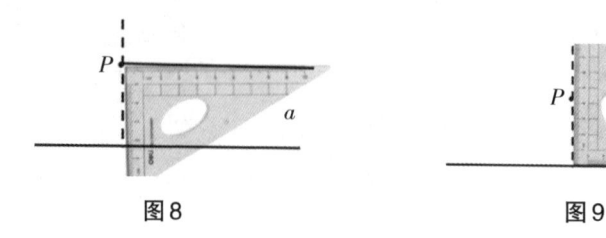

生9：不用尺子，用书，书也有天然的直角。(学生点头)

师：是的，这几种方法都是通过画垂线的方法来画的。请大家总结用这种方法的一般步骤。

生10：先画已知直线的垂线(垂线1)，再画垂线1的垂线(垂线2)。

师：很好，垂线1实质上是"三线八角"模型中的截线，垂线2即为要画的平行线。(板书一般步骤：1.先画截线；2.画截线的垂线即为平行线)

2.活动：折一折

问题提出：如果不能借助其他工具，只能用折纸的办法，你能折出平行线吗？

问题1：如图10，在一张半透明的长方形ABCD纸片内部，任取一点P，请过点P折出长方形的一边AB所在直线的平行线，并说明理由。

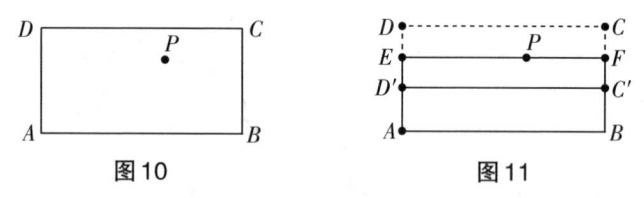

图10　　　　　　　　　图11

活动要求：折一折，试一试，画出折痕，说明理由。

活动展示：请学生上台演示折法并说明。

生11：这样翻折(如图11)，(展开)这两个角都是直角，同旁内角互补，两直线平行。

师：为什么∠AEF是直角？

生11：因为翻折，∠DEF等于∠AEF，而这两个角合起来就是一个平角，所以这两个角都等于90°。

师：嗯，那你的折法有什么要求？

生11：翻折后点D、C要在矩形短边上，且折痕要经过点P。

师：同学们听明白了吗？此处应该有掌声。(掌声响起)

师：这里实质上也是构造"三线八角"模型，请问截线是哪一条？

生:AD。

师:是的,这其实是化归为我们前面"画垂线"的方法,巧妙利用了矩形天然的垂线(AD是垂线1),再通过对折垂线1也就是截线,得到截线的垂线。(板书图12)

问题2:如图13,在一张半透明的正方形$ABCD$上任取一点P,然后画一条直线a,如何过点P折直线a的平行线?

活动要求:折一折,试一试,画出折痕,说明理由。

活动展示:请学生上台演示折法并说明。

生12:对折a,得到a的垂线b,这样就和问题1一样了,再对折b,使折痕经过点P,得到b的垂线c。

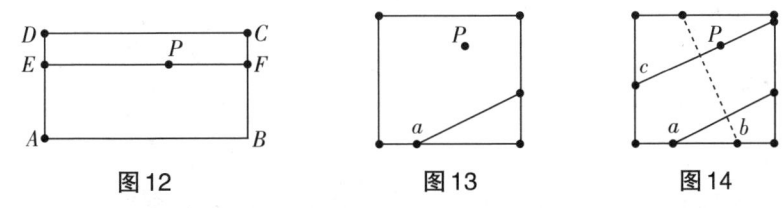

图12   图13   图14

师:很会思考,问题2的截线需要自己折,折完其实就是问题1了;我们学习就是要这样,要多思考,多总结方法,将复杂的问题转化为我们已经解决的问题;这节课通过画和折的不同方法得到平行线,你们有什么收获?

生13:画或者折已知直线的平行线,都是通过构造"三线八角"模型。

生14:当使用工具少时,作垂线的方法很有效。

……

(三)教学思考

1.显化操作痕迹,让数学实验有章可循

这节课设计了4个问题,分别是用2个工具画、仅用1个工具画以及没有工具时用折一折的方法解决的2个问题;这4个问题相互关联、层层递进,方法多样但实质都是构造"三线八角"模型。如何让学生更好地发现问题的本质以及问题之间的关联性,是这节课的关键。学生最熟悉的方法是平推法,平推法的结果就是两条互相平行的直线。如果仅从结果来看,很难去证明画的直线会与已知直线平行;因此,实验操作时,有必要显化操作痕迹,让学生从过程中思考证明的方法,为解决后续更复杂的问题做铺垫。

如何显化操作痕迹呢?首先,应关注操作中的细节,平推法中直尺的作用是什么?三角尺的作用又是什么?当学生明白直尺的作用实质是构造"三线八

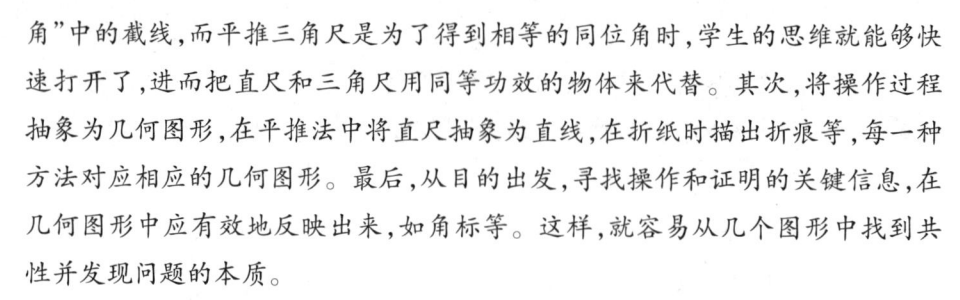

角"中的截线,而平推三角尺是为了得到相等的同位角时,学生的思维就能够快速打开了,进而把直尺和三角尺用同等功效的物体来代替。其次,将操作过程抽象为几何图形,在平推法中将直尺抽象为直线,在折纸时描出折痕等,每一种方法对应相应的几何图形。最后,从目的出发,寻找操作和证明的关键信息,在几何图形中应有效地反映出来,如角标等。这样,就容易从几个图形中找到共性并发现问题的本质。

2. 依据说理,让数学实验讲道理

这节课尤其重视每一种方法对应的证明方法。通过想一想、说一说,学生会发现证明都需要归结于平行线的判定定理。那么,当学生无从下手找不到方法时,就会自然而然联想前面构造"三线八角"的方法。如,折一折中的问题1是比较困难的,很多学生能很快折出大概的样子,但是一开始说不清怎么折以及怎么证明。当"需要证明"这个问题驱动着学生往下思考时,容易想到要有截线,这样就比较顺利地想到特殊位置的截线,也就是作垂线的方法了。

在实验中,可能会碰到一些学生说不明白的操作,如折一折中的问题1,生11开始回答时是用比较含糊的"这样翻折"来表述,然后得到两个互补的同旁内角。这时老师通过"由果索因"追问学生,使学生厘清操作,从而完善表达。

3. 数学实验要透过"操作的现象"看"数学的本质"

首先是"画一画"中的平推这一操作,应让学生明白平推的作用是什么?本质是产生相等的同位角。其次是"折一折"中的对折线段的操作,应让学生思考这一操作能产生什么?实质是平分平角,从而产生直角。如果能明白关键操作的本质,那么学生就能化难为易,举一反三,以不变的方法应万变的题型。

总之,数学实验要讲道理,让操作合理化、数学化,让方法多样化,在多样的方法中总结提炼出共性,让学生在实验中感悟数学问题的本质。

从该课例可以看出,教师在课堂上提供了足够的空间和时间,让学生自主进行探索。学生通过自己的探究,发现并自我调控思路,不断地优化和自信地表达,这是学生学得主动的良好表现。

【案例】尺规作图作平行线[①]

探究是学生获得数学知识的重要途径。探究学习对于提高学生的核心素养,尤其对于创新精神与实践能力培养具有重要意义。因为探究既能满足学生

[①] 陈海烽,马光德.让中考复习课充满探究味——从一节"尺规作图作平行线"课例谈起[J].中学数学,2018(20):39-41.

的求知欲和好奇心,又能使学生更有获得感,更能体验到对数学的"深层理解"。探究的过程本身可以使学生的思维受到良好的锻炼,学生需要调用自己的已有知识和经验,有利于学生"温故知新";学生也需要在探究的过程中合作、解释,有利于培养学生的交流表达技能,这些指向学生核心素养的提升。

如何上好中考复习课一直是困扰数学教师的一个难题。张奠宙先生曾说过,难见一堂好的复习课。笔者认为其原因有:一是学生经过了新授课的教学,对知识产生了"喜新厌旧"的心理;二是通过新课教学学生对知识的认知出现了较大的差异。换句话说,学生已经不在同一条起跑线上了。复习课的两大任务是知识巩固和能力提升。因此,如何使学生仍然像新授课一样保持好奇心,既能巩固知识,又能建立知识之间的联系,促进能力的提升?设计好的复习探究,是提高复习效益的重要途径。

下面结合自己的一节"尺规作图作平行线"课为例,谈谈自己的看法。

1.课堂呈现

师:请大家拿好直尺和圆规,准备做一道题。过点A作直线平行于已知直线l。(见图1)

生1:(面露难色)这个题怎么能做呢?题目没有问题吧。

生2:用三角板和直尺平推法作图。

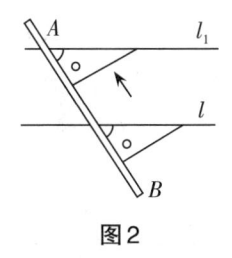

图2

师:(教师展示)像这个同学用直尺和三角板作图(见图2),可以吗?

生3:违背尺规作图的原则。

师:是的,尺规作图只能用无刻度的直尺和圆规这两样作图工具。这个题目本身没有问题,如何作再想想……

师:看来大家有点为难。让我们回想一下,我们知道哪些基本作图方法?

生4:作一条线段等于已知线段;作一个角等于已知角;作一条线段垂直平分线;过一点作一条线段的垂线;作一个角的平分线;作一个图形的轴对称图形;描点法作函数的图象……

师：大家看看，哪一条可以帮助我们做这道题？

生5：作一个角等于已知角？

师：很显然我们就必须找到同位角相等或内错角相等，然后两直线平行。

生6：我会作了。展示如下（见图3）：作一条直线a与l相交于∠1，然后作一个角等于已知的∠1，则根据同位角或内错角相等，可知这两条直线是平行的。

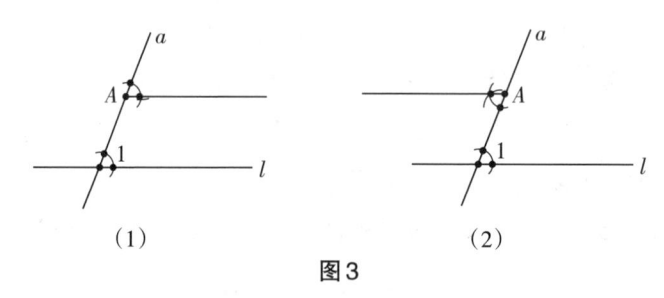

图3

生7：也可以由生6的作法，如图4，由已知得到∠2，然后作一个角等于∠2，显然有同旁内角互补，两直线平行。

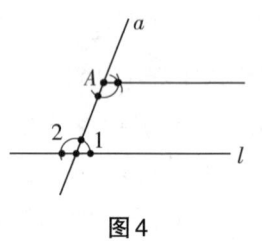

图4

师：以上几个同学做得很好，现在我们的思路打开了，还有没有别的方法呢？这是从一个角等于已知角的方法入手，能否用其他方法？建议同学们用这样句式来说明，我的做法是……，原理是……，涉及的基本作图是……

生8：我的做法是先过点A作l的垂线a，然后再过点A作直线a的垂线。原理是同旁内角互补，两直线平行。或者说，在同一平面内，垂直于同一直线的两直线平行。用到了两次"过一点作已知直线的垂线的基本作图法。"（见图5）

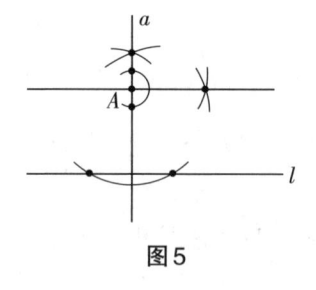

图5

师：妙吗，妙要大声说出来。这位同学打开了思路。从什么方向去找的平行？由他的启发，我们可以从结论平行线出发，去寻找自己的作法。

生9：(过了几分钟)我受生8的启发，作法是先过点A作$a⊥l$于点B，然后继续在l上找另外一点C，再过点C作$b⊥l$，接着量取$AB=CD$，显然$ABCD$的矩形，所

以 $AD\!/\!/l$。原理是矩形的对边平行。我用到了过一点作一条直线的垂线的方法,还有作一条线段等于已知线段这两种基本作图方法。(见图6)

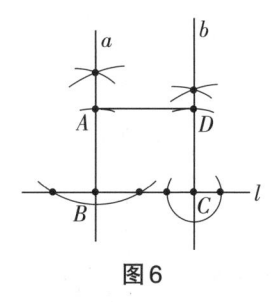

图6

师:真是个好主意,看到了吗,生9用了两种基本作图方法,过一点作已知线段的垂线,还有作一条线段等于已知线段。提醒我们什么?可以进行多种方法配合。

生10:我的做法是过点A作一条直线与l相交形成$\angle 1$,然后作$\angle 1$的平分线,再截取$AB=AC$;原理是"角平分线+等腰三角形→平行线"。用到两个基本作图的方法:作一个角的平分线和作一条线段等于已知线段。(见图7)

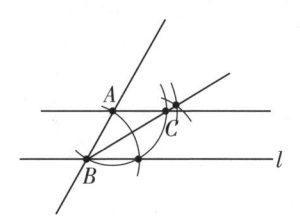

图7

生11:(鼓掌)当然也可以在另外一侧作!我还有一种作法。作法是:以AB为边作一个菱形。原理是:菱形的对边平行,比他更简单些。用到一个基本作图,就是作一条线段等于已知线段,只不过用了三次。(见图8)

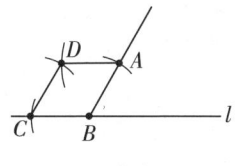

图8

生12:显然可以更一般化些,就是作一个平行四边形,作法原理是平行四边形的对边平行。也是用了作一条线段等于已知线段,但两次取的线段长度就不一样了。(见图9)

图9

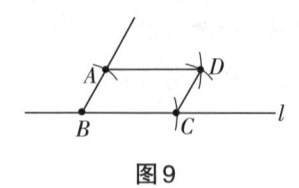

师：(欣赏地看着学生)思路一旦打开，谁都拦不住。好了，这么多种方法。能否总结整理一下。对我们今后寻找解题办法有何启示？大家分组讨论一下，然后请各小组派代表展示。

小组1展示：我们小组将老师讲过的方法整理了一遍，这样很直观。(见表1)

表1

项目	方法1	方法2	方法3	方法4	方法5	方法6	方法7	方法8	方法9
图例									
原理									

师：表格有很好的直观性，是收集和整理信息的一个重要工具，大家可以向第一小组学习。

小组2展示：我们组觉得这道题看起来好像是要求进行尺规作图，其实实质是寻找证明平行的方法。所以我们以"平行"为核心，整理出如下思维导图。这样我们作图的各种原理就很清晰了。(见图10)

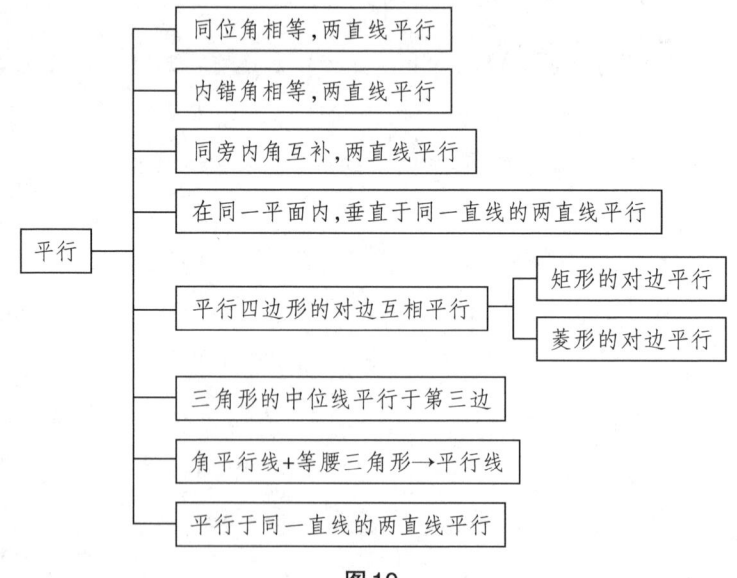

平行
- 同位角相等，两直线平行
- 内错角相等，两直线平行
- 同旁内角互补，两直线平行
- 在同一平面内，垂直于同一直线的两直线平行
- 平行四边形的对边互相平行
  - 矩形的对边平行
  - 菱形的对边平行
- 三角形的中位线平行于第三边
- 角平行线+等腰三角形→平行线
- 平行于同一直线的两直线平行

图10

生13:通过整理,我发现还有一种方法。作法是过点A作直线a于l相交于点B,延长BA到B',使AB=AB',再过点B'作直线b交l于点C,然后作线段B'C中垂线得B'C的中点D,则有AD//l;原理是三角形的中位线平行于第三边。用到两个基本作图方法,分别是作一条线段等于已知线段和作一条线段的垂直平分线。(见图11)

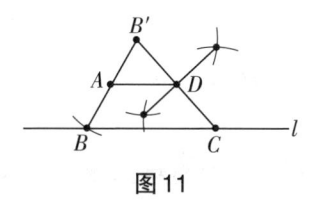

图11

生(众):妙呀!

师:很好,这位同学抓住了问题的核心,就是平行。本质上就是证明平行的各种办法。小组2还涉及一种办法,什么方法? 它能帮我们作图吗?

生(众):平行于同一直线的两直线平行。这个需要"化归"为在两直线平行的基础上,显然方法不妥。

师:很好,用了一个很妙的词语,叫"化归",这也是数学的灵魂。

小组3展示:我们组从解题坐标系入手,将作图的方法作为方法轴,将学过的数学知识作为知识轴,建立如下所示的坐标系,整理如图12所示。

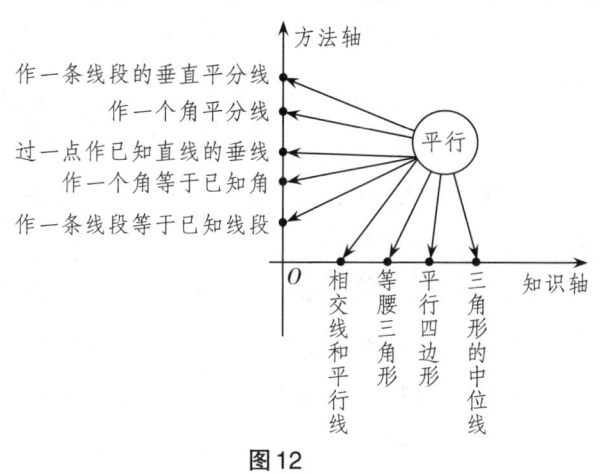

图12

师:小组3的同学富有创意,看来我们之前的解题坐标系运用得很好。这样就像是一张知识地图,很好地将题目的知识和方法有序地展示出来了;然后分别往两坐标轴进行投影,使得整个知识与方法联系十分紧密。三组同学的代表都阐述得都很好,大家看看哪种更值得学习?

生14:支持第三种解法——解题坐标系,它很有数学味道。

师:本人也支持第三种整理办法,它就像是一张知识地图,更有利于后续的学习,它还蕴藏着巨大的能量,可以解决更多的问题。从本节课我们可以看出,同学们通过认真地探究,思考问题时抓住了关键的核心——平行,从这个目标寻找可行性办法,将一个陌生的问题转化为熟悉的问题。我想大家肯定会有不同程度的收获。特别是整理探究这个环节,相当于围棋的复盘,就是将自己的和朋友的作法再次做个梳理,这样我们今后探究类似的问题时能有经验可循。

2. 教学思考

(1)复习探究课要精心设计复习题材,激活学生探究欲望。

在复习中,找到一个好的复习题材往往能使复习事半功倍。本案例中,笔者让学生探究一道尺规作图题。过直线外一点作平行线,这个内容在新授课时就是用平推法得出了结果,但是它不属于尺规作图。这个问题接近学生的最近发展区,但也要经过一定的思考。正如上课伊始许多同学并没有一下子就反应过来。经过笔者的引导,学生的探究欲望被激发了出来,从而使探究的方法井喷。一个好的题材,就像一颗石头投入平静的湖面一般,会引发阵阵涟漪。因此,教师在复习时要多琢磨复习题材的选择。例如,对于中考函数的复习,我们可以设计一个题材,探究$y=x+\frac{1}{x}$的性质。让学生通过已经学过的研究函数的一般方法来研究这个函数的定义域、值域、单调性、对称性、奇偶性、最值等,其核心是通过图形来进行研究。可以让学生先描图,然后再逐步感知,进而一步一步探究,直至完整地揭示这个函数的性质。换句话说,让学生将研究函数的程序走一遍,这样研究初等函数的方法就得以巩固并能产生新的认识,乃至今后遇到一个陌生的函数也能泰然处之。总之,数学探究课内容的选择是完成探究性学习的关键。选择的教学内容要有助于学生对数学的理解,有助于学生体验数学研究的过程,有助于学生形成发现、探究问题的意识,有助于鼓励学生发挥自己的想象力和创造力,因此探究课题的内容要具有开放性,围绕课题学习的预备知识,不要走出现有的数学知识范围。

(2)复习探究课要动手实验整理反思,丰富学生探究手段。

复习需要做题,但不能仅仅是做题,学生在复习中不断地刷题容易产生厌倦。应充分调动学生的各种感官参与复习,使学生自然地卷入复习过程,积累相应的探究经验,动手实验就是一种很好的选择。在动手中,学生的焦虑感降低,认知负荷减少。本案例中,学生通过自己操作直尺和圆规,在自己思维活动的参与下,将过直线外一点作平行线的方法探究得异彩纷呈。同时,本案例中学生利用表格和图像的直观性,开发出相应的整理知识的方法,也促进知识的内化提升,进而提高了学生数学的核心素养。

(3)复习探究课要多点期待多点空间,延展学生探究过程。

在学生的探究过程中,教师要充分发挥学生的主体作用。教师退一步,学生进十步。相信学生的潜能,多给学生一点时间和空间。教育要有农人精神,要懂得守望。本课例中笔者除了在开头学生遇到困难时进行提醒外,其他都是由学生自己探索出来,可以欣喜地看到学生在回答问题时说受到了哪位同学的启发,这表现出学生良好的倾听能力,有助于学生之间互相学习、互相欣赏,培养良好的合作探究品质。在完成画法之后,我只是引导学生去整理知识,让他们进行小组合作,去分享,结果我们看到了三组非常有代表性的成果,使得本课学习的价值得到了质的提升。

(4)复习探究课要创设结构信息关联,提升学生探究层次。

在复习中,将数学知识建立一个系统是提高复习效益的一个重要方法,它就是华罗庚先生所说的将书读薄的举措之一,也是锻炼学生概括思维的重要方式。本课例表面上是让学生复习尺规作图的方法,更核心的知识是让学生掌握平行的各种判定方法并加以综合运用。本课例中,学生利用表格、思维导图、解题坐标系对知识进行巧妙的连接,有利于培养学生的创造性思维。特别值得一提的是,解题坐标系和许国泰先生的"信息交合理论"极为相似。通过知识轴与方法轴两个维度建立起作图知识与作图方法的关联,提高了探究的自觉性。进而激发学生对探究过程中的元认知监控,并加以运用。如本课例中生13提供的最后一种方法,就是在整理知识过程中灵光一现获得的。在知识和方法螺旋上升的过程中,探究的层次不断地提升。我们知道,数学探究的教学层次可以分为基础层次、中间层次、较高层次。基础层次是教师或教材给出问题,要给出探究的主要步骤,制定结果的呈现形式,对可能出现的问题给出适当的提示。中间层次是教师或教材给出问题,要给出探究的简要过程和需要的提示,对结果的程序给出大致的要求,可以适当地不加限制。较高层次是教师或教材给出问题,对探究的步骤、结果呈现的形式都不设限定,问题有一定的开放性,给学生提供一个创新的空间。本课例对作图的探究处于中间的层次,笔者为了让学生的表达更加规范并富有逻辑性,对表达的方式作了相应的规范,即先说作法,然后阐明自己作法的原理,说清楚涉及了几种相应基本作图方法。而后半段对作图方法的归纳总结显然处于较高的层次,笔者对于学生的呈现形式不作要求和设定,给予了学生更高的探究灵活度,让学生发挥了自己的主观能动性,最后出现了喜人的效果。

总之,在中考复习课上,能否选取一个支点,让学生进行探究,使之能以点带面,连成一片,进而提高复习效益,这非常值得我们去开发、设计、应用和尝试,从而创设更高质量的灵动课堂。

第四章

教师导得生动：
促进学生的积极参与

第一节 教师导得生动：现状调研

在教育的交响乐章中，教师与学生共同编织着最灵动的旋律。教师的角色定位与教学策略紧密相连，其背后的教学设计与实施行为，成为探究教师影响力的重要途径。在华中师范大学梅全雄教授的悉心指导下，刘学对初中数学课堂不同教学设计模式下的学生参与深度进行了深入研究，将数学课堂教学设计模式细化为教师主导、教师引导与教师促进三个类型。通过综合采用定性与定量分析的方法，研究全面剖析了不同教学模式下学生参与度的多维面貌。①

(1)教师引导模式下的全面参与高峰。

在教师的精心引导下，学生参与度达到了最高，即便面对学生基础差异的现状，该模式依然展现出显著优势。通过构建互动性强的学习环境，如对话、探究与讨论等，教师不仅激发了学生的参与热情，还促进了数学思维的深度发展及学习过程中的愉悦体验。此模式下，学生在专注力、探究精神及积极情感等方面的表现均优于其他模式，充分印证了其全面参与的优越性。

(2)教师主导模式下的行为参与侧重。

传统教师主导的教学模式，虽能有效传授知识与技能，但学生多处于被动接受状态，导致心理投入不足。尽管行为参与看似积极，实则缺乏深层次的认知与情感投入。数据显示，该模式下学生在专心度上表现尚可，但在探究能力、策略选择及情感体验上则显得较为消极，表现出行为参与和内在投入之间存在一定的不平衡。

(3)教师促进模式下的情感共鸣。

在教师促进的教学模式中，学生依托自身基础，通过自主思考与探索构建知识体系，教师则扮演辅助角色。这一过程中，虽学生可能在听讲时显得不够专注，但其自主学习的乐趣与成就感显著提升。特别是趣味感与成就感方面的

---

① 刘学.初中数学课堂不同教学设计模式对学生参与度的影响研究[D]武汉:华中师范大学,2016:40-44.

强烈反馈,凸显了该模式在情感参与方面的独特优势。

(4)行为参与度的层次差异。

进一步分析表明,教师引导模式在行为参与度上表现最佳,尤其是在专心与探究两个维度上均优于教师主导与教师促进模式。虽教师主导模式能促进学生专心,但其探究深度不足;而教师促进模式下,虽学生的自我探索具有意义,但教师引导下的行为参与度相对较低。

(5)认知参与度的策略比较。

在认知参与度层面,教师引导模式再次脱颖而出,循序渐进的引导策略,有效提升了学生的数学思维与高层次策略运用能力。相比之下,虽然教师促进模式也强调高层次策略,但低层次与依靠性策略使用仍较频繁;而教师主导模式下,学生的认知参与度则因过度依赖教师而相对较低。综上所述,教师引导的教学模式在促进学生全面、深入参与方面展现出更为显著的优势。

(6)情感参与度的深度比较。

教师引导的数学教学设计框架显著优于教师促进型,后者又凌驾于教师主导型之上。研究者细致地将情感参与划分为趣味、成就、焦虑与厌倦四个维度进行深入剖析。在教师引导的模式下,教师通过探究、假设与讨论等策略激发学生的主动性,既增添了学习的愉悦感,也通过简化解题路径提升了学生的成就感。相比之下,教师促进模式中,学生因基础扎实,在自主学习时虽能体验较高趣味感与成就感,但缺乏直接引导,其感受稍逊一筹。至于教师主导模式,虽然学生外在活动频繁,但其内心认知与情感的实际投入却有限,导致厌烦情绪滋生、成就感缺失、焦虑感加剧。综上所述,情感参与度层面,教师引导模式独占鳌头,教师促进模式次之,教师主导模式则居末。

从以上分析,可以看出其对初中数学课堂教学的深刻启示。

(1)导学策略差异化,促进学生参与度多元。

教师主导模式:适宜于基础薄弱、自律性弱的学生群体。学生探索参与度低,向师性强,需教师严格把控进程。

教师引导模式:适用于基础扎实、学习意愿强的学生。学生乐于与教师互动,完成任务,教师适时引导能显著加强课堂参与。

教师促进模式:针对基础稳固、学习经验丰富的学生。学生自学能力强,教师仅需适度点拨,即可实现高效学习。实践中,学生水平各异,教师应灵活切换模式,因材施教,融合各模式优势,设计定制化教学方案,以最大化学生参与度。

(2)强化学生参与,重塑数学教学核心。

学生参与被划分为行为、认知与情感三大维度。当前,数学教学多侧重教师讲授,学生认知与情感参与不足,限制了高阶思维与创新能力的培养。因此,数学教学应并重教师的教与学生的学,视两者为教学的双核心。强化学生参与的意义在于:一是全面参与促进学生高阶思维与创新意识的培育,弥补传统教学中行为参与过度而认知、情感参与不足的缺陷;二是全面参与激发学生的内在动力,超越外在驱动(如考试压力),构建基于内在兴趣的学习生态系统,为数学核心素养的持续提升奠定坚实基础。

从上述的研究中我们不难发现,教师导学方式会直接影响学生的参与程度,也对教师提出了相当高的要求。于课堂之中,诸多生动的情境对教师的智慧与能力形成了多重维度的考验:当学生呈现消沉之态时,教师能否激励使其振作？在学生处于过度亢奋之状时,教师能否引领其回归平静？当学生深陷迷茫之境时,教师能否为其提供启示之光？在学生信心发生动摇之际,教师能否为其注入笃定的力量？教师能否洞悉学生眼中闪烁的渴盼？能否捕捉到学生回答中潜藏的创造力？能否敏锐察知学生细微的成长与变化？能否以多元的语言形式让学生感知到自身被关注？能否使自身的精神节奏与学生的脉动保持同频共振？能否推动学生间的辩论激发思维的火花？能否助力学生在课堂里学会合作,体悟和谐的愉悦以及发现的欣喜？[①]凡此种种,都考验教师的导学智慧。

[①] 叶澜.让课堂焕发出生命活力——论中小学教学改革的深化[J].教育研究,1997(9):7.

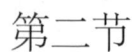

第二节 教师导得生动:实现策略

一 情绪支持

情绪支持的内涵主要包括在他人经历情绪事件时,通过关注、共情和安慰来提供心理支持。这种支持不仅仅是口头上的表达,更包括在实际行动中给予对方的关心和理解。情绪支持的价值在于它能够帮助个体更好地应对情绪困扰,从而缓解压力、提升情绪稳定性,并促进个体的心理健康。

在教学环境中,情绪支持具有特别重要的意义。情绪支持的教学价值主要体现在如下几个方面。

(1)增强学生的心理安全感:当学生在课堂上感受到教师的情绪支持时,他们会更加愿意分享自己的观点和感受,从而增强心理安全感。这种安全感有助于学生更好地投入到学习中,提高学习效果。

(2)促进学生的情绪管理能力:情绪支持可以帮助学生学会如何管理自己的情绪,包括识别情绪、表达情绪以及调节情绪。这对于提高学生的情绪智商和社交能力非常有帮助。

(3)建立良好的师生关系:情绪支持有助于建立积极的师生关系,使教师成为学生可信赖的伙伴。这种关系能够激发学生的学习兴趣和动力,提高他们对学习的投入度。

(4)提高学生的自信心和自尊心:当学生在课堂上得到教师的情绪支持时,他们会感到被认可和尊重,从而提高自信心和自尊心。这对于学生的个人成长和未来发展具有积极的影响。

总之,情绪支持在教学环境中具有重要的作用,能够帮助学生更好地应对情绪困扰,提高学习效果,促进个人成长。因此,教师应该在教学过程中注重给予学生情绪支持,以创造一个积极、健康、和谐的学习环境。众所周知,有相当一部分的初中生体验不到学习数学的快乐,提起这门学科就觉得枯燥乏味,甚至产生厌倦心理。德国教育学家第斯多惠说,教育的本质在于唤醒、鼓舞、激励。在课堂上,教师应该及时把握学生的情绪流向,适时地给他们以正能量的支持。这也是在课堂上让学生获得良好的情绪体验,解决数学焦虑的一个重要途径。

正能量又称正向能量,它是指一切予人向上和希望、鼓舞人不断追求、让生活变得圆满幸福的动力和感情。在数学教学中,我们都是通过课堂语言实施教学的。著名的教育家苏霍姆林斯基认为教师的语言生动与否,在很大程度上决定着学生在课堂上的脑力劳动的效率。何况数学的学习还需要学生顽强的意志力,"年级越高学生发言的积极性越低"和"让数学滚出高考"这样负面情绪的存在使得我们数学教师必须反思自己的教学。福建省教育厅原副厅长、特级教师李迅认为:数学教育之所以陷入被师生们不喜欢的困局,其实不是因为数学很无聊,而是数学课的经历很乏味。因此,落实到课堂上,教师是否每天都在尽量地激发学生的学习正能量显得尤为重要。下面仅从课堂语言的角度入手,从导入、析题、评价、结语四种常见的数学课堂语言出发,谈谈正能量的集聚。①

(一)导出正能量

所谓导语就是一堂课的开场白,也是课堂教学的重要组成部分。俗语说,良好的开端是成功的一半。心理学研究也表明:要使学生心收回来,集中到本节课的知识学习上,课堂前5分钟最为重要。优秀的导语能使学生产生强烈的好奇心和求知欲,能在最佳的精神状态下积极主动地学习,使学生对新知识的学习充满期待和希望。

【案例】开场白

师:现在我们一起来猜谜,知道的同学来说一说。(出示幻灯片)

> ①我盼着你,你盼着我(打一数学名词)
> ②我先走了(打一数学名词)

生1:互盼。

生2:对等。

师:生1的说法快接近答案了,可惜还违背了谜底、谜面字不能相冲的原则。生2同学很不错。还有别的想法吗?

生3:第②个谜我猜是"不等"。

师:你是如何想的?能否告诉同学们一下?

---

① 陈海烽.用课堂语言激发学生学习的正能量[J].初中数学教与学,2015(1):3-5.

生3：我先走了，说明不再等了，所以谜底是不等。

师：解释得真好，大家能否从刚刚这位同学的想法中得到启示。

生4：我知道了，第①个谜底是"相等"。意思是我等着你来，你也等着我来，就是相互等待，谜底相等。

师：同学们真不错。(此时上课铃响)

师：我们刚刚从猜谜中获得了两个谜底，一个是相等，一个是不等。其实我们的实际生活也多由这两类问题构成。在我们数学上，相等时你想到什么数学知识，不等时想到什么数学知识？

生(众)：相等想到方程，不等想到不等式。

师：嗯，真聪明！那我再问大家一个问题，在解方程和不等式中，你们喜欢什么？

生(众)：方程！

师：异口同声，没经过商量吧！(学生笑)，这位同学来告诉我为什么？(请生5回答)

生5：不等式还要考虑变号，有点讨厌！

师：我也是这么认为的。握手，英雄所见略同呀！(生笑)下面大家一起来解决如下问题。

这是笔者接手一个送教下乡上课任务——"不等式的应用"(第一课时)的开场白。因为到别的学校借班上课，和学生沟通，相互了解很重要。笔者在教学伊始设置了猜谜，让学生参与其中，一来是消除学生的紧张感，活跃一下气氛，二来通过学生的回答把握班级学生的整体状况，同时也能开拓学生的视野，发展学生的思维，并对学生的回答给以一定的激励。再用一句"我也是这么认为的"这种学生喜闻乐见的句式和学生握手等形式拉近学生的距离，在教学过程中始终面带微笑，使得教学有个良好的开端。对于学生而言，合适的导语能让他们对"新教师"充满好奇又不至紧张，促进学生学习正能量的形成。

(二)析出正能量

教师在课堂上分析学生的错误解答时，学生往往会陷入紧张、焦虑的情绪中。教师首先要注意安抚学生的情绪，同时要对一些嘲笑别人的同学给以批评。教师应该要有良好的应变能力，对课堂上出现的意外情况给以化解，使课堂始终充满正能量。当然，对正确的解法进行言语肯定也是十分必要的。

【案例】

马小哈丢三落四,不是找不到作业本,就是忘记值日,计算时一会儿忘记了错位,一会儿又忘记了点小数点。这不,他在合并同类项的时候又出现错误了:$2x^2+3x^2=5x^4$。

经验告诉我,斥责、批评、讥讽,哪怕是再三讲解、反复强调、责令其在纠错本上改正,都无法给予他强烈的心灵震撼,也很难从根本上解决问题。甚至还会弄巧成拙,恶化师生之间的关系,影响小哈的数学学习兴趣。如何从错误入手,巧妙地使他认识到自己的问题,并给他的学习习惯、生活态度施以积极的影响呢?我紧蹙双眉,"$5x^2$""$5x^4$"在我的眼前来回穿梭……

有了!我兴冲冲地抱起学生们的作业本,走到教室,"唰唰唰"在黑板上画了这样的一幅简笔画。

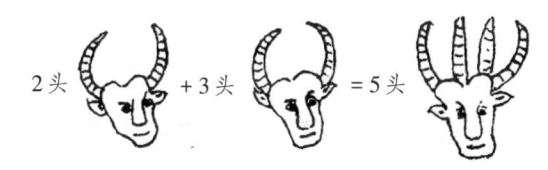

2头🐂 + 3头🐂 = 5头🐐

经过几秒钟的愣怔,紧接着的是同学们一阵开心地笑……

"老师,相信我,我以后一定不会再犯这样的错误!"小哈站了起来,神情严肃,脸蛋上泛着一层红晕,郑重其事得让我心里一悸,亏了我之前没有气急败坏地去伤害那颗无意的心灵。

"老师相信你,不过也不要着急,我和咱班的所有同学都希望你成为一名严谨、细致的学生,是吧?"我的目光扫向了全班学生,自然是一阵热烈的掌声。

对于学生的错误,教师要会先用无声的语言进行铺垫,然后引导学生自己和自己进行"对话",从而发现自己的错误。教师再用肯定的语言、期待的话语进行"煽风点火",从而起到了良好的教育作用,使得学生的正面情绪被激发出来。"我以后一定不会再犯这样的错误!"这就是该生的真情告白,从而析出奋发向上的正能量。

(三)评出正能量

在教学进行中,教师要对学生的反应、表现做出一定的评价,也要对学生的潜能进行再唤醒、再激励。所以,教师的点评要到位,指向要明确。评价语也是学生了解自我、强化正确、改正错误、找出差距、促进努力、健康发展的重要途径，它还是沟通思想情感、推进积极思维、培养创新能力的有效方法之一。评价不是冷冰冰的裁定或表扬，而必须情真意切，能使得被评价者获得精神上的支持和情感上的满足，从而获得正能量，在对被评价同学激励的同时，也要对其他同学起到一个正面的引导作用。评价时，我们应避免使用讽刺挖苦、缺乏公正的语言，也不是一味地使用"你真好""你真棒"等陈词滥调、有口无心的赞美。有些话虽然听起来积极，如果缺乏真诚，也可能传递出负能量。

【案例】

教师提出活动方案，学生自主进行探究。

请你作出一个三角形，要求同时满足以下两个条件：

①与图1中的△ABC有一条公共边；

②与图1中的△ABC面积相等但形状不同。

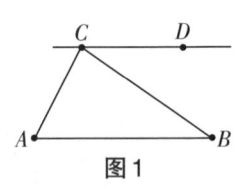

……

生1：(迫不及待)其实只要过图1中的点C，作直线CD平行于AB，因为AB平行于CD，这些三角形的高都是平行线间的距离，所以面积都相等。

师：你好厉害，想到了平行线，确实，只要有平行线，我们就很容易找到面积相等的三角形，那么请问，这条直线上的所有点都可以吗？

生2：如图2，当D点与点C关于线段AB的中垂线对称时，△ABC全等于△BAD，此时点D不符合条件。

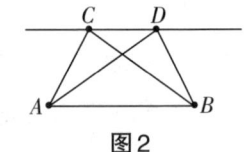

师：你审题很仔细，赞一个。说明在直线CD上我们要除掉1个"不法分子"。同学们，你们想想看，这样的平行线可以做几条？

生3：3条，分别是过顶点A、B、C做对边的平行线。

师：可是，刚刚生2的思考中点D不在这三条平行线上啊。

生4：(肯定地)我认为是6条，以AB边为例，可以在AB边的下方作一条。

师：好厉害的发现。这条直线怎么画？

……

从这个案例可以看出，老师在评价学生的反映时使用了"你好厉害""赞一个""不法分子"等这种很贴近学生语言的话语，而非"你真好"等千篇一律的评价语言。同时评价指向具体有效，如："你审题很仔细"等，正能量也就会在学生心中孕育、生成。

再如要求独立思考的问题，对不同层次的学生用不同的语气，对后进生要夸张地说："嗯！很好。""对！对！对！请再接着说！"同时教师的面部表情应带有惊喜、激动的样子。而对中等生,则要认真地说:"好""正确"。对回答不同难度的问题用不同的语气,较容易的问题,对中等生说:"正确。"稍有难度的问题,对中等生说:"挺好,思路正确,把它补充完整,你能行的。"对优等生则说:"思路特别""想法独特""方法简洁"等。这样根据不同层次的学生,针对不同难度的问题适时选取不同的激励性语言,让后进生都能获得"我能行"的正能量,还不会让优等生和中等生产生"我最棒"的负能量。

(四)结出正能量

教师在课堂收尾时,提出一些富有启发、思考的问题,但是不作出回答,造成一定的悬念,能激起学生的求知欲,使学生急于求证后续的内容。如章回小说和电视剧一样,故事情节达到高潮的时刻,人物生死存亡在旦夕之间时,故事戛然而止,使学生感到余味无穷,起到"欲知后事如何,且听下回分解"的功效,从而激发学生继续学习的正能量。

【案例】"二项式定理"的课堂结尾

师:最后大家来回答我们上课提到的问题,今天是星期四,为什么过8^n天是星期五呢?

生:(数学课代表)老师,我知道了。将8^n看作$(7+1)^n$,然后展开,这时,前面的每一项均含有7,都可被7整除,只有最后一项不含7,就是最后余1。显然是星期五。

师:太好了。终于解出来了,很棒哦!不过我还想提一个问题,大家知道被3整除数的特征是什么?嗯,对了。就是其和能被3整除,那么用我们今天学的知识,你能告诉我这是为什么吗?希望下节课上课之前有同学能主动和我交流。

该案例是笔者上"二项式定理"的课堂结尾。在学生都学完了二项式展开式的内容后,对学生提出一个他们一直在应用但是却还不知其所以然的内容,让学生顺着这门课的思维不断地延伸,在取得原来的战果的情况下继续扩大战果。就是我们经常所说的带着问题走出课堂,这样学生的兴趣之火才能越烧越旺,主动和我交流的学生人数才更多。

【案例】QQ号码测年龄

在2010—2011学年,初一新学期第一节课时,我就提出过一个想法,就是学习一些重要的数学知识后,我们将会用QQ号码来测算你真实的年龄。此后的很长一段时间,许多学生都在一直追问老师:"我们什么时候用QQ号码来测年龄,你该不会骗我们吧?"我说时候未到。等到"整数的加减"一章的复习课,我出示了题目。

用你的QQ号可以算出你的年龄,具体操作办法为:
(1)获取你QQ号码的第一位;
(2)用你QQ号码的第一位乘以5;
(3)把这个数加上8;
(4)再把所得的结果乘以20;
(5)如果你的生日过了,加1 849,如果没过,加1 848;
(6)把所得结果减去你的出生年份;
(7)现在你会得到一个3位数;
(8)百位上的数字就是你的QQ号码的第一位;
(9)十位和个位就成了一个两位数,用这个数加上2就是你的年龄了。

该案例中的测年龄是我在开学初第一节课要结束时提出的,大约吊了学生两个月的"胃口"。学生这两个月眼睛大多是放光的,好像生怕会丢掉一些重要的数学知识和错过那节预测年龄的课堂,这使得他们不断地补充学习的正能量。

【案例】有感情地朗读[①]

在数学课堂上,我们共同探讨了如下题目。

暑假期间,小明首次踏足北京。当车辆驶入A地的高速公路时,小明细心观察里程表,发现车辆以平均95千米/时的速度行驶。已知A地至北京的高速公路全程为570千米,小明渴望了解从A地出发后,距离北京的路程与车辆在高速公路上的行驶时间之间的关系,以便依据时间预估自己与北京的距离。

然而,由于题目篇幅较长,我请求一位同学朗读,同时要求其他同学认真聆听以理解题意并寻找解题思路。众同学一致推选担任校园电视台主播的蒋芬同学来朗读。

朗读结束后,我感激道:"请坐,感谢蒋芬同学的精彩朗读。"然而,话未说完,一声"不好"打破了宁静。虽然声音不大,但在安静的教室里却显得格外清晰。同学们纷纷将目光投向声音来源,蒋芬同学的脸色因惊讶、委屈而变得通红。

插话的同学名为刘玉,一个头脑聪明、反应敏捷但略显调皮的男生。由于

[①] 节选自《中国教育报》2011年4月15日的文章《邂逅意外课堂也许更精彩》,有改动。

粗心大意，他平时的作业中常出现看错或遗漏部分题目的小错误，成绩始终在中等水平徘徊。但近期，他作业中的错误明显减少，我正打算郑重表扬他，以鼓励其他同学向他学习。然而，他却在宝贵的课堂上给我出了个难题。

面对这一突发状况，我脑海中涌现出各种想法。虽然珍惜时间、及时批评是拉回大家思路的快捷方式，但我也意识到应改变教师在课堂教学中的权威地位，应关注每一个学生，成为数学学习的组织者、合作者、促进者。因此，我决定让刘玉表达他的想法。如果他的插话是无理取闹，我会进行严肃的批评，让他心服口服，同时也为其他同学提个醒。经过短暂而激烈的思想斗争，我作出了决定。"同学们，刘玉这么说，必定有他的理由，让我们一起来听听他的想法吧"，我提议道。

"蒋芬读得很好，但那更像是语文课上的有感情朗读。"刘玉似乎有些挑衅地说道。我心中不禁好奇，难道数学题还有特别的读法吗？

"那好，请你用'数学朗读法'来读一遍吧。"

同学们哄笑了起来，期待着看刘玉出洋相。然而，刘玉却毫不怯场，拿起书就开始朗读。令人惊讶的是，他读得还真有窍门。他运用了抑扬顿挫的语调，类似于英语中的轻音和重音区分，在"平均速度是95千米/时""全程570千米""距北京的路程""行驶的时间""什么关系"等关键部分加重了语气，并不自觉地摇头晃脑。

听完他的朗读，即使没有看题目文字，本题的核心内容已经清晰地呈现在我们眼前了。重要的条件数据和要解决的问题一目了然。其他同学也听出了其中的奥妙，脸上的幸灾乐祸逐渐转变为赞许。蒋芬同学也笑眯眯地看着刘玉。

"说说看，这样读有什么好处？"我好奇地问道。

"这样读，题目中的关键条件、数量和问题就都凸显出来了，那些干扰性的文字可以忽略不计，题目就变得简单了。"刘玉得意地解释道。他注意到我脸上的赞赏之意，便滔滔不绝地继续分享："现在我在家做作业时都是先这样朗读的，做完检查时我还会再读一遍。就像昨天的家庭作业，有一道题我就是在重新朗读时发现漏做了。题目有两问，但我只求出了函数的解析式，忘了求当$x=-2$时的函数值。"

"原来如此！我说呢，刘玉同学这段时间的作业正确率怎么提高了这么多。原来是独创了'数学朗读法'呀。请坐！"我感慨道。

"同学们,你们觉得'数学朗读法'这个方法怎么样?"我接着问道。

"好!"同学们异口同声地回答。

"那我们可得好好学习刘玉同学了,特别是那些经常因为粗心而出错的同学。不过,在家里做作业可以运用'数学朗读法',但在自习课和考试时怎么办呢?"我引导道。

"数学默读法!"同学们齐刷刷地回答道。

情绪支持是为了创造一个良好的课堂民主气氛。要营造一种相互平等、相互合作的教学气氛,教师首先要有良好的学生观,要信任学生,鼓励学生参与互动,师生之间呈现一种平等、合作性的亲密关系。教师要努力创设民主、平等、和谐的气氛,让"数学环境"轻松活泼、乐趣无限;采取行之有效的手段和方法给学生以情绪支持,激发学生浓厚的学习兴趣,调动学生学习的积极性,引导学生主动参与到探究中来,到合作交流学习中来,促进不同层次学生的发展;要善于发现学生思维的闪光点,及时给予适当的肯定和激励,让学生的积极性得以发挥。特别是要关注对学困生和学弱生的心灵保护,不能打击学生学习的自信心。

二 巧设情境

情境教学的内涵主要包括:情境性教学是情境性学习观念在教学中的具体应用,是指在教学中通过创设一种问题情境,组织学生认真观看、评议情境中问题解决的模拟过程,从而达到对教材内容深入理解和熟练把握的一种教学方式。这种教学方式建立在有感染力的真实事件或真实问题基础上,主要目的是使学生在一个完整、真实的问题背景中产生学习的需要,并通过学习共同体中成员间的互动、交流,凭借自己的主动学习、生成学习,亲身体验从识别目标到提出和达到目标的全过程。

情境教学的教学价值主要体现在以下几个方面。

(1)激发内部动机:情境教学能够吸引学生的注意力,激发他们的好奇心和求知欲,使他们能够更加主动地参与到学习中来。

(2)培养解决问题的能力:情境教学通过让学生在真实的问题背景中学习和探索,能够培养他们分析问题、解决问题的能力和探索精神。

(3)促进深度学习:情境教学强调学生对知识的深入理解和熟练掌握,而不是简单地记忆和复述,有利于促进学生的深度学习。

(4)培养社会适应能力:情境教学能够帮助学生适应日常生活,促使他们学会独立识别问题、提出问题、解决真实问题,从而提高他们的社会适应能力。

综上所述,情境教学是一种以学生为中心,以真实问题为背景,以培养学生解决问题能力为目标的教学方式,具有重要的教学价值。学生的学习生活也是其人生的一部分,因此在教学过程中如何让学生在不分心的情况下积极参与,做好情境创设是一个很好途径。教学情境本质也是一种教学氛围营造。教学情境可分为问题情境、生活情境、操作情境、语言情境、知识情境等,但对于数学学习来说,不论是哪一种情境,终究要回归到问题情境。(图4-1)

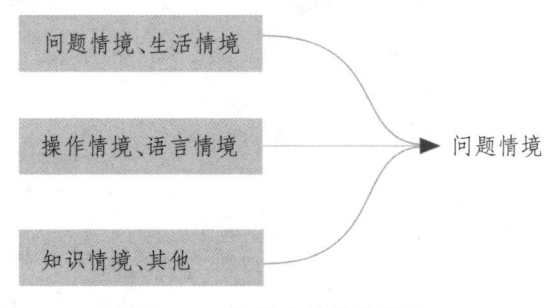

图4-1 数学中的教学情境

众所周知,思维起源于问题。因此在课堂教学中,教师应巧妙地设置问题情境,并且尽量将问题设置得层次递进,形成一条问题链,引导学生的思维一步步走向深入。郑毓信教授指出:数学教师的三项基本功之一是善于提问。提问时设置问题链,有利于学习的层层递进。"问题链"不是几个简单问题的叠加,而是具有目的性、系统性、层进性的问题组,指向问题解决的"问题链教学",包含:起始问题,延伸问题,提炼问题三部分。(如图4-2)教师应根据数学学科的特点,基于发展性的课程知识观去构建大问题背景,以起始问题对接教学切入点,以延伸问题为学科核心思维方法构建脉络,以提炼问题为学生提供思考与表达的空间。

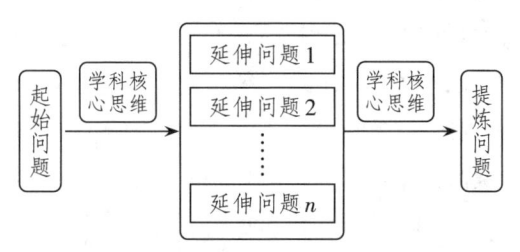

图4-2 问题链教学示意

【案例】图形的位似

起始问题	延伸问题	提炼问题	设计意图
我们除了研究位置关系外，还可以研究什么？	追问1：与一般的相似图形相比，我们的位似图形多出了位似中心。你以前学习过哪些与"中心"相关的知识？ 追问2：旋转中，与旋转中心相关联的性质是哪一条？ 追问3：（我们总说，全等是特殊的相似）从相似的角度看，这句话（对应点到旋转中心的距离相等）还可以怎么描述？ 追问4：我们可以作何猜想？ 追问5：借助下图，你能证明这条性质吗？ 已知：(1) $\triangle ABC \sim \triangle A'B'C'$； (2) 直线 AA'，BB'，CC' 交于点 O； (3) $AB // A'B'$，$BC // B'C'$，$AC // A'C'$； 求证：$\dfrac{OA'}{OA} = \dfrac{OB'}{OB} = \dfrac{OC'}{OC}$。	生1：数量关系。 生2：旋转中心、对称中心。 生3：对应点到旋转中心的距离相等。 生4：对应点到旋转中心的距离之比等于1。 生5：对应点到位似中心的距离之比为定值。	发展问题：以发散式问题链拓展，发展创造高阶思维。这里围绕起始问题设计了一系列问题，所形成的发散式问题链，基于简单的、学生已解决的问题（"几何直观"得到的位似图形的性质），启发学生"自己发现"位似图形的性质，再引导学生从已有的位似性质和判定1猜想出判定2，在此过程中，渗透发展性的课程知识观，促进学生对数学知识认知的深化与提高，发展创造了高阶思维。

"问题链"具有开放性、发展性、探究性等特点。教师在课堂教学中，应善于利用具有不同教学功能的"问题链"（参考表4-1），有助于学生在拓宽和优化知识结构的过程中，感悟数学的整体性、思想的一致性、方法的普适性。在基于高阶思维培养的问题链教学中，以递进式问题链展开，发展分析高阶思维；以评价式问题链深化，发展评价高阶思维；以发散式问题链拓展，发展创造高阶思维！

表4-1 问题链类型与高阶思维培养关系

问题链 类型	问题链内涵	问题链使用关键	高阶思维 培养价值
递进式 问题链	根据学生的认知,从简单的、已知的知识或已解决的问题出发,由浅入深地向学生提问题,循序渐进地指引学生思考。	注重知识之间的内在联系,从简单到复杂、从现象到本质、从低阶到高阶层层递进,促使知识与思维以合适的梯度螺旋上升。	分析思维。
评价式 问题链	针对学习过程,从知识技能习得、数学思维过程、问题解决的方法和策略、情感态度的参与等多维度进行判断、辨别、评价、反思。	注重问过程而非问结果,注重问思考而非问知识,以批判性的眼光进行过程性评价。	评价思维。
发散式 问题链	围绕确定的教学中心点进行发散性提问,或所提问题能激发学生从多角度、多方位、多视野进行思考。	确定的教学中心点需反映范围较广的交叉联系,具有多向性或分枝性,从不同角度、不同层次促进学生思考,能够发现解决问题的多种方法,甚至能打破以往的思维定势,引导学生思维向纵深和拓宽发展。	创造思维。

【案例】有理数的混合运算

以下是云南省蒙自市第二中学许欢老师"有理数的混合运算"的问题情境创设。

师:课前我们通过查阅资料和自主学习尝试解决了有关古诗《百鸟归巢图》和它的改编诗中的数学问题,现在我们就一起来说一说我们是怎样解决这些问题的。请一位同学来读一读这首古诗。

师:这首诗中蕴含着什么数学问题?

问题1:百鸟何在?

百鸟归巢图

明　伦文叙

天生一只又一只,

三四五六七八只。

凤凰何少鸟何多,

啄尽人间千万石。

117

学生活动:从古诗中得到数字1,1,3,4,5,6,7,8,通过添加运算符号可以得到算式1+1+3×4+5×6+7×8=100。学生展示课前预习得到的式子,其他同学进行现场计算验证。

师:通过查阅资料可以由1,1,3,4,5,6,7,8组成多种方式得到数字100,运用不同的运算符号链接可以得到不同的结果,也可以得到相同的结果。这就是我们中国古人的智慧,用诗歌入画,用数字入诗。

师:老师通过简单的文字改编,带来不一样的百鸟归巢图。

百鸟归巢图

飞走一只又一只,

三四五六七八归。

凤凰何少鸟何多,

啄尽人间千万石。

问题2:百鸟何在?

学生活动:从古诗中有数字-1,-1,3,4,5,6,7,8,学生展示课前预习得到的式子,其他同学进行现场计算验证。强调添加负数后的式子运算顺序是不发生改变的。

师:老师增加难度加入乘方后进行更深入的改编。

问题3:百鸟何在?

百鸟归巢图

飞走一只来一只,

又来负三四次幂。

八鸟飞来六只走,

七只五只来归巢。

凤凰何少鸟何多,

啄尽人间千万石。

学生活动:从古诗中有数字-1,1,$(-3)^4$,8,-6,7,5,学生展示课前预习得到的式子,其他同学进行现场计算验证。

许老师以"百鸟何在?"设置问题情境,带领学生逐层深入探究,经历有理数混合运算顺序的产生过程,从而理解有理数混合运算顺序。引导学生积极主动探究,同时让学生在学习中感受中国数学文化魅力。通过出示加入"乘方"运算的式子,把今天要学习的有理数混合运算与之前的知识进行联系,让学生感受数学文化,感知知识的内部联系。在创设过程中"一境到底",就是将这个情境反复使用,让学生减少记忆负荷,增加思维含量,从而提升学生思维水平。

【案例】二元一次方程组的解

问题1:什么是二元一次方程的解?

问题2:什么是二元一次方程组的解?

问题3:一个二元一次方程有几组解?

问题4:你能快速说出 $x-y=0$ 的几组解吗?你是怎么想到的?

问题5:你能将这些解表示在坐标轴上吗?

问题6:你发现这些点有怎样的位置关系?能否简单说理一下?

问题7:反过来会怎么样?自己在这条直线上找几个点,验证是不是都是这个方程的解;你有什么发现?

追问:二元一次方程的图象是什么呢?

问题8:看来同学们表现真的很棒,再来画 $x-y=-1$ 的图象,怎么才能快速地画出这条直线呢?你有什么发现?

问题9(我们继续研究):再画一条直线。$2x+y=4$,在同一个坐标系内,你有什么发现?

问题10:这个交点的坐标和这两个方程有什么关系?

以上是笔者在执教"二元一次方程组"的数学活动课时,设置的递进式问题,旨在引导学生通过分析问题和解决问题,能积极地参与课堂互动。最终该课堂教学效果很好。

【案例】平行四边形的复习

(1)已知在平面直角坐标系中,点 $A(-1,0)$,点 B 在 y 轴正半轴上且 $\angle ABO=30°$,则点 B 的坐标为_____。

(2)在(1)的条件下,如图1,若使 A,B,O,D 为顶点的四边形是平行四边形,则符合条件的点 D 的坐标为_____。

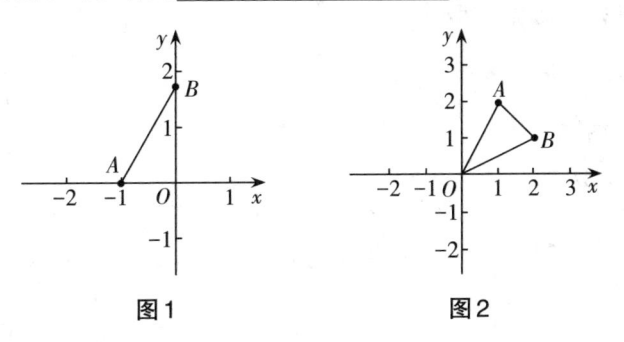

图1　　图2

追问1:(1)中涉及哪些知识?

追问2:(2)中你是如何求出各点坐标的?(对边平行且相等)

追问3:还有没有其他方法来求点的坐标?(看成点的平移)

(3)如图2,已知点$A(1,2)$,点$B(2,1)$,若使A、B、O、C为顶点的四边形是平行四边形,则符合条件的点C的坐标为_____。

追问4:你是如何求出点C的坐标的?简述一下过程。(教师结合学生回答,适当总结本题中蕴含的平移与坐标特征之间更一般的联系,只需要设点的坐标,根据平移的性质,从方程的角度去求解即可,不一定需要画出点的位置)

设计意图:图形的性质、图形的变化、图形与坐标之间的联系是非常紧密的,通过求平行四边形顶点坐标的过程,让学生进一步感受其中的联系,体会数形结合和方程思想在解决问题过程中的价值。本环节过程中,培养了学生用数学的思维思考问题,并且通过培养其推理能力,发展了学生的创新批判性思维能力。

问题链也可以有多种形式,如并列式问题链,递进式问题链,对比式问题链,延时式问题链等类型,需要教师在设计时针对不同的课堂情境选择,适合当下所任教的学生是设计的第一要义。

(一)操作情境

操作情境就是教师在课堂上让学生进行动手实验操作,进而在操作过程中引导学生观察,获得发现问题和提出问题的能力。整个过程中,学生需要全身心参与,并要进行动脑思考,属于沉浸式体验。在初中数学教学中,利用直尺、圆规、三角板这些学具进行数学的操作探究,学生的学习效果最好,也最容易在学习中产生良好的体验和获得感。

【案例】画旋转后的线段

学生只需按要求作出符合条件的一种旋转结果即可。

(1)把线段AB顺时针旋转$60°$;

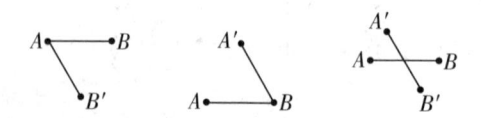

(2)把线段 AB 绕点 A 旋转 60°；

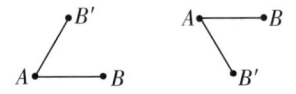

(3)把线段 AB 绕点 A 顺时针旋转；

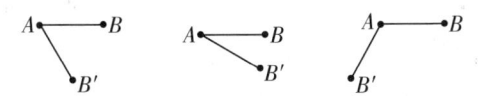

(4)把线段 AB 绕点 A 顺时针旋转 60°。

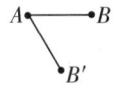

思考：描述图形的旋转，需要关注哪些要点？

①图形绕着哪个点旋转；②图形旋转的方向；③图形旋转的角度。

教师组织：组织学生按要求画出旋转后的线段活动；安排学生展示结果（板画）；引导学生观察作图结果，思考、归纳、描述旋转的三要素。

设计意图：旋转是小学曾经接触过的一种图形变化，对学生来讲并不陌生，通过设计一个作图活动帮助学生厘清在描述旋转时要注意三个要点，即旋转的三要素，为后面给旋转下定义作铺垫。

【案例】多边形的内角和[①]

在多边形内角和的习题课上，教师提出了这样的问题：一个多边形减少（或增加）一条边，内角和就减少（或增加）180°，如果把一个多边形剪去一个角，那么它的内角和会发生什么变化？（拿到题目后，很多学生是一头雾水，教师在这时可以适当给出提示和指导）

师：大家可以在练习本上画一个四边形，任意去掉一个角，观察一下图形。

生1：四边形增加了一条边，变成了五边形，所以内角和增加 180°。

师：还有其他情况吗？

生2：四边形也可变成三角形，所以内角和减少 180°。

生3：还有另外一种情况，就是边数并不会发生改变，还是四边形，所以依旧是 360°。

师：我们发现不是只有一种情况，这就需要我们去思考和观察得出结论。

案例分析：在这个案例中，教师以情景认知理论为依据，有意地创设操作情

[①] 李微.初中数学课堂导入策略探究[D].郑州:河南大学,2015:30-31.

境,让学生通过学具进行作图,提出适当的问题,能激发学生的好奇心,引起学生的积极思考,从而形成学习的动力。

(二)生活情境

数学学习的对象也经常不是逻辑公理,而是学生生活中的一些实例。"数学即生活",意思是数学来源于生活,最终又服务于生活。因此,在数学教学中,恰当地选用贴切生活的问题,能激起学生的兴趣,启迪他们的思维。这不仅使学生不至于感到数学抽象且枯燥无味,而且能使其感到数学对自己解决问题能力的提高有所帮助,从而积极学习。

【案例】买早餐[①]

今天早晨,妈妈决定让红红去买早餐。

妈妈:"红红,给爸爸买3个烧饼,3根油条;给妈妈买2个烧饼,2根油条,好吗?"

红红:"好啊!"

来到早餐店。

红红:"叔叔,我要给爸爸买3个烧饼,3根油条。"

老板:"拿好了,你的早餐。"

红红一转身,突然想起还要给妈妈买早餐。

红红:"叔叔,我要再给妈妈买2个烧饼,2根油条。"

老板:"好的。"

红红的肚子饿得咕咕叫。

红红:"叔叔,我还要给自己买1个烧饼,2根油条。"

老板:"啊? 你早点说好不好。"

看完后。

师:请问,老板为什么这么生气呢?

生:因为可以一次性说完的,她分成了3次说。

师:那如果是你,你会怎么做呢?

生:就是把所有的烧饼和油条合在一起,烧饼买烧饼的个数,油条买油条的个数。

[①] 陈海烽.灵动课堂:从传授知识到传递智慧[M].西安:陕西师范大学出版总社,2018:194-195.

师:对,在现实生活中,我们不可能一样一样地去买,肯定要分类与合并,这样才能简化我们的程序,其实在数学中也一样,常常需要我们对一些东西进行分类合并。接下来,请大家看黑板上的几个单项式,你能够对它们进行分类吗? ($3x^2y, 0.5x, 7ab, -6x^2, 8x^2y, 0.2x, -x^2y, 4x^2, 3ab$)

生:$3x^2y, 8x^2y, -x^2y$一类;$0.5x, 0.2x$一类;$-6x^2, 4x^2$一类;$7ab, 3ab$一类。

师:很好,请坐。还有别的不同的分类方法吗?

【案例】数钱[①]

师:各位同学,我们今天进入整式加减的第一部分——合并同类项。大家先看这个,看出来是什么东西了吗?

生:储钱罐。

师:知道是谁的吗?

生:班长的。

师:对,班长的。昨天我了解了一下,我们班很多同学平时有收集零钱的习惯,那储钱罐里面有很多我们平时省下来的零钱,今天我们就借用班长的储钱罐作为道具。好的,我们现在需要一两个同学来帮忙,帮我数一下这个储钱罐里面有多少钱?

两个学生开始数钱。

生A:13块5。

师:你是怎么数的?

生B:慢慢数。(教师引导,学生说出先将零钱分类)

师:怎么分?

生A:5角的一类,1角的一类,1块的一类。

师:还有呢?总共数出来多少钱?

生A:13块5。

师:好的,刚才A同学把这里面的钱算了一下,总共13块5,他分类是这样,1块的一类,5毛(角)的一类,1毛(角)的一类,是不是这样?然后总共13块5。这是我们生活当中经常会遇到的一些情况,分类可以让我们的计算更简便,当然,另外就是希望我们每个同学都有一个储钱罐,把平时节省下来的零钱存起

---

① 陈海烽.灵动课堂:从传授知识到传递智慧[M].西安:陕西师范大学出版总社,2018:230-232.

来,有需要用的时候再拿出来。也希望我们的同学平时能够注意勤俭节约,到需要的时候能够用这些零钱来帮助其他人。好的,我们谢谢班长带过来的这个储钱罐,谢谢。

师:所以,我们刚才做了哪些事呢? 第一个就是按照钱币的种类(面值)进行分类,再算出钱的数量。那我们今天其实也要模仿这种方法,把我们学过的单项式来进行分类。大家观察一下,我们等一下叫一个同学起来分类。

把下面的单项式按类型用线连接起来:

$-3a^2b, 5a, -9, +7ab, -\frac{1}{4}ab, +2a, 2a^2b, \pi$。

(1.5分钟后)

师:B同学,你来说一下你是怎么分类的? 比如第一个……

生B:$-3a^2b, +7ab, -\frac{1}{4}ab, 2a^2b$一类。

师:为什么这样分?

生B:因为字母都有 a 和 b。

师:可不可以这样分? 当然可以了,它们字母都有 a 和 b。然后呢?

生B:还有 $5a$ 和 $+2a$ 一类,-9 和 π 一类。

师:-9 和 π,为什么?

生B:因为它们后面都没有字母。

师:恩,这个 π 是一个数字。还有没有其他分类方式的?

生B:$-3a^2b$ 和 $2a^2b$ 一类。

师:恩,这个又是一类,你再给它细下去又有什么不同啊?

生B:因为它 a^2 指数都相同。

师:恩,这两个都是 a^2,这两个 b 都是一次的,对吧?

生B:恩。

师:那刚才B同学的分类是只要含有 a 和 b 就给它分为同一类。我们再给它细分下,那 $-\frac{1}{4}ab$ 就跟……

生B:它就跟 $+7ab$ 同一类。

师:恩,这也是一种分类,更细的分类。很好,坐下来。

这时还有一个学生举手要求表达分类方法。

生C:$-3a^2b, -9, -\frac{1}{4}ab$ 一类,其他剩下的一类。

师:恩,这又是怎么分类的呢?

生C:都是负数。

师:很好,都是负数。应该是带有负号的单项式。好的,坐下来,还有吗?还有不同分类的没有?确实我们同学想到非常多的分类,每一种分类只要你有自己的规则都可以,是吧?那我们今天要讲的就是其中一种规则,叫做同类项。

从以上两则课堂片段可以看出,对于同样一个数学内容"同类项"教学的引入,教师通过利用学生熟悉的"买早餐"和"数钱"的生活情境,容易将学生带入情境中,让学生更容易理解同类项意义,使其在不知不觉中被"卷入"课堂,参与到数学学习中,也为培养学生用数学的眼光看周围世界提供了很好的例子。

三 精到讲解

教师精到讲解的内涵和教学价值主要体现在以下几个方面。

(1)精确性:精到讲解意味着教师能够准确无误地传递知识,避免误导学生。对于数学来说,精确性十分重要,应讲清定理的适用范围。例如,在讲解反比例函数的增减性时,必须分 $x>0$ 和 $x<0$ 两个部分,而不能直接不管范围就说 y 随 x 的增大而增大(或减少)。教师在讲解时要认真指导到位。

(2)深度:不仅仅是表面知识的讲解,而且能够深入剖析,挖掘知识背后的原理、逻辑和关联。例如尺规作图,要清楚每个步骤背后的原理,才能更好地知其然又知其所以然。

(3)广度:能够涵盖相关领域的多个方面,让学生获得全面的知识视野。教师在讲解的时候注意关联,就容易帮助学生在头脑中形成相应的网状结构,进而使学生能够更加全方位地看到知识之间的联系。

(4)清晰度:讲解条理清晰,让学生能够轻松理解和记忆。虽然说数学并不是为了记忆,但是理解性记忆对节省学生的思考时间大有帮助,所以让他们能巧妙记忆也不失一种好方法。

(5)启发性:能够激发学生的思考,引导他们主动探索和发现新知识。

(6)教师的精到讲解有利于提高学习效率:精到讲解能够帮助学生快速掌握核心知识,减少无效学习和时间浪费。

(7)促进深度学习:通过深入剖析和关联,帮助学生建立完整的知识体系,形成深层次的理解。

(8)培养批判性思维:精到讲解鼓励学生质疑和批判,促进他们独立思考和解决问题的能力。

(9)激发学习兴趣:有趣、生动、富有启发性的讲解能够激发学生的学习兴趣,使他们更加热爱学习。

(10)提升教学质量:精到讲解是教师专业素养的体现,也是提高教学质量的关键。

总之,教师精到讲解的内涵和教学价值在于其精确性、深度、广度、清晰度和启发性。也可以简单概括为三讲三不讲,即讲重点、讲难点、讲易混点;三不讲就是学生已会的不讲,学生可以自己学会的不讲,讲了学生也不懂的不讲。这种讲解方式不仅能够帮助学生高效、深入地掌握知识,还能够促进他们的全面发展,同时提升教学质量。

(一)锤炼语言 通俗讲解

简洁精练是数学教学语言的主要特征,也是数学教学语言艺术的生动体现。数学语言要求简单干净、用词最少,不允许同义反复。因此,数学语言更加鲜明地表现出"规范"的特点,例如"最多""至少""全都""不都"" 都不"表达五种不同的意思。这就要求教师在课堂教学中,"少说废话"。为此,教师要对教材的书面语言进行加工,对自己的语言加以提炼,用最少的语句表达丰富的内容。有的教师讲课语言啰唆繁琐,面面俱到,唯恐学生"消化不良"。其实这种做法不利于发展学生智力,培养学生能力。俗话说得好"一语暖三冬"。例如讲$\sqrt{a^2}$与$(\sqrt{a})^2$时,学生比较容易混淆,教师可以把它们形象地比喻成平方在家里和在外面,用两句话让学生轻而易举地掌握了它们的区别。$\sqrt{a^2}$:在家靠父母为$|a|$。$(\sqrt{a})^2$:出外靠自己为a。这样既可以联系生活实际,又可以让学生轻松记住,使教学效果达到最佳。

【案例】因式分解歌

因式分解歌

首先提取公因式; 然后考虑用公式;

十字相乘试一试; 分组分得要合适;

各种方法反复试; 最终结果连乘式;

若遇因式相同时; 勿忘写成乘方式。

(二)严谨示范 清楚板书

卓越的数学教学旨在达成新知获取、技能磨砺与思维启迪的多重目标,更能够示范并传承数学研究的系统方法,使学生在不知不觉中提升学力、增强自主性,最终实现"教是为了不教"的深远宗旨。李庾南老师精心设计的板书,深刻展现了其高远的教学追求。以具体案例为例,李老师通过引导学生复习旧知,整理出平行四边形作为四边形特殊形态的概念,并揭示了"研究套路"即定义、性质与判定的逻辑结构,其中判定与性质之间又呈现出"互逆"的关系。(板书示意见图4-3)不难想象,学生经历这样的数学教学,不仅能够获取新知、解决具体问题,更能掌握研究图形的基本方法。当再次面对新图形如梯形、圆等时,他们能够从定义、性质与判定的角度自主展开研究,同时利用互逆关系深化研究成果。这种"隐性知识"的传递与渗透,是静态的幻灯片或白板展示所无法替代的。因为李老师的板书是在师生对话中动态生成的,学生参与其中,见证了板书的形成过程,并观察到教师根据学生反馈不断优化板书的细致过程。这使学生感受到真实与亲近,而非仅仅看到教师切换至"新一页幻灯片"的预设内容,难以体验到探索未知世界的成就感。因此,有研究者认为,高水平的教师能够洞察事物的本质,在传授教材中显性知识的同时,能够发掘并传授其背后的隐性知识,教授一些别人难以触及的内容。而这些不易传授的隐性知识,简而言之,便是数学的本质、过程、思想和结构。①

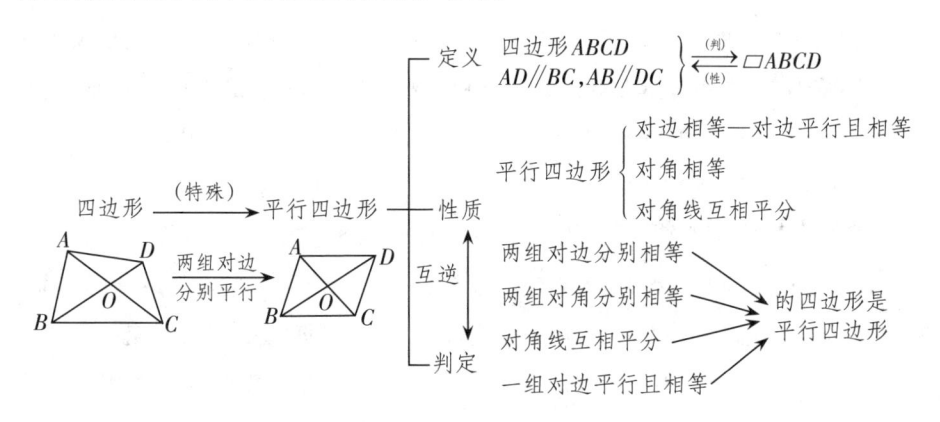

图4-3 板书示意

再如,在"平面直角坐标系"的复习课中,老师给学生设计了如下的结构化板书(图4-4),希望通过自己的板书让学生体会到数学之美、数与形的不断转

---

① 刘东升.李庾南老师板书艺术赏析[J].数学通报,2015,54(12):22.

化,更好地呈现出数学的本质。

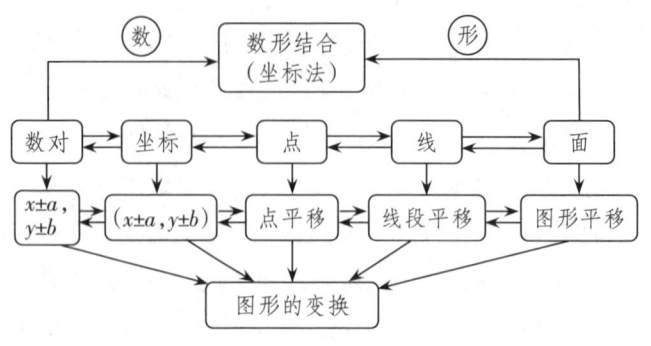

图4-4 结构化板书示意

优秀的板书也是教师将课本的学术形态化为教育形态的重要方式,其取决于教师对数学知识的理解程度。事实证明,不少老师的教学质量不佳,其本质原因是其对数学知识的理解不到位,无法为学生提供富有结构的知识。同时,结构化板书呈现给学生的是一个整体,有利于学生进行科学的复习,树立良好的认知结构。现在,我们经常看到上公开课的老师娴熟地使用幻灯片,俨然将原来的"满堂灌"变成了"快闪或闪送",高度的预设和控制使得数学课变得乏味,严重影响到学生参与的积极性。

(三)揭示本质 提炼方法

数学的本质是一门语言、科学、艺术和工具。它能够用符号和规则来表达现实或抽象的事物和关系;能够用逻辑和证明来发现和验证数学对象的性质和规律;能够用创造和美感来构造和展示数学结构和形式;能够用应用和计算来解决各种实际或理论的问题。当然,概念也是数学的本质。数学概念是学习数学的基础,解决数学问题都应该从正确理解数学概念出发,只有抓住概念的本质,才能帮助我们更好地制订解决问题的策略。定理和定律也是数学的本质。数学是一门研究数量、结构、变化以及空间等概念之间关系的学科,它的核心是抽象概念。数学家们对抽象概念进行研究,发现了许多普遍存在的规律和定律。这些规律和定律是普适的,不受时间、空间、文化和语言的限制。

数学思想是数学本质的一种体现。数学思想是对数学理论和内容的本质认识,它不仅是学习数学的根本方法,还是建立、发展和应用数学解决实际问题的指导性工具。同时,数学思想与数学方法在某种程度上是相似的,两者统称为数学思想方法。

例如,在初中学段数学求最值(函数取值范围)的常见方法:

(1)利用函数增减性结合自变量的取值范围求最值;

(2)利用配方法,根据平方是非负数求最值;

(3)有限整数解全部代入判断;

(4)利用轴对称求某两线段之和最小值或两线段之差最大值;

(5)利用垂线段最短或两点之间线段最短求最值;

(6)利用判别式或均值不等式求最值。

这些方法在平时就要注意总结,让学生在求学生涯中学会一路寻宝,积累相应的结构模型,以便在测评的短时间内找准问题的本质,进而顺利地解决问题。

【案例】关于坐标轴对称点特征的教学

在一节针对初三学生的数学复习课上,为了加深学生对某一考点——已知点关于坐标的轴对称点的坐标理解,教师精心地在黑板上列举了三条关于求对称点坐标的重要结论。关于 x 轴对称的两点,其横坐标保持不变,而纵坐标则互为相反数;关于 y 轴对称的两点,它们的横坐标互为相反数,而纵坐标则保持不变;若两点关于原点对称,那么它们的横坐标与纵坐标均互为相反数。学生在解答相关题目时,每每需要抬头回顾这些结论。然而,当教师将这些结论从黑板上擦去后,部分学生便显得无所适从。

其实只要老师抓住本质,画一个简单坐标系,利用数形结合,学生就能很快抓住什么坐标在变,什么不变。这比给定的口诀更精确,也更是体现数学的本质。另外,学生对图形的记忆比抽象的文字要好,所以画一个简单坐标系更有利于学生学习力的自主发展。

(四)善用技术 激发想象

义务教育数学课程标准(2022年版)指出:要重视大数据、人工智能等对数学教学改革的推动作用,改进教学方式,促进学生学习方式转变。教师可以利用信息技术对文本、图像、声音、动画等进行综合处理,丰富教学场景,激发学生学习数学的兴趣和探究新知的欲望。利用数学专用软件等教学工具开展数学实验,将抽象的数学知识直观化,促进学生对数学概念的理解和数学知识的建构。利用技术支持平台将在线学习与课堂教学相结合,开展线上线下融合的混合式教学。

【案例】借助几何画板突破不等式组含参问题[①]

(1) 关于 x 的不等式组 $\begin{cases} 2x-1 \leq 11 \\ x+1 > a \end{cases}$ 恰好只有两个整数解,则 a 的取值范围为 (   )

  A. $5 \leq a \leq 6$ B. $5 < a \leq 6$ C. $4 \leq a < 6$ D. $4 < a \leq 6$

(2) 关于 x 的不等式组 $\begin{cases} x < 1 \\ x > m-2 \end{cases}$ 恰好只有两个整数解,则 m 的取值范围为____。

变式:若关于 x 的不等式组 $\begin{cases} 2x-1 \leq 11 \\ x+1 > a \end{cases}$ 没有整数解,则 a 的取值范围为____。

这种类型题目为不等式组部分的难题,通常的解决方案是,先化简,然后根据化简的结果画数轴来辅助分类讨论,从而得到最终的结果。在讲评的过程中,通常在讨论第二种和第三种分类的情况时,班级里面超过半数的学生眼神已经开始放空,迷茫了。学生无法想象"动"起来的"点"。所以,笔者思考,如果让含参的"数"对应的点"动"起来,明确地看到参数变化过程中,公共区域的整数解的变化情况,那么学生对数轴辅助解决含参问题的方法会不会接受得更好呢?

因此,笔者借助几何画板工具制作了如下演示课件。

$\begin{cases} 2x-1 \leq 11 \\ x+1 > a \end{cases} \longrightarrow \begin{cases} x \leq 6 \\ x > a-1 \end{cases}$

-23 -22 -21 -20 -19 -18 -17 -16 -15 -14 -13 -12 -11 -10 -9 -8 -7 -6 -5 -4 -3 -2 -1 0 1 2 3 4 5 6 7 8 x

$a-1$
$a-1 = -18.3$
$a = -17.3$

主要制作过程:

(1) 选择自定义工具→蚂蚁坐标系→平面直角坐标系(无参数),利用操作控制台,隐藏纵坐标轴,选择合适单位,并将刻度调整到相应的位置;

(2) 绘图→绘制点(6,0);

(3) 选中 x 轴及点(6,0)→构造→垂线→选中垂线→构造→构造对象上的点→选中新构造的点与垂线→构造→垂线→选中新垂线→构造→构造对象上的点;

[①] 林舒妍,陈海烽.数学实验辅助教学难点突破探究[J].数学教学通讯,2018(2):3-4.

(4)选中需要连线的点,构造线段,隐藏两条垂线;

(5)选中 x 轴→构造→构造对象上的点,重复步骤(3)、(4),将另一个不等式(含参)的解集在数轴上进行表示;

(6)选中新解集中线段与原有解集线段→构造→交点;

(7)选中点 $(6,0)$,$(a-1,0)$,步骤(6)中心构造交点等四点→构造→内部;

(8)隐藏不需要显示的点与线,选择合适的颜色,比如四边形内部的颜色,选择透明度高的颜色方便学生看出整数解;边界点的颜色,深色或浅色方便学生直观反映取得到或者取不到。

通过两次的演示实验,以及课后开放课件供学生自己拖动"动点"进行体会,学生对之前教师在教授过程中所分类讨论画出的数轴的理解能力显著增加,课堂讲评过程中与教师能够进行眼神交流的人数也明显增加。同时,后台数据显示,笔者所教授的两个班级,在随后的两次检测中,该类型的题目得分率明显上升,对比年级其他班级显示出相当的优势。

在教师和部分学优生的思维中,已知数轴上一个确定位置的点(数),再画另一个点的时候,就存在三种情形需要讨论,而这三种情况,其实就是让这个不确定位置的点动起来,从左到右运动;如果还有更进一步要求(整数点),则需要再将运动过程"想象"得更复杂一点。学生从小学升入七年级,从学段上看是迈了一大步,但是从思维的发展上看,却是一个缓慢的进步过程,班级中的大部分学生并不能很快地抽象出这一变化的过程,而教师反复地讲评同类习题,以期待学生能够顿悟,或者模仿教师画数轴进行研究,实则加重学生负担,增加学生的抗拒感。如果能在新课教授的过程,在学生第二次,甚至第一次接触这种问题的时候就引入这个动画课件,应该能够有效地减少先入为主、自我放弃该类型问题学习的学生,减少他们对分类讨论问题的抗拒情绪。

例如,在"三视图"相关内容的教学中,教师可以利用信息技术中的三维建模技术,为学生充分展示立体图形的三视图,从而让他们更好地理解教学内容,提升其空间想象能力。

(五)诱发关联 揭示结构

生物学告诉我们,结构决定功能。我们应该多从数学教学中提炼和积累相应的结构,使之内化到学生的大脑之中。教师可以借助一些工具如思维导图的方法呈现结构并进行特征识别,长此以往,学生就会对一些结构不良进行适当的"还原",进而解决数学问题。从《义务教育数学课程标准(2022年版)》颁布以来,大单元、大任务、大观念就开始流行开来,实际上这就是一种结构化的体现。特别是大单元结构,就是厘清教材原有各节之间的关联,然后通过划出整个单元,让学生既见树木、又见森林,让学生把握整个单元大厦中最基础的框架、最主干的知识是什么,对学生的学习起到事半功倍的效果。

【案例】数据分析与简单决策单元结构规划

"统计与概率"内容是数学课程中发展学生数据意识与观念,促进信息素养形成的主要知识载体。新课标强调通过主题整合教学内容,以单元整体教学设计推动素养落地。本章借鉴大概念视角下论证式单元教学设计路径,以"数据分析与简单决策"为关键主题展开教学设计。首先,根据素养指向及课标要求绘制概念图(见图1),提炼出关键概念,然后根据学生学情和大任务,确定单元教学目标。其次,比较不同版本教材,提炼单元主题及结构,按照现实问题、数据分析、问题解决的主线展开教学设计。最后,为使单元教、学、评形成合力,设计与学习任务一致的学习评价要求及单元作业。

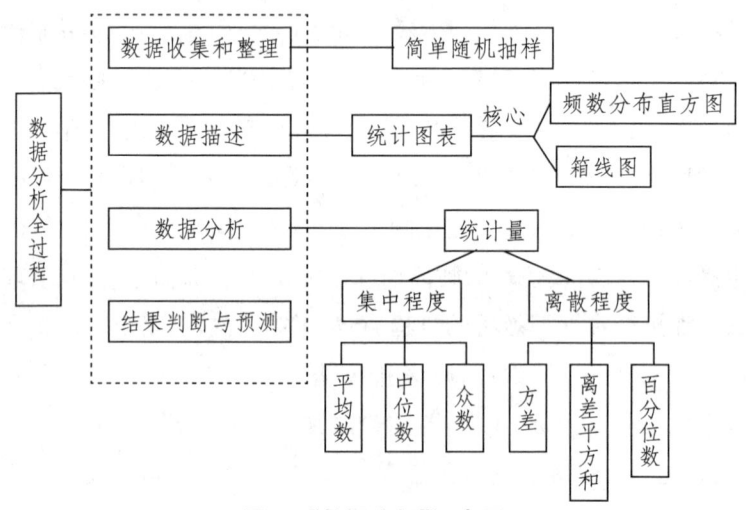

图1 "数据分析"概念图

数据观念是初中"统计与概率"的教学核心,是学生围绕问题解决,在系统经历数据分析全过程中形成并发展的。无论是单元整体教学结构,还是具体课时教学活动,都是以真实且完整的统计问题解决为主线,遵循总分总教学结构设计指向数据观念的统计教学单元(见图2)。根据概率统计部分的教学主线,设置数据的集中趋势、数据的离散程度、综合应用:判断与决策等三个任务群,具体课时分布见图3。其中《义务教育数学课程标准(2022年版)》新增加的"离差平方和"和"百分位数",原则上应安排至少2个课时在数据的离散程度里,因相关内容教材还未出,暂时先不列入课时计划;另外一方面,在编排本章内容时,侧重统计量的应用研究、决策分析以及借助信息技术计算统计量,所以新增加"用计算器计算方差"和"综合应用:判断与决策"两个课时。

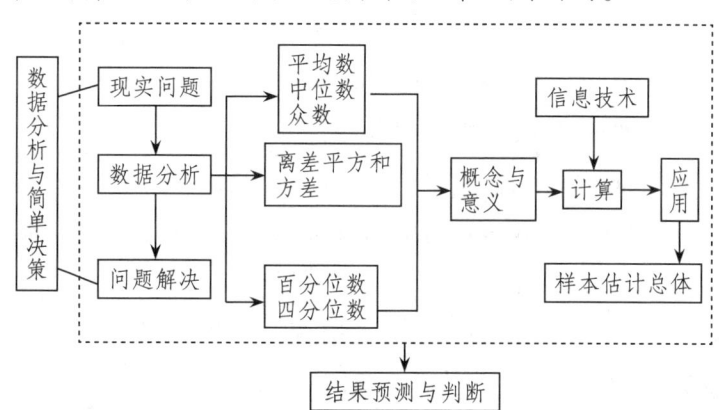

图2 "数据分析与简单决策"教学主线

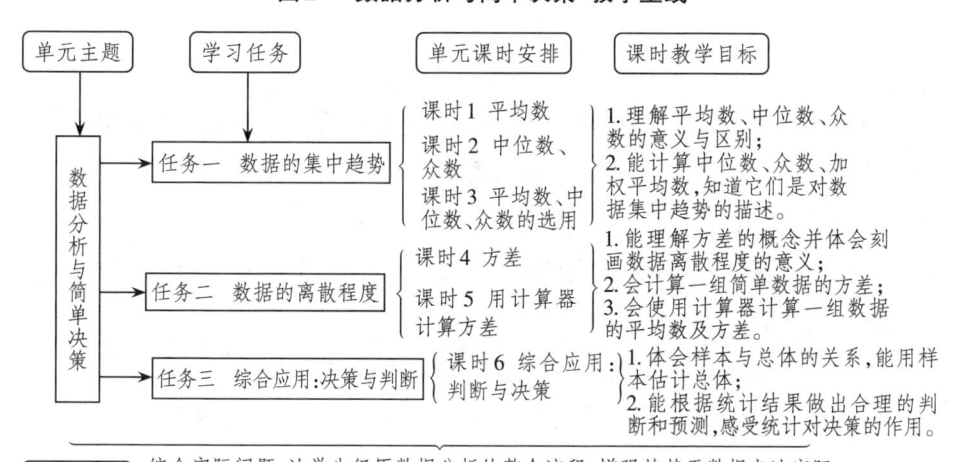

图3 "数据分析与简单决策"流程图

这也是有关"数据分析与简单决策"的大单元结构规划,倘若教师在施教前能正确地对知识进行梳理,就容易在脑中形成一个较为完整的知识系统,在教学上就容易了然于心。

(六)理解个性 化解意外

在教育学视域下,"理解个性、化解意外"是一项核心教学技能,旨在通过提升教师对学生多样性的深刻理解与尊重,以及发展高效的即时应变策略,来促进教学质量与学习环境的和谐共生。

1. 理解个性

多元化学生谱系的认知:教育者应秉持一种多元智能观,认识到学生群体中存在着性格特质、学习兴趣、认知风格及能力层级的多样性。这种认知不仅是对学生个体特性的尊重,也是实现因材施教的基础。

个性化教学策略的设计:基于对学生个体差异的深刻理解,教师应定制化学习路径,运用差异化教学方法与资源,以适应不同学生的学习需求。这一过程体现了教学设计的灵活性与创新性。

情感联结与心理支持的构建:除了学术知识的传授,教师还需关注学生的情感发展,通过积极倾听、正面反馈与个性化关怀,构建支持性的学习环境,促进学生的心理健康与成长。

2. 化解意外

冷静分析与即时评估:面对课堂中的意外事件,教师应首先保持冷静,迅速进行情境分析,评估事件对教学进程的潜在影响,为后续的应对措施奠定基础。

教学策略的动态调整:基于情境评估结果,教师应灵活调整教学计划,如改变教学内容顺序、引入即兴教学活动或实施小组合作学习等,以确保教学目标的达成不受影响。

引导与转化能力的展现:教师需具备将突发事件转化为教学资源的能力,通过巧妙引导,使学生在应对意外的过程中获得额外的学习体验与成长机会。

个性化干预与尊重:在处理涉及学生个体的突发事件时,教师应充分考虑学生的个性特点与心理需求,采取个性化干预措施,同时确保学生的尊严与隐私得到尊重。

综上所述,"理解个性、化解意外"是教师必备的专业素养之一。通过深化对学生个体差异的理解、提升教学机智与应变能力、构建支持性的学习环境等措施,教师可以更好地应对课堂挑战,促进教学质量的提升与学生的全面发展。

【案例】探索三角形的外角性质及外角和

在探索三角形的外角性质及外角和的教学中,甲教师这样导入:我们知道三角形的内角和是$180°$,那么三角形的外角和呢?这时,居然有很多学生小声地说:"我知道的,三角形的外角和是360°。"学生的小声议论,使教师原先精心设计的各个精妙的教学环节与预先设计好了的精心提问,一下子全泡了汤。此时,上课的这位教师有些不自然:"是吗,有些同学真聪明!现在请同学们小组合作,探索三角形的外角和,看看三角形的外角和是否真的是360°,然后汇报交流。"

而乙教师是如何处理这样的问题的,乙教师略带兴奋地说:"请知道三角形外角和的同学举一下手。"结果全班竟有半数的学生举起了手!是啊,学生有书,他们已经预习了。接着乙教师问学生:"你们是怎么知道的呢?""预习的""猜的""那么你知道这个结论是怎么得出的吗?""不知道。"这时这位教师即时肯定:"大家说的结论是正确的,可是大家却不知道这个规律是怎么得出的,没经过我们自己的验证,大家想不想自己动手设计几个方案,来验证结论?""想!"同学们异口同声地回答说。"今天老师就请你们自己当一回老师,你能动手动脑设计一个方案,来证明你们刚才说的这个结论吗?""能!""下面就开始,可以几个人组成学习小组合作验证,看哪个小组能利用手中的学具最先证明一点。"教师适时地参与学生的讨论、交流、验证,在此基础上,组织学生逐步探究三角形的外角和是360°。

在面对学生已经知道三角形的外角和是360°这一始料未及的问题,令全班学生和台下听课老师为之瞠目的时候,甲教师一带而过,继续按原来的教学预设组织教学,虽然顺利地完成了教学任务,但从某种程度上来说,这样的教学否定了事实,是对学生活力生成的妨碍、压抑。面对同样的问题,乙教师随机应变,及时改变预设程序,创造性地组织了以上的教学。这既是对学生发现的肯定,更是尊重学生的表现。这样的教学真正使学生成为学习的主人,反映了课堂教学的真实自然。

课堂是动态的课堂,课堂教学中需要细致而精彩的"预设",但决不能仅仅依靠课前"预设"。"预设"要审时度势,根据课堂的变化而变化,课堂教学中要处理好"预设"与"生成"的辩证关系,把"预设"与"生成"有机地结合起来。苏霍姆林斯基也说过:教育的技巧并不在于能预见到课堂的所有细节,而是在于根据当时的具体情况,巧妙地在学。

四 巧妙变式

对于变式的概念,很多学科都有涉及,下面列出几个常见的变式概念。

章建跃指出变式是通过不同角度、不同方法去观察事物,从而突出对象的本质特征,通过变式去锻炼学生思维,让学生能够分辨哪些是本质属性,哪些是非本质属性,从而有效地掌握事物的本质。

郑毓信认为不应过分强调概念性变式与过程性变式的区别,更应重视两者之间的共同点,他认为"求变"的目的是"不变",即要利用适当的变化,去突出不变的因素(本质)。邵瑞珍也对变式做出了详细的解释,变式是指提供多个正例,即在数学问题原形的基础上再做出一系列正例的变化,但是要求保持这些例子的本质特征或者属性不变,无关特征则要发生变化。

变式教学的内涵是在不改变数学对象的本质属性,通过变换对象的非本质属性,让学生在对象的变化中发现普遍的规律。同时,也指在教学过程中,教师根据学生的不同特点和需求,采用多种教学方法、手段和策略,使教学内容、形式和过程具有多样性,以满足学生的个性化发展需求。这种教学模式强调以学生为中心,注重教学方法的多样性和教学过程的互动性,同时关注学生的全面发展,旨在培养学生的知识、技能、情感、态度等多方面素质。

变式教学的教学价值主要体现在以下几个方面。

(1)激发学生的学习兴趣和积极性:变式教学通过采用多种教学方法和手段,使得教学更具趣味性和吸引力,能够激发学生的学习兴趣和积极性,提高学生的学习效果。

(2)培养学生的自主学习能力:变式教学鼓励学生自己寻找解决问题的方法和路径,让学生在学习过程中主动思考和探索,进而发现变化中的数学规律,从而培养学生的自主学习能力。

(3)促进学生的全面发展:变式教学关注学生的全面发展,不仅注重知识的传授,还注重培养学生的技能、情感、态度等多方面素质,有利于促进学生的全面发展。

(4)适应不同学生的学习需求:变式教学根据学生的不同特点和需求进行教学,能够适应不同学生的学习需求,提高教学效果。

总之,变式教学是一种有效的教学模式,能够激发学生的学习兴趣和积极性,培养学生的自主学习能力,促进学生的全面发展,适应不同学生的学习需求,具有重要的教学价值。但是在实施变式教学中,要注意遵循以下原则。[①]

①指导性原则。

在数学教学中,应用变式理论,是为了让教学过程简单、逻辑清晰,使学生更好地明白教师所授内容。所以,为了让学生们更好地学好数学,教师可以在变式理论的指导下,引导学生们吸收数学知识。初中的数学知识处于高中与小学的中间地带,知识量增大,涉及层次增多,这就对教师的教学设计提出了更高的要求。从变式理论出发,可以增强学与练之间的联系,做到举一反三,帮助学生内化知识,脱离教师的填鸭式教学。教师可以在变式理论和教学目标的指导下,根据不同的教学现状和教学需要,把握什么地方的数学知识适合运用变式、什么地方的数学知识不适合运用变式,从而更加准确把握课堂内容,定位学生要学习的内容。

②以学生为本原则。

新课改下的学生观,要求转变教师观念,主张以学生为本,以学生为中心,将学生看作学习的主体。在课堂上,学生的积极性和专注程度,直接影响他们对知识的吸收程度。只有让学生主动地去获取知识,才能提升其学习效果。变式教学注重知识的深入浅出、层层深入,便于学生在接受新知识时可以更好地理解,参与到老师的互动中,形成良好的数学学习习惯。学生在变式理论指导的学习过程中,是主动内化知识的主体,这就有利于学生将数学与实践联系起来,主动参与到变式中来。变式教学可以更好地激发学生的学习热情,在变式中主动求变。此外,教师在变式时应注重把握好变式的广度和难度,使变式的内容符合学生的认知水平。

③创新性原则。

教师在运用变式理论时既可以创新性地制定教学计划,设计教学内容,也可以培养学生的创造性思维。因材施教、因地制宜,变式教学给予教师多种选择的机会和可能。虽然现在的课堂采用大班制授课,但是教师还是要根据学生的差异制定针对性策略,加强创造性思维的培养。让学生勤于动脑、主动探索问题,积极参与教师的课堂教学,并且在课程结束后,也能够自主地学习知识,避免大量练习造成的思维倦怠,做到有效吸收教学内容,并能独立运用。

---

① 马云凤.初中数学课堂中变式教学应用现状调查研究[D].沈阳:沈阳师范大学,2022:11-12.

【案例】利用"两点之间,线段最短"解决线段最值问题

原题:如图1,等边△ABC的边长为4,AD是BC边上的中线,F是AD边上的动点,E是AB边上一点,且AE=2,则线段EF+CF的最小值为_____。

变式训练1:如图2,在Rt△ABC中,AC=BC=4,点D,E分别是AB,AC边的中点,在CD上找一点P,使PA+PE的值最小,则这个最小值为_____。

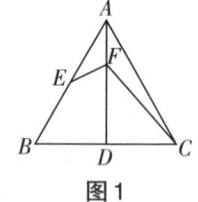

设计意图:原题是两点在线段两侧的情况,变式中两点在线段同侧,该问题变为将军饮马问题,结合等腰直角三角形的对称性画图求解,从而归纳两种不同类型的解题方法。

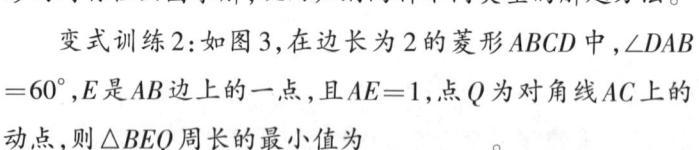

变式训练2:如图3,在边长为2的菱形ABCD中,∠DAB=60°,E是AB边上的一点,且AE=1,点Q为对角线AC上的动点,则△BEQ周长的最小值为_____。

设计意图:将等腰直角三角形背景换成菱形,抓住该类题型方法本质,利用图形的"对称性",即菱形对角线所在直线为菱形的对称轴进行求解。

图1

图2

图3

方法归纳:

	问题特征	基本图形	解题思路
类型1	两定点A,B位于直线l异侧,在直线l上找一点P,使得PA+PB值最小。	连接AB交直线l于点P	根据两点之间线段最短,PA+PB的最小值即为线段AB的长。连接AB交直线l于点P,点P即为所求。
类型2	两定点A,B位于直线l同侧,在直线l上找一点P,使得PA+PB值最小。	作B关于直线l的对称点B',连接AB',与直线l交于点P	将两定点同侧问题转化为异侧问题,同类型1即可解决。作点B关于l的对称点B',连接AB',与直线l的交点即为点P。

五　精编作业

精编作业的内涵主要包括作业的选择、设计和布置等方面。它强调作业的针对性、有效性和适量性,旨在通过精心挑选和设计的作业,帮助学生巩固和拓展课堂所学知识,提高学习效率和成绩。

精编作业的教学价值主要体现在以下几个方面。

(1)巩固和拓展课堂知识:精编作业通过有针对性地练习,帮助学生巩固和拓展课堂所学知识,加深对知识点的理解和记忆。

(2)提高学习能力和成绩:精编作业注重培养学生的自主学习能力和解题技巧,通过适量、适度地练习,提高学生的学习成绩和综合素质。

(3)促进教师教学和评价:精编作业可以帮助教师了解学生的学习情况和问题,及时调整教学策略和方法,提高教学效果。同时,作业完成情况也是评价学生学习效果的重要依据之一。

总之,精编作业是一种有效的教学方式,它可以帮助学生巩固和拓展知识,提高学习能力和成绩,同时也可以促进教师的教学和评价工作。

在"双减"的背景下,提高课堂效率和推送精准校本作业是最好的两大途径。目前流行的是大单元的校本作业,其内在的实质也是精准,目的是让学生更好地发展。清代教育家颜元说:"心上思过,口上讲过,书上见过,都不得力,临事时依旧是所习者出,正此意也。"他认为遇到事情依旧是练习过的东西起作用。他还认为,讲之功有限,习之功无已。意思是讲授的功夫有限,实际运用却是无限的。表现为数学上就是要做相应的习题达到掌握知识与方法的效果。为此,我们要从作业入手,研讨校本作业的有效性。

作业设计(包括课内作业和课外作业)是教学活动的有机组成部分。根据苏联教育家巴班斯基的最优化理论,是否优化的检验标准,最重要的是效果和时间,要既提高质量,又不增加负担。所以说我们的作业需要设计,就是避免那些机械、重复、乏味的低效作业。

合理而科学的数学作业,能充分地发挥作业的职能,减轻学生作业负担,让学生能更好地掌握知识和技能,使他们在思维、能力等多方面得到长足的发展,并形成对数学的良好态度,达到全面地实现数学教育目标,提高教育教学质量的目的。

经过了多年的整体实践,笔者认为编写校本作业要注意体现下列原则。

①就近取材原则。这是指题目应该以课本中的题目为基本素材,可以是书

本的例题,也可以是习题的改编(教材多种版本之间的习题)、各地市的中考题、教辅图书上个别好的试题等。但是这些都要以义务教育初中数学课程标准为蓝本。因此,教师必须认真解读课程标准,认真学习学业质量要求,真正做到教学评一体化。

②科学性原则。用戴再平教授的话说,数学题给人以合理、严谨、清晰的感受。具体的标准是:有关的概念必须是被定义的;有关的记号必须是被阐明的;条件必须是充分的、不矛盾的;条件必须是独立的、最少的;叙述必须是清楚的、要求必须是可行的,对于开放性的题目,允许出现条件不足的情形。

③循序渐进的原则。就是要在难度上逐层深入,由单一到综合,阶梯式上升,对不同学生体现不同的需求,让学生在原有的基础上有更好的发展。

④针对性原则。就是要针对教材中的重点、难点,以及中考的应考点出题,对教学中学生易错、易混的和掌握不好的知识要有所涉猎,达到有的放矢。

⑤发展性原则。就是要明白我们使用的题目中哪些是要巩固学生所学的知识点,哪些是用来培养学生的能力,哪些题有利于发展学生的思维、开发智力,教师应该心中有数。

⑥思想性原则。新的课程标准指出,关注培养学生的"四基",就是学生的基础知识、基本技能、基本思想、基本活动经验。所以我们给出习题时要尽量知道这些习题是哪些数学思想方法的体现,以及对应哪些核心素养。

⑦贴近考试的原则。在平时的作业中,教师可将考试的信息通过习题的形式呈现给学生,使他们在内容和形式上熟悉考试,从而在心理上适应、增强自信心,减少对考试的恐惧感,最终帮助他们正确认识考试的意义和作用。

【案例】一份研究报告的研究启示——课堂练习进阶设计评价对学习的影响研究

研究设计:

本研究设实验班和对照班。实验班是七年级6班,对照班为七年级5班。根据厦门市教育局的要求,兼顾公平的原则,义务教育阶段不实行重点班,只设平行班。实验班(七年级6班)和对照班(七年级5班)都是在新生入学测试后,按所得成绩进行电脑随机分班的,优秀生和后进生等都是平均分布在这个年段的各个班级中。这是从入学测试成绩来说的。从控制变量来说,因为本人同时任教这两个班,所以不存在由于不同老师的教学、不同风格对他们的影响。因为我校实施的校本作业制度,所以也不存在家庭作业不同而产生的影响,唯一不同的是这群学生在课堂上实施了教学控制。实验时,我对七年级6班会采取如练习进阶、作业分层的措施,用于观察和分析其对学习影响的研究。

时间	内容	备注
2014年12月—2015年9月	理论学习阶段。	学习评价理论,梳理相关评价知识,对分层/进阶有个初步的规划。
2015年9月—2015年10月	着手实施阶段。	不告诉学生,教师自己着手操作,实验班和对照班的操作是课堂上练习的准备。
2015年10月—2015年12月	定型阶段,就是通过摸索掌握分层进阶的教案设计的办法并开设公开课。	其间尽可能指导徒弟进行实验,积累更多的实践案例。
2016年1月—2016年4月	审慎推广阶段。	在能确实取得成绩的基础上指导自己的徒弟进行推广实验。
2016年5月	课题结题整理阶段。	预期提供成熟的样例,总结可行的成果。

研究结果:

纵向比较分析,在本人执教的学科内比较,2015—2016学年数学学科期中考试成绩对照,详见下表:

统计项	5班	6班	年段
试卷满分	150	150	150
优秀分	120	120	120
及格分	90	90	90
平均分	99.45	105.88	102.39
最高分	146	143	149
最低分	49	51	12
应考人数/人	51	50	305
与考人数/人	51	50	305
与考率	1	1	1
优秀人数/人	8	17	89
优秀率	0.16	0.34	0.29
及格人数/人	35	40	236
及格率	0.69	0.80	0.77

续表

统计项	5班	6班	年段
[145,150]	1	0	2
[140,145)	0	1	7
[135,140)	1	2	7
[130,135)	1	2	17
[125,130)	3	6	29
[120,125)	2	6	27
[115,120)	5	5	32
[110,115)	7	3	30
[105,110)	4	3	30
[100,105)	7	6	22
[95,100)	4	2	14
[90,95)	0	4	19
[85,90)	3	2	14
[80,85)	2	0	6
[75,80)	2	4	13
[70,75)	1	0	3
[65,70)	2	0	6
[60,65)	2	1	7
[55,60)	2	1	6
[50,55)	1	2	5
[40,50)	1	0	5
[30,40)	0	0	1
[20,30)	0	0	1
[10,20)	0	0	2
[0,10)	0	0	0

将此数据以组距20进行整理,得如下表格:

分数段	5班(对照)	6班(实验)
[130,150]	3	5
[110,130)	17	20
[90,110)	15	15
[70,90)	8	6
[50,70)	7	4
50以下	1	0

将这些数据进行显著性差异检验分析得到下表：

	实验班	对照班
平均	105.88	99.45098
方差	500.5159	532.1725
观测值	50	51
合并方差	516.5041	
假设平均差	0	
df	99	
t Stat	1.421403	
$P(T\leq t)$ 单尾	0.079171	
t 单尾临界	1.660391	
$P(T\leq t)$ 双尾	0.158342	
t 双尾临界	1.984217	

$P=0.158342>0.05$，说明数据不支持显著性差异。

再将本次考试上120分（含120分）的同学定义为优秀生，做了二列联表并进行卡方分析如下：

类别	优秀人数/人	非优秀人数/人	总计/人
实验班	17	33	50
对照班	8	43	51
总计	25	76	
卡方值	4.0546		

对于评价干预提高优秀生人数的关系研究，因为卡方值$4.0546>3.841$，所以我们有95%把握认为实施评价干预对学生优秀率有相关关系。

和语文学科进行横向比较，这两个班的语文学科都是同一个老师执教，我们发现5班的语文反而比6班的语文强。

2015—2016学年语文学科期中考试成绩对照，详见下表：

统计项	5班	6班
试卷满分	150	150
优秀分	120	120
及格分	90	90
平均分	94.17	93.34
最高分	121.5	123
最低分	63	54.5
应考人数/人	51	50
与考人数/人	51	50

续表

统计项	5班	6班
与考率	1	1
优秀人数/人	2	2
优秀率	0.04	0.04
及格人数/人	34	28
及格率	0.67	0.56
[145,150]	0	0
[140,145)	0	0
[135,140)	0	0
[130,135)	0	0
[125,130)	0	0
[120,125)	2	2
[115,120)	1	0
[110,115)	3	3
[105,110)	7	4
[100,105)	7	10
[95,100)	8	4
[90,95)	6	5
[85,90)	4	10
[80,85)	2	5
[75,80)	4	4
[70,75)	4	1
[65,70)	1	1
[60,65)	2	0
[55,60)	0	0
[50,55)	0	1
[40,50)	0	0
[30,40)	0	0

将此数据以组距20进行整理得如下表格：

分数段	5班(对照)	6班(实验)
[130,150]	0	0
[110,130)	6	5
[90,110)	28	23

续表

分数段	5班(对照)	6班(实验)
[70,90)	14	20
[50,70)	3	2
50以下	0	0

2015—2016学年地理学科期中考试成绩对照,详见下表:

统计项	5班	6班
试卷满分	100	100
优秀分	80	80
及格分	60	60
平均分	65.65	64.48
最高分	93	91
最低分	23	26
应考人数/人	51	50
与考人数/人	51	50
与考率	1	1
优秀人数/人	12	11
优秀率	0.24	0.22
及格人数/人	35	30
及格率	0.69	0.60
[95,100]	0	0
[90,95)	5	1
[85,90)	4	3
[80,85)	3	7
[75,80)	8	10
[70,75)	6	3
[65,70)	5	3
[60,65)	4	3
[55,60)	1	3
[50,55)	4	7
[40,50)	2	7
[30,40)	8	1
[20,30)	1	2

将此数据以组距20进行整理得如下表格:

分数段	5班(对照)	6班(实验)
[80,100]	12	11
[60,80)	23	19
[40,60)	7	17
40以下	9	3

研究结论:

从纵向比较,本人执教的实验班七年级6班在实施变量控制时,数学学科取得了比较好的效果,从平均分上看,差距达到6.43分。再将两个班数据中的优秀生人数进行卡方分析,发现有95%把握支持课堂练习进阶设计对优秀生学习有显著影响,但是整体方差显著性检验暂不支持。再从横向比较上看,我调取了同一老师任教的学科,发现其他学科5班的成绩并不比6班的差,从比较中可以看出差异。本人在课堂教学中所实施的习题进阶策略对学生来说有比较显著的效果。(以上统计数据由校教务处提供)。

在一般的作业分层设计中,按照学生的学习态度,如:信心、兴趣、毅力,智力水平、学习能力等,将学生分成A、B、C三个层次。A层次的学生基础扎实,学习主动,对数学有浓厚兴趣,接受能力强,并有超前的学习愿望。B层次的学生在学习数学这一门课程上,有一定的兴趣,接受能力稍差,基础不够扎实,自觉性较差,但有一定的能力和潜力,思想上需要教师的重视,学习上需要教师的帮助、督促和辅导。C层次的学生学习不自觉、基础差,其他各科成绩也很不理想,思维反应慢,在学习上有很多障碍,需要教师时刻关心辅导和督促。然后,设置作业这是比较传统的做法,有一定的优越性,但是由于将学生贴上了标签,所以对学生的心理影响也显现出来了。为此,找出一套既能保存学生的兴趣,又能激发学生潜能的方法也就成为应有之义,研究者受到学生游戏晋级的启发,将平时的习题按一定的程度进行设置,让其呈现出明显的阶梯,从而让学生通过自己的选择来确定自己的等级,最终达到了解和评价学生学习的目的。

下面提供两则案例佐证说明。

【案例】二元一次方程组第一课时作业

1.方程组 $\begin{cases} 3x+4y=5 \\ 3x-7y=6 \end{cases}$ 中,x的系数的特点是_____,方程组 $\begin{cases} 2x+5y=1 \\ 3x-5y=4 \end{cases}$ 中,y的系数特点是_____,这两个方程组用_____法解较简便。

设计意图:本题意在引导学生观察未知数的系数,从而熟悉解方程的必要步骤。

2. 解方程组 $\begin{cases} 2x-3y=-10 \\ 3x+3y=5 \end{cases}$ 时，用_____法比较简便，它的解是_____。

设计意图：本题意在让学生再次观察，并解出方程，体验观察判断后的解决问题。

3. 用含 x 的式子表示 y，则

(1) $2x+3y=9$ _____；

(2) $4x-2y=8$ _____。

设计意图：本题意在用含有一个未知数的式子来表示另外一个式子，为熟练掌握代入法做好铺垫，体现程序化的思想。

4. 方程组 $\begin{cases} 3a-2b=11 \\ 4a+3b=9 \end{cases}$ 的解为 $\begin{cases} a=3 \\ b=-1 \end{cases}$，则由 $\begin{cases} 3(x+y)-2(x-y)=11 \\ 4(x+y)+3(x-y)=9 \end{cases}$ 可以得出 $x+y=$____，$x-y=$____，从而求得 $\begin{cases} x=\underline{\quad}, \\ y=\underline{\quad}。\end{cases}$

设计意图：本题意在逐步提升，让学生体验题目的由浅入深，培养学生的观察能力，阅读能力和转化能力。

5. 用代入法解方程 $\begin{cases} 3x+4y=2 & (1) \\ 2x-y=5 & (2) \end{cases}$，使用代入法化简，比较容易的变形是（　　）

A. 由 (1) 得 $x=\dfrac{2-4y}{3}$ B. 由 (1) 得 $y=\dfrac{2-3x}{4}$

C. 由 (2) 得 $x=\dfrac{5+y}{2}$ D. 由 (2) 得 $y=2x-5$

设计意图：本题意在让学生再次体会代入法的基本步骤，优化相应的算法。

6. 如果方程组 $\begin{cases} x+y=2a \\ x-y=4a \end{cases}$ 的解是 $3x-5y-28=0$ 的一个解，则 $a=(　　)$

A. 3   B. 2   C. 7   D. 6

设计意图：本题意在解决一些含参问题的，体会到把未知当已知的思想方法。

7. 若二元一次方程 $2x+y=3$，$3x-y=2$ 和 $2x-my=-1$ 有公共解，则 m 取值为（　　）

A. -2   B. -1   C. 3   D. 4

设计意图：本题意在理解两个二元一次方程的公共解就是联立组成方程组求解。

8. 用代入消元法解下列方程组：

(1) $\begin{cases} y=x+6 \\ 2x+3y=8 \end{cases}$ (2) $\begin{cases} 2x+3y=-19 \\ x+5y=1 \end{cases}$ (3) $\begin{cases} 3x-y=7 \\ 5x+2y=8 \end{cases}$

设计意图：本题意在让学生通过观察方程的特征，体会代入消元法的一般步骤，设计层次也是由易到难。

9.用加减消元法解下列方程组：

(1) $\begin{cases} 2x+y=2 \\ -x+y=5 \end{cases}$ (2) $\begin{cases} x-2y=2 \\ x+2y=6 \end{cases}$ (3) $\begin{cases} x+y=36 \\ x+2y=50 \end{cases}$

设计意图：本题意在让学生体验加减消元法的步骤。题目也是由浅入深，但因为这是第一个课时，所以难度没有拔高。

10.有48支队伍520名运动员参加篮球、排球比赛，其中每支篮球队10人，每支排球队12人，每名运动员只参加一项比赛，篮球、排球队各有多少支参赛？

设计意图：教材是从实际问题抽象出数学模型，转化为方程问题，然后求解，故在此渗透一道应用题，达到复习巩固的作用。同时这也是转化思想的渗透。

11.足球联赛中，胜1场得3分，平1场得1分，负1场得0分。某队在足球联赛的4场比赛中得6分，这个队胜了几场？平了几场？负了几场？

设计意图：本题意在给学有余力的同学有发挥自己创造力的机会，所以最后一题可适当提高难度，体现分类思想的应用。

这个案例主要是在习题中把握住知识的由易到难，思想方法的由浅入深，体现了较好的分层与训练效果。上述的案例是一个短进阶效果，适用于学生学习新课。在公平基础上体现分层的效果。

【案例】绝对值的意义

在整个初中教学中，绝对值是初中数学的核心概念之一。它事关有理数的四则运算，也是学生体会数形结合妙用的开端。但是初一年级学生的抽象思维还比较薄弱，所以设置良好的绝对值进阶问题就显得十分重要。

第一层次：绝对值代数意义的使用

1. $|-3.7|=$_____；$|0|=$_____；$|-3.3|=$_____；$|+0.75|=$_____。

2. $|-10|+|-5|=$_____；$|-6|\div|-3|=$_____；$|-6.5|-|-5.5|=$_____。

3. 在数轴上，绝对值为4，且在原点左边的点表示的有理数为_____。

4. $-3\frac{2}{5}$ 的绝对值是_____；绝对值等于 $3\frac{2}{5}$ 的数是_____，它们互为_____。

5. _____的相反数是它本身,_____的绝对值是它本身,_____的绝对值是它的相反数。

6. 一个数的绝对值是 $\frac{2}{3}$,那么这个数为_____。

7. 绝对值等于其相反数的数一定是(　　)

　A.负数　　　　B.正数　　　　C.负数或零　　　D.正数或零

8. 在数轴上表示下列各数:

(1) $\left|-2\frac{1}{2}\right|$ 　　　　　　　　(2)|0|

(3)绝对值是2.5的负数　　　　(4)绝对值是3的正数

设计说明:让学生理解绝对值的含义,主要是从它的代数意义入手,就是正数的绝对值是它本身,0的绝对值是0,负数的绝对值是它的相反数。它的简单几何意义就是在数轴上的点到原点之间的距离。本练习重在使学生能充分熟悉各种题型,从填空、选择到解答题,能比较立体地给出绝对值意义的评价。

第二层次:用字母表示数的绝对值

9. 如果 $a=-3$,则 $|-a|=$_____, $|a|=$_____。

10. 当 $|a|=-a$ 时, a_____0;当 $a>0$ 时, $|a|=$_____。

11. 下列说法中正确的是(　　)。

A.$-|a|$ 一定是负数

B.只有两个数相等时它们的绝对值才相等

C.若 $|a|=|b|$ 则 a 与 b 互为相反数

D.若一个数小于它的绝对值,则这个数是负数

12. 给出下列说法:(1)互为相反数的两个数绝对值相等;(2)绝对值等于本身的数只有正数;(3)不相等的两个数绝对值不相等;(4)绝对值相等的两数一定相等。其中正确的有(　　)。

　A.0个　　　　B.1个　　　　C.2个　　　　D.3个

13. 如果 $|-2a|=-2a$,则 a 的取值范围是(　　)

　A.$a>0$　　　B.$a\geq 0$　　　C.$a\leq 0$　　　D.$a<0$

设计说明:本练习还是重在对绝对值意义的习得评价,但是绝对值符号内已经从数进阶到字母,这需要学生能通过对字母含义的理解,真正体会并对其加以应用。以上两个层次对绝对值的代数意义渗透比较清楚,但是对学生理解绝对值的几何意义还有所欠缺。下面的练习设计就是为了达到让学生对绝对

值的几何意义深入理解的目的。

第三层次：对距离的重新理解

14. 到数轴上表示2的点距离3个单位长度的数是_____。

15. 数轴上有两点A、B，$AB=3$，其中点A到原点的距离是2，则点B表示的数是_____。

16. 数轴上有三点A、B、C，$AB=3$，其中点A到C点的距离是2，C点表示的数为-1，则点B表示的数是_____。

17. 数轴上表示-3和-8的中点M与点N相距2个单位长，则N表示的数是_____。

18. 将数轴上的数m，向右平移a个单位长度后表示的数是_____，向左平移b个单位长度后表示的数是_____，先向右平移a个单位长再向左平移b个单位长后表示的数是_____。

19. 已知数轴上三点A、B、C，其中点C是AB的中点。

(1) 若A是-5，B是3，则点C是_____；

(2) 若A是-5，C是3，则点B是_____；

(3) 若B是3，C是-7，则点A是_____。

20. 将数轴沿着某一点A对折，使得-1与6重合。

(1) 则A表示的数是_____；

(2) 与10重合的数是_____；与-3重合的数是_____；

(3) 若MN重合，且MN相距2 024个单位长度（M在N的右边），则M表示的数是_____，N表示的数是_____。

设计说明：本层次就是让学生充分理解在数学问题中距离经常是发生在数轴的两侧，这就是知道了为什么一个数与另外一个数的距离确定时，需要考虑两侧的原因。在第三层次里也渗透了梯度的思想。从简单的中点到轴对称中的重合，让学生体会变换的乐趣，也为距离的灵活应用打下良好的基础。

第四层次：对绝对值距离再升华

21. $|x|=3$，则$x=$_____。（它的几何意义是_____）

22. $|m-3|=5$，则$m=$_____。（它的几何意义是_____）

23. $|x+2|=3$，则$x=$_____。（它的几何意义是_____）

24. 根据绝对值的几何意义尝试解决下列问题。

(1) $|x+3|$的几何意义是_____；当$x=$时，$|x+3|$取得最小值，最小

值是_____；

(2) $|x-3|+|x+1|$ 的几何意义是_____；当 x 满足时, $|x-3|+|x+1|$ 取得最小值,最小值是_____。

(3) 当 x 满足时, $|x+3|+|x+1|$ 取得最小值,最小值是_____；

设计说明:本层次就是让学生知道绝对值的意义本质是 $|a|=|a-0|$,说明原来是以定点原点为标准,然后由此为发端,进而推广到距离是"二者之间的事情",然后能知道 $|x-2|$ 的实质是数轴上 x 与 2 的距离。进而知道 $|x+3|$ 是 x 与 -3 的距离,从而使学生的认识得到大跨越。进而知道绝对值的本质是距离,并不仅仅限于与原点之间的距离。

第五层次:绝对值符号的打开和分类讨论

25. 化简 $|2x+1|-|x-3|+|x-6|$。

26. 解方程: $|x-2|+|2x+1|=8$。

27. (第12届"希望杯"邀请赛试题)有理数 a,b,c 在数轴上的位置如图所示,若 $m=|a+b|-|b-1|-|a-c|-|1-c|$,则 $1\ 000m=$_____。

当第四层次理解到位后,我们又要从去掉绝对值符号的情况入手,前提是判定绝对值符合的正负性,便于我们验明"正身",体现数学上的化归思想和数学的分类讨论思想。

对一个数学概念本身,从习题的角度来评价学生的表现,能够较为客观地了解他们的掌握程度。但是概念性习得不是一蹴而就的事。依然还是要从"看山是山,看水是水"的初步感知,经历"看山不是山,看水不是水"的深度思考阶段,最终达到"看山还是山,看水还是水"的循序渐进境界。

进阶设置的策略可分为以下几个方面。

(1)以教材为蓝本的策略。

对数学教材来说,里面就有许多分层进阶的方式,如复习巩固的第一层,第二层是综合运用,第三层是拓广探索,这些都是我们设计分层进阶的最好范本。每个学科教材都设置有自己相应的习题,里面大都体现了分层进阶的思想。我们只要用心研读,都能找到相应的参考。

(2)以学生为本的策略。

每个学校的学生都会呈现出不同的差异,在设置进阶问题时,我们要注意研究学生的整体情况并进行细化分析,在充分了解学生的基础上确定分层的类型和级数,并要不断地激发学生的学习兴趣。

(3)以课程标准为蓝本的策略。

课程标准分解策略就是对每个知识点进行分解、解读。熟知每个概念是了解、理解、掌握、应用等层次的要求,只有熟悉这些的要求才能有计划设置或选择题型。

(4)以命题技巧为主的策略。

教师应掌握一定的命题技巧,如修改数量呈现分层、巧变图形呈现分层、隐去数字呈现分层、增加条件呈现分层、减少条件呈现分层等,这些作业分层设计的技巧为我们进行进阶设计的实施提供了一定的技术保障。

目前,全国各地都在开展单元作业设计,通过对知识的解体,将单元的结构呈现给学生,然后根据知识的节点设置校本作业,这是落实"双减"政策的好举措。因为一个单元的作业较多,限于篇幅,这里就不再赘述。

六 价值导引

价值导引可以理解为是一种蕴含教育者主观意趣的引导活动,它体现了教育者的教育理念和对教材的认识。这种引导活动是有方向和目标的,旨在帮助学生建立健康的人格,引导他们走向光明与真实的境界。价值导引需要建立在对人类历史发展轨迹的深切了悟、对人类社会发展趋势的洞察、对学生成长潜能的关注以及对他们内心世界的欣赏之上。

至于教学价值,它是指教学活动所承载的、能够满足学生和社会发展需要的有用性。教学价值包括知识价值、能力价值、情感价值等多个方面。通过教学活动,学生可以获取知识、提升能力、培养情感,从而更好地适应社会、实现自我价值。

在教学过程中,教师需要根据学生的实际情况和教育目标,选择合适的教学内容和方法,以实现教学价值的最大化。同时,教师还需要关注学生的个体差异和需求,尊重他们的自由意志和人格尊严,引导他们自主构建知识体系、发展能力、塑造个性。

(一)提炼价值

教师应认真研读数学教材,挖掘其中蕴含的德育元素;将数学知识与现实生活紧密结合,让学生在解决实际问题的过程中感受数学的魅力和价值;应多运用富有感染力的语言,将数学知识与德育内容有机融合;通过生动的讲解和形象的比喻,让学生在掌握知识的同时受到良好的思想熏陶;选择与数学相关的英雄事迹或现实中的好人好事作为榜样,引导学生学习他们的优秀品质。例如,在讲无理数时,可同时介绍数学危机的故事,让学生知道很多数学家为之奋斗,甚至献出自己的生命,如希伯索斯等,以此激发学生对科学的热爱和追求。在介绍数学家的故事时,可以重点讲述他们的高尚品质和坚韧不拔的精神,以此激励学生努力学习、追求进步。在讲解几何图形时,可以引导学生观察身边的平行四边形(如校门口的伸缩门、人行道的护栏等),让学生发现数学之美,并学会欣赏和感受美。

【案例】为什么还在教学生画角

有一位特级教师,在参加一次示范课时,教学内容是角的比较与运算。他本应先讲如何比较两个角度的大小,用度量法和重合法,再讲两个角的运算,和与差。但是我们在听课时听到特级老师在教学生怎么对齐量角器,如何测量那个角。大家都替他担心,感觉他上课跑偏了,结果不出所料,整节课他都没将计划的内容上完。我在课后议课时询问了这位老师。这位老师坦然答道:"在我看来,用量角器量角度,这次对他们来说几乎是最后的一个机会了。如果到七年级还不会使用量角器,那我觉得他一辈子都不会使用量角器了。因为借班上课,我巡视了一圈,发现这个班竟然有约70%的学生不会使用量角器。所以就将进度耽搁了下来,先教会他们使用量角器。"

这就是一位特级教师的价值判断。如果这节课老师不教学生如何使用量角器,那么很多学生可能一生都很难再使用量角器了,这位特级教师推断该班的数学老师对此现象熟视无睹,否则不至于这么多的学生不会使用量角器。他还认为角的比较与运算可以在另外一节课再继续学习。当我们理解了这个价值判断,心也就释然了。

(二)弘扬文化

学生在学习数学时,一般很少接触除教材、教辅习题集之外的知识。所以为学生打开更广阔的视野最能体现一名"导师"的功力。但是数学作为文化的一部分,需要老师不失时机地在课堂中渗透《周髀算经》《九章算术》《几何原本》等作为人类文化瑰宝的内容。另外,有关张奠宙、张景中等数学家的科普读物也都是很好的文化育人资源。从2022版义务教育数学新课程标准颁布以来，数学文化越来越受到重视，教师作为文化的传播者，更应该站在更高的高度引领学生去探索、去发现。

如在教学二元一次方程组的时候，可用"鸡兔同笼"引入，这样可以彰显我们的文化自信。另外，还可以用算法统宗的《以绳测井》来作为巩固练习，让数学课堂弥漫着"文化的味道"。

> "今有雉兔同笼，上有三十五头，下有九十四足．问雉兔各几何？"

> 以绳测井，若将绳三折测之，绳多五尺；若将绳四折测之，绳多一尺。问绳长、井深各几何？

第三节 教师导得生动：案例品析

众所周知，培养人才的关键在教师，教师在课堂上能提供良好的支架，能根据教学目标、教学内容和学生的实际情况，精心设计教学方案，合理安排教学环节和教学活动，使教学过程富有逻辑性和吸引力。教师还能够制定科学合理的教学评价标准，运用多种评价方法对学生的学习过程和学习结果进行评价，及时反馈评价结果，为学生的学习提供指导和帮助。选择如下两则案例，希望读者管中窥豹，欣赏教师导得生动带来的灵动课堂。

【案例】基于单元统整的章起始课教学实践探索——以人教版"实数"为例[①]

时下，单元整体化教学备受关注，这也是笔者一直以来的探索研究，已形成了基于课程统整之上的整体化教学主张，其实这也是新的课程改革强调整体把握课程的大势所趋。但理念愿景与现实行动之间往往有距离，所以理念如何真正落地才是关键。笔者教学主张中"章起始课"的探索较好地解决了这一问题，现以初中数学"实数"为例，展示章起始课的设计历程，与诸位同仁共享。

1. 通观资源，整体规划

（1）对章前语、章头图的认识。

两段文字一个图，文图呼应。第一段通过创设科学情景，引出了一个数学问题，即如何知道二次幂求底数的模型，揭开了本章的核心问题；第二段文字通过单位正方形获得对角线的长度问题，这个长度数值不是有理数，而是相克而生的一类数——无理数，由此数系扩展为实数，然后类比有理数引入实数在数轴上的表示及其运算，并用之解决实际问题。而章头图是火箭发射图，呼应了第一段文字的科学情境。总之，章前语、章头图共同把本章的核心内容以及研究思路摆了出来，为章起始课的设计提供了统摄性材料。

---

① 邢成云.基于单元统整的章起始课教学实践探索——以人教版"实数"为例[J].中学教研（数学），2022(2)：1-5.

(2)立足课标,解读教材。

课标中对应本单元课程内容[1][2]:

①了解平方根、算术平方根、立方根的概念,会用根号表示数的平方根、算术平方根、立方根。

②了解乘方与开方互为逆运算,会用平方运算求百以内整数的平方根,会用立方运算求百以内整数(对应的负整数)的立方根,会用计算器求平方根和立方根。

③了解无理数和实数的概念,知道实数与数轴上的点一一对应,能求实数的相反数与绝对值。

④能用有理数估计一个无理数的大致范围。

⑤了解近似数,在解决实际问题中,能用计算器进行近似计算,并会按问题的要求对结果取近似值。

⑥了解二次根式、最简二次根式的概念,了解二次根式(根号下仅限于数)加、减、乘、除运算法则,会用它们进行有关的简单四则运算。

在无理式退出义务教育教材后,二次根式被划进了实数大范围,这一大范围在现行人教版教材中被分化为两章,一是七年级下册的实数,二是八年级下册的二次根式。作为七年级下册的实数,其学习目标是前5条(见前文),第6条是二次根式的学习目标。

教材解读:

本章教材分三个自然节:第一节以实际问题为基础,展开对算术平方根的研究,并通过拼图的探究活动引入无限不循环小数,接着介绍了计算器计算算术平方根;而后立足逆运算导出平方根及开平方的概念以及平方根的性质与求法。第二节仍以实际问题引出立方根及开立方的概念,类比平方根、算术平方根研究了立方根的性质和求法,最后介绍了用计算器求一个数的立方根。第三节是实数,它建立在数的扩充的基础上,由有理数融于无理数形成实数,同时把有理数的有关概念及运算迁移过来,构成实数的有关概念和运算。正文之外,还有一个"阅读与思考"和两个数学活动,阅读材料"为什么说$\sqrt{2}$不是有理数"以阅读的形式引发学生思考,渗透了反证法思想;活动1是体现平方根、立方根

---

[1] 中华人民共和国教育部.义务教育数学课程标准(2011年版)[M].北京:北京师范大学出版社,2012:27.

[2] 该案例中对应使用的教材,执行的是《义务教育数学课程标准(2011年版)》。

用场的实际问题,其中富含数学抽象、数学模型的核心素养元素,活动2是关于数学泰斗华罗庚速算的故事,通过故事的形式介绍了快速求立方根的方法,彰显出数学的价值性。

以上内容不仅是后面学习二次根式、一元二次方程以及解三角形等知识的基础,也为高中数学中学习不等式、函数以及解析几何等大部分知识做好"四基"的储备。

(3)育人价值分析。

这一章内容纵然不多,但其育人价值却是不菲的,它完善了代数运算体系,实现了数域的扩充与发展,把运算推向了一个新高地。尤其是运算结果的不唯一,对学生来说是个莫大的挑战,对无理数的理解,特别是对"无限"的认识,非几日之功,在此渗透了化无限为有限、用有限去研究无限的思想。作为代表的"$\sqrt{2}$"现在看来可触、可感、可视,但在刚刚发现这个"怪异"数时,却那么难以让人接受,西帕索斯也因此而命归大海,但他追求真理的精神永不湮没,这些均可成为学科育人的经典素材。

(4)整体规划单元学程。

第一课时为章起始课。整体统摄,勾勒出本章的结构图(把教材的章前语、"阅读与思考"融入)。

第二课时为顺承巩固课。在章起始课的基础上,进一步认识平方根、立方根以及算术平方根等概念及简单运算(把教材"活动1"融入,布置为课后作业,实现动手与动脑的结合)。

第三课时为深度探研课。在章起始课的基础上,深化认识无理数、实数等概念,以有理数运算为基础,同构实数运算,感知数的发展历程,形成对实数的深入认识。

第四课时为小结统合课。本节课是对本章的二次统整,立足教材小结,形成完善的知识结构,从而提高学生整理知识、反思建构的学习力(把教材活动2融入,布置为课后选做作业,给有兴趣的同学以思维进阶的机会)。

第五课时为分层考查课。分A、B、C三层级设立评价题目,形成AB、BC两个组合,由学生自选进行测试,其中A对应教材的拓广探索题,B对应教材的综合运用题,C对应教材的复习巩固题。B是保底评价题目,A、C两组题等分值设计。

根据"单元—课时"设计,本节起始课即为单元设计中的第一课时。

2. 立足起始,整体统摄

(1)教学目标。

①利用逆运算,获得平方根的概念,进而认识其基本性质,在此基础上获得算术平方根,会用根号表示,并了解算术平方根的非负性,明晰算术平方根与平方根的种属关系;

②通过类比获得立方根的概念及其有关性质;

③利用对两个单位正方形的有效拼图,感知$\sqrt{2}$的存在,通过阅读自学初步体验无理数;

④通过渐成性板书勾勒出本章知识概貌,形成整体研究路径。

(2)教学重难点。

重点:平方根(算术平方根)的概念及单元统摄结构的形成;

难点:平方根概念的获得以及对无理数的初步认识。

(3)教学过程设计。

环节1:起于拼图。

问题1:用两张面积为1的正方形纸片,能否通过有限次的剪切、拼接,拼出无缝隙的新正方形,用图示展示自己的拼法,并说明为什么能实现拼接。

教学说明:事先安排学生课前先行尝试,动手拼图,课堂上展示与交流理由,以感知面积等于2的正方形边长的客观存在性。

学生展示:两类拼图,引出关系式$x^2=2$,原因略,而后整理成如下图示。

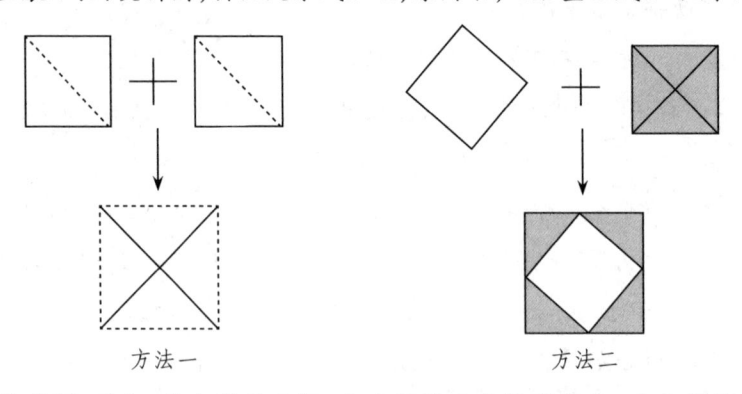

方法一　　　　　方法二

设计意图:面积、体积是平方根、立方根的天生依附载体,正方形的面积、立方体的体积是平方、立方的可感质体,是数与形结合的有效介质,这为学生拼图的可行性奠定了基础,让平方的逆运算有了可感的元素。基于此,利用教材中的拼图作为先行组织者,把核心问题揭示出来。

环节2:成于互逆。

问题2:章前语中第一段提出的问题以及环节1中的拼图形成的关系可抽象为$x^2=m$的形式,这里m是已知的,求x的取值。由此我们想到以前是如何处理的?

教学说明:通过一组填空唤起学生用逆运算研究的念头,然后引导学生回顾学过的逆运算:

$-3+(+12)=9$;$-3\times(-3)=9$;

$-3+(\quad)=9$;$-3\times(\quad)=9$;

加减互逆:$a+b=c \rightarrow a=c-b, b=c-a$;

乘除互逆:$ab=c \rightarrow a=\dfrac{c}{b}, b=\dfrac{c}{a}$;

顺势出示$(-3)^2=9$与$(\quad)^2=9$,在师生答问中提出问题3。

问题3:加法与减法互为逆运算,乘法与除法也互为逆运算。那么"知道指数2与幂m,求底数x",又是什么运算呢?它和平方运算有什么关系呢?

预设:又会出现一种新的运算叫开平方运算,结果叫平方根或二次方根,它与平方运算是互逆关系。

设计说明:利用逆运算(类比加减互逆、乘除互逆),由此引出新的运算——开平方运算(其本质就是求形式最简单的一元二次方程的根,故称之为二次方根或平方根)。

问题4:请同学们通过尝试活动及对互逆的认识,试着给出二次方根的定义。

预设:一般地,如果一个数的平方等于a,那么这个数叫作a的平方根,也称为二次方根(板书概念)。

求一个数a的平方根的运算,叫作开平方。

为拓展数的开方运算为式的开方运算,根据学情,若学生整体水平较高,可加一组小练习:

求下列方程中x的值:

①$x^2=4$。

②请观察下列方程,它们是怎样由方程①逐步转化的:$x^2-4=0$;$(x-2)^2-4=0$;$2(x-2)^2-8=0$。

③根据你的发现解方程：$\frac{1}{2}(x-2)^2-8=0$。

设计说明：本弹性环节既是拓展应用，又为解方程作铺垫。其中①是回归定义求解，②是以①为基础一步一步落实转化的，在化归中获得解方程的基本思路，③是通过②获得新发现的学以致用。

合作活动：同位互助，一名同学给出一个数，另一名同学给出其平方根。

预设：这样的开放性活动，将带来各类问题，如4,9,16等它们的平方根均有两个，而2,5,6,7等它们的平方根没法写出来，-4,-16等的平方根又找不到，0的平方根只有一个……

至此提出问题。

问题5：是否学过的所有数都具有平方根呢？在求一个数平方根的过程中会遇到哪些情况？

以上活动已充分暴露了一个数的平方根的各类情况，通过追问和追问之下学生的探索，平方根的性质已成型，教师可以与学生一起归纳出平方根的性质（教师板书，学生默记）：

(1)一个正数有两个平方根，它们互为相反数。

(2)0有一个平方根，它是0本身。

(3)负数没有平方根。

问题6：通过学生互助活动，已经对平方根的性质有了一定认识，但在活动中，也遇到了像2,5,6,7,11等数的平方根感觉有但又说不出来的问题，怎么办？

预设：在不能直接写出平方根的困惑下，类比圆周率3.141 592 6…写起来不方便而引进了一个符号"π"。

给出平方根的表示符号"$\pm\sqrt{}$"；然后回归问题1的拼图，获得拼出正方形的边长$\sqrt{2}$，由此顺理成章提出新概念——算术平方根(一般地，一个正数x的平方等于a，即$x^2=a$，则这个正数x就叫作a的算术平方根，记为"$\sqrt{a}$"。其中，a称作被开方数，0的算术平方根是0。)(教师板书算术平方根的概念)。

设计意图：通过问题6，摆出了一个非完全平方数的平方根的问题，感觉有而又表达不出来，困境就出现了，由此引入符号的必要性、价值性就凸显出来了，类比"π"的引进，顺理成章导出新符号"$\pm\sqrt{}$"，用此分别表示一个正数a的正的平方根和负的平方根。再回归拼图问题，突出正数的正平方根的实际意义，让算术平方根概念的引出显得自然又合情合理,避免了突兀出现,从而产生一个正数a的算术平方根的符号表示为$+\sqrt{a}$或$\sqrt{a}$。

问题7:关于平方根,我们研究了哪些内容?请同学们多角度地谈谈对平方根的认识。

预设:从平方根的定义、性质、与方程的关系、运算(逆运算)、符号、应用等角度切入。

设计说明:学生在七年级上册已学习了有理数加、减、乘、除、乘方运算,积累了加和减、乘和除相互间存在互逆关系的数学活动经验。本环节基于学生的已有知识和已有经验,研究了平方的逆运算,即开平方,为后继环节立方根的学习搭起了框架结构,它在教学内容上起着统摄统领、承上启下的作用。

至此,思维启动起来了,如果就此打住,就失去了思维进阶的机会,由此,老师提出问题8。

环节3:发言类比。

问题8:我们在学习数的平方后,还学习了立方以及乘方,体现了从特殊到一般的思想方法。类似的,在学完平方根后,同学们认为还可以进一步研究什么?

预设:研究立方的逆运算以及一般性的乘方的逆运算。如果一个数x的立方等于a,那么x叫a的什么?

如果一个数x的四次方及n次方等于a,那么x叫a的什么?……由此引出立方根、四次方根及一般意义上的方根(n次方根)。

相对应,立方与开立方也互为逆运算,即乘方与开方互为逆运算。

设计说明:借类比,乘东风获得开立方运算的结果称为立方根,进而提出n次方根的概念,但限于学段认知,n次方根将在高中进一步学习,在此不展开,点到为止,只是为了实现从平方根到n次方根的贯通,体现前后的一致性。初中仅研究偶次方根和奇次方根的两个代表:平方根、立方根。这样从特殊到一般的研究思路呈现出来,不但扩充了知识,更重要的是拓展了思维,这是基于素养、着眼发展的举措。

问题9:根据刚才平方根的学习经验,同学们认为可以如何研究立方根?请同学们设想立方根的学习思路_____。

预设:类比平方根的学习,我们需要研究立方根的定义、开立方的定义、立方根的性质、与方程的关系、立方根的符号表示、立方根的应用等。

依次板书:定义如果一个数的立方等于a,这个数就叫作a的立方根,也称三次方根。

记法:$\sqrt[3]{a}$。

性质:略。

设计说明:充分利用平方根教学过程所形成的大思路、大框架,引领出立方根的学习脉络,并共同服务于大概念的教学——乘方与开方运算的互逆性,一个是教结构,另一个是用结构,它们的逻辑连贯、一脉相承彰显出来,其迁移性能得以展现,这就是单元教学的价值所在。

问题10:请你从不同的角度谈谈对立方根的理解以及平方根、立方根的区别与联系。

预设:略。

设计说明:对比平方根和立方根的异同点,概括两者的相同点是一种同化过程,而厘清两者的区别却是一种分化活动,分化的过程促进了学生对概念的理解,便于学生将新概念纳入已有的认知结构中,加深对新、旧知识的联系,优化知识在大脑中的储存和提取。

环节4:终于内需。

问题11:通过上面几个环节的学习,我们发现出现了一些以前没有出现的数,如$\sqrt{2},\sqrt{3},\sqrt{5},\sqrt{11}$等,那这是哪类数呢?(或问这是有理数吗?)为什么?谈谈对它们的认识。

预设:讨论后指导学生阅读"阅读与思考",初步感知无理数。或通过梳理出数的发展历程的思路(再现数的逻辑发展历程:用微视频展播),到有理数,然后对照这4个数,发现它们不属于前面学习的各类数,那它们到底属于哪类数呢?

由此,新的一类数出场的必要性凸显出来了,这类数的价值性不用多言,顺理成章,意义建构,有理数、无理数携手出场,实数的概念水到渠成。至此,本章的概貌基本形成。

环节5:收于小结。

基于渐进性板书,知识系统结构图水到渠成,通过完善板书终成如下概貌。

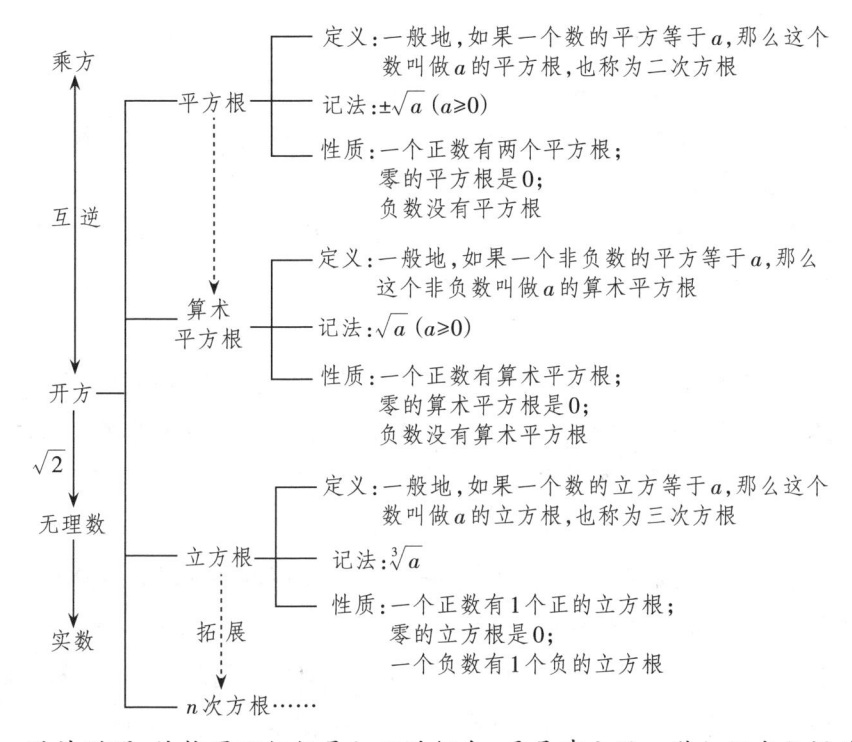

```
                        ┌─ 定义：一般地，如果一个数的平方等于a，那么这个
                        │        数叫做a的平方根，也称为二次方根
              ┌─ 平方根 ─┼─ 记法：$\pm\sqrt{a}\ (a\geqslant 0)$
              │         │
              │         └─ 性质：一个正数有两个平方根；
乘方           │                零的平方根是0；
 ↑            │                负数没有平方根
 │            │
 │            │         ┌─ 定义：一般地，如果一个非负数的平方等于a，那么
互逆          │         │        这个非负数叫做a的算术平方根
 │       ┌─ 算术 ──────┼─ 记法：$\sqrt{a}\ (a\geqslant 0)$
 │       │  平方根      │
 │       │            └─ 性质：一个正数有算术平方根；
 ↓       │                    零的算术平方根是0；
开方 ────┤                    负数没有算术平方根
 │       │
$\sqrt{2}$│         ┌─ 定义：一般地，如果一个数的立方等于a，那么这个
 │       │         │        数叫做a的立方根，也称为三次方根
无理数   ├─ 立方根 ─┼─ 记法：$\sqrt[3]{a}$
 │       │         │
 │       │         └─ 性质：一个正数有1个正的立方根；
 ↓       │                 零的立方根是0；
实数     │                 一个负数有1个负的立方根
         │
         └─ 拓展
              │
              └─ n次方根……
```

设计说明：结构图不仅仅是知识的组合，更是建立了一种知识点之间的内在结构，既可以展现学习的路径，也能表达数学概念学习的一般套路。这是对策略性知识的渗透，是着眼于学生会学的行动。

3.教学反思

(1)重构中厘清脉络。

现行人教版教材的设计是把算术平方根设为第一课时，然后才是平方根，随后是立方根，最后是实数的学习，这个脉络也基本体现了知识学习的基本路径。但笔者认为，作为具有统领性的章起始课，需要把本章学习的脉络厘清，让学生能见到森林，让知识之间的整体关联更加密切。基于此，对教材进行了解构再统合，首先研究平方根，然后学习其中的特殊一族也是关键一族——算术平方根，如此，它们之间的一般与特殊的关系会愈加清晰，在此基础上学习立方根将不成问题，就在这样的研究过程中不同于有理数的一类"数"登堂入室就水到渠成了。

(2)互逆中见诸生长。

平方与平方根、立方与立方根，相逆而生，代数中逆运算的构建、几何中逆命题的探索均是发现问题、提出问题的元认知性策略的践行。追溯旧知寻源头，逻辑发展即生长，是一种由内（基于数学的内部发展）而外的生成性学习，是

对运算的自我完善,面对加、减、乘、除、乘方运算的发展,在加减互逆、乘除互逆已有现实经验支持下,基于内部自洽,自然留下一个思维缺口——乘方是否有逆运算的构想。当然这样的思考也是基于对前四种运算一致性的认识,是整体观统摄,整体中孕育一贯,完善运算的行动。这种从逆运算角度引入新运算而完备知识系统的全息认识,使得教学更加自然顺畅,更加顺乎其然,展现出数学的本色。

(3)类比中一脉相承。

当平方根的学习落地后,类比平方根的研究思路自然能够获得立方根的系列知识,这是基于一致性的落实,就是把平方根的研究思路(吴亚萍教授的"教结构")迁移到立方根的教学中来(用结构),如此,不但是借了力,降了学生的认知负荷,简缩了探研时间,而且引导学生从学会走向了会学,真正落实了"教为主导、学为主体"的基本原则,在这样的一脉中加强了知识的逻辑连贯,章起始课的系统性、结构性、整体性跃然纸上。

以上案例可以看出,通过对整个单元的梳理理出了清晰的逻辑结构,使得各个核心的概念互相关联,学生也能感知此单元的本质,能以全局的观念看到核心的节点,课堂也灵动了起来。

【案例】"有理数的乘方"课堂实录

(一)创设情境,导入新知

师:大家看,老师手上有一张普通的A4纸,有人说将它多次对折,厚度可以超过世界第一高峰珠穆朗玛峰的高度,你们觉得可能吗?

生(众):不可能。

师:为什么这么说呢?

生1:因为它会被撑爆。

生2:在实际的对折过程中,因为纸张厚度的限制,对折不下去了。

师:今天中午,老师将一张A4纸对折,折到了第五次,变成我手中这个样子,然后折第六次的时候,发现很难进行下去。事实上对于一张普通的纸,如果不借助任何的外力,最多只能对折6次。那如果我们使这张纸不受折叠的实际限制,也就是说它能够无限次对折。那这时候对折后的厚度,有没有可能会超过珠峰的高度?

生(众):(异口同声)有。

师:看来大家的答案很统一。要解决这个问题,就是要明白,厚度能不能满足大于珠峰高度。查阅资料,珠峰的高度是8 848.86米,那对折后纸张的厚度怎么计算?

生没有明确答案。

师(拿纸张演示):看样子有点困难,大家看老师的实际操作,刚开始是一张普通的纸,对折第一次,纸张厚度如何列式计算?

生(众):乘2。

师:是什么乘2?

生3:1×2。

生4:不对,应该是原纸张厚度×2。

师:原始的纸张厚度,也就是本来这个薄薄的厚度再乘上2。那如果我们测量可以知道原来的纸张厚度是0.1毫米,那乘2,这个2表示的是什么呀?

生5:两张纸。

生6:不对,只有一张纸,是两层。

师:所以这个0.1是原来纸张的初始厚度,这个2是它现在有两层,也就是说,要算对折后纸张的厚度,计算公式等于原来的厚度乘上对折后的层数。现在老师告诉大家一个神奇的事情,对折后的厚度不只可以超过珠峰高度,并且只需要对折27次。让我们来看看对折次数跟层数有什么关系。

纸的对折次数与纸的层数之间的关系:

对折次数	1次	2次	3次	4次	…	27次
层数可表示为						

师:对折1次,层数变为2,那对折两次变为4,或者列式?

生(众):2×2。

师:那对折3次怎么列式?

生(众):2×2×2。

师:没错,3个2相乘。对折4次呢?

生(众):2×2×2×2。

师:4个2相乘。如果对折27次?

生(众):27个2相乘。

师:那怎么列式?我听到有同学很小声说2×2×2……他还在掰手指头帮助数数。来看老师这个式子对不对?

生数个数(众):26,还少了一个2。

师:如果我用乘法算式来表示27个2相乘,要很小心很注意,因为很容易少写2的个数。那这个算式能不能不写这么多个2? 可以怎么省略呢?

生七嘴八舌,答案不统一。

师:我们先前说过,可以适当使用省略号,可以只留下3个2和一个省略号(课件书写辅助理解)。那怎么表示是27个2相乘?

生(众):下面打个大括号,写上个数27个。

(二)合作探究,认识新知

师:非常好! 如果现在用乘法算式表示27个2相乘,这已经是最简单的方式,但还是需要写得比较多,数学追求简洁。所以我们引进一个新的运算,叫作乘方——求多个相同因数的积的运算。这是27个相同因数2的积,那引进新运算之后,你觉得这个式子它能记作什么呢? 有没有什么简单的表示方法?

生(众):2的27次方。

师:2^{27}可以表示上面的27个2相乘,你是如何想到这个形式的? 观察一下,我们之前有没有见过这样的形式?

生(小部分):平方。

师:2的平方,也就是2的二次方。还有吗?

生(众):2的立方。

师:所以合理推测,27个2相乘应该是2的27次方。那我们来梳理一下,到目前为止我们讲的内容(板书)。我们发现多个相同因数的乘积不好简单表示,所以引进了一个新运算叫乘方。乘方的定义是什么? 观察一下,哪里有答案?

生(众):PPT,求多个相同因数的积的运算叫做乘方。

师:我们把"多个"用字母n表示,相同因数用a表示。求多个相同因数的积的运算,就可以翻译成数学的乘法算式。这个乘法算式它可以简单地记作a^n。此时,a有一个新名字叫作底数,n有个新名字叫作指数。既然这个乘法算式跟乘方表示形式是同一个意思,那二者之间有什么联系呢? 底数a指数n跟乘法算式有什么联系呢?

生(众):指数是因数,指数是个数。

师:或者更加准确地说,底数是相同因数,指数是相同因数的个数。那既然指数是因数个数,那指数它的取值应该取什么范围? 比如说多个相同因数最少要几个?

生答案多样。

师:回忆一下,刚刚我们折纸的时候,对折次数是不是相当于指数,它是形如1,2,3,4这样的?

生7:正数。

生8:正整数。

师:没错,这节课我们研究的指数,它的范围是正整数,所以它最小可以取得1。那就是有一个a^1,当你看到它的时候就应该可以理解为底数是a指数是1的乘方,也可以简写为a,把指数1省略掉。我们知道指数n它属于正整数,那底数a有没有什么限制?这个a它可以取什么呢?

生(众):有理数。

师:底数a可以是任意的有理数,任意多个有理数相乘。我们说,乘方是一个求相同因数的积的运算,它是不是也会产生一个运算结果?像我们先前小学学习的加减乘除四则运算。比如说刚刚大家看到的2的27次方,它就表示27个2相乘,那运算结果是多少?

生沉默。

师:是不大好算,所以我们选择把2的27次方同时作为乘方运算的结果,也就是说当你遇到指数比较大的时候你就可以保留a的n次方这个形式作为运算的结果,我们读作幂。现在你看到a^n,会有几种理解角度呢?

生(众):两种。

师:第一种,它肯定是一个求相同因数积的运算,那第二种呢?

生:可以作为结果。

师:既然有两种理解角度,就有两种读法。那第一个,是刚刚一直读的a的n次方,现在还可以读作a的n次幂。让我们一起来通过齐读加深一下印象。

生(众):一般的n个相同的因数a相乘读作a的n次方。求n个相同因数的积的运算叫作乘方,乘方的结果叫作幂。

师:事实上a^n这个符号并不是像刚刚同学们那么简单就能推出来的,它在数学史上经历了相当长的一个探索过程。早在公元3世纪,古希腊的数学家丢番图首次用符号来表示乘方运算。到了16世纪,法国数学家韦达提出用字母表示数,他统一了幂的底数a。到了17世纪,英国数学家哈里奥特,他关于乘方的表示,跟刚刚同学们写的27个2相乘那个长长的算式是一样的。法国数学家艾里冈觉得太麻烦了,于是在此基础上保留相同因数,在右边写上因数的个数。

但这个方法缺陷非常明显,我们不知道a5它到底表示5个a相乘,还是a乘5。最后,法国数学家笛卡尔,他把因数跟因数个数位置上进行了一个区分,创造了新的幂符号a的n次方,我们现在还在使用它。

分类	3世纪 古希腊数学家 丢番图	16世纪 法国数学家 韦达	17世纪 英国数学家 哈里奥特	17世纪 法国数学家 艾里冈	17世纪 法国数学家 笛卡尔
二次方	Δ^Y	aq	aa	a2	a^2
三次方	K^Y	acu	aaa	a3	a^3
四次方	$\Delta^Y\Delta$	aqq	aaaa	更简便→ a4	更明确→ a^4
五次方	ΔK^Y	aqcu	aaaaa	a5	a^5
…	…	…	…	…	…
	首次用符号表示乘方运算	提出了字数表示数,统一了幂的底数a		指数与底数在同一行,容易混淆	创造新的幂符号a^n,沿用至今

(三)概念应用,巩固新知

师:接下来,请同学们拿出刚刚的学案,根据老师的读法,完成这个表格。好,做好准备。第一个,5的三次方,第二个,-2的四次方,第三个,$\frac{3}{5}$的二次方。

读法	5的三次方	-2的四次方	$\frac{3}{5}$的二次方
写法	5^3	-2^4	$(\frac{3}{5})^2$
表示	3个5相乘	4个-2相乘	2个$\frac{3}{5}$相乘
底数	5	-2	$\frac{3}{5}$
指数	3	4	2

师(投影学生作品):5的三次方,表示3个5相乘,是不是也可以用算式5×5×5,底数是5,指数是3。这一列没有任何的问题。来看第二列。

生9:没有括号!

师:为什么要括号,我们在这儿产生了一个分歧,到底怎么写?

生10:从结果的角度来讲,这两个结果不同,第一个结果是正数,第二个结果是负数。

师：可以从结果的角度来讲，一正一负肯定不同。

生11：意义不同，第一个是4个-2相乘，第二个是4个2相乘的相反数，4个2相乘，再取相反数。

师：那$\frac{3}{5}$的二次方，加了一个括号，要加吗？如果没有加会发生什么情况？

生：3的二次方。

师：大家类比能力很好。指数在谁的右上方，谁就是匹配的底数。如果没有加就变成3的二次方除以5。把这两列表格完善一下。

分类	$(-2)^4$	-2^4	$(\frac{3}{5})^2$	$\frac{3^2}{5}$
底数	-2	2	$\frac{3}{5}$	3
读法	-2的四次方	2的四次方的相反数	$\frac{3}{5}$的二次方	3的二次方除以5
意义	$(-2)\times(-2)\times(-2)\times(-2)$	$-(2\times2\times2\times2)$	$\frac{3}{5}\times\frac{3}{5}$	$3\times3\div5$

读法	5的三次方	-2的四次方	$\frac{3}{5}$的二次方
写法	5^3	$(-2)^4$	$(\frac{3}{5})^2$
表示	$5\times5\times5$	$(-2)\times(-2)\times(-2)\times(-2)$	$\frac{3}{5}\times\frac{3}{5}$
底数	5	-2	$\frac{3}{5}$
指数	3	4	2
结果	125	16	$\frac{9}{25}$

师：能不能告诉老师，关于-2的4次方，你怎么算出它等于16？

生（众）：4个-2相乘。

师：因为指数是4，所以是4个-2相乘。按照乘法运算的法则（生：奇负偶正），我们可以先定号正号，然后绝对值相乘，所以是16(板书)。那请同学们按照黑板上的格式完成以下3道题。

生动笔作答。

师：我们先来看第一道题，-4的三次方，就是3个-4相乘，算出来-64。那第二题，0.5的四次方按照定义转化为乘法，4个0.5相乘，再算最后答案0.062 5，有没有算错?

生(众):没有。

师:但老师在看的时候,还发现了另一种答案(投影另一种写法),第二种答案是$\frac{1}{16}$。事实上刚刚老师在巡的过程中,发现有同学0.5×0.5×0.5×0.5算不出来,需要列竖式计算。小数乘法不好进行,那我们是不是可以把0.5转成小数$\frac{1}{2}$,所以这个式子就等于$\frac{1}{2}$的四次方。那在写的时候按定义展开,算出来是$\frac{1}{16}$,是不是比刚刚更加容易算对,而且简洁一点。这就提示我们,当遇到底数是一个小数的时候,你可以适当地把它转化为分数,方便计算。来看最后一个。

生(众):负的,因为三个负数相乘。

师:这位同学计算结果的正负性没有确定清楚,怎样能避免像这样的错误呢?

生(众):先定号!

师:怎样能够确定a的n次方的符号呢?

生(少数):看指数。

师:观察一下这几个运算结果,如何确定a的n次方的符号?思考一下,谁能来说一说。

$$5^3 \quad (-2)^4 \quad (\frac{3}{5})^2 \quad (-4)^3 \quad 0.5^4 \quad (-\frac{2}{3})^3$$

生12:看指数,指数如果是偶数的话,结果就是负数。不,这个指数是偶数的话,结果就是正的,负的话就相反。

生13:指数是偶数的话,无论底数是什么,结果都是正的。如果指数是奇数,底数又是个负数,结果就是负的。

师:按照指数来分,确定指数奇偶,还要再按底数正负来分。有没有不同的分类方法?

生14:正数的话,指数无论是什么,运算结果是正数;如果是负数的话,它的指数如果是奇数,结果是负数,如果指数是偶数,结果是正数;如果是0的话,无论"折"多少次,它都是0。哪种分类方式清楚一点?

生(众):第二种。

师:我们把底数a分成三类,正数、0和负数。底数为正数,即a大于0,正数的任何正整数次幂都是正数;底数a等于0,0的任何正整数次方都会等于0,因为n个0相乘仍得0;最后一类负数,会复杂一点点,它的幂可正可负,根据谁来判断?

生(众):指数。

师:a为负数,如果n是一个奇数,那a的n次方就会是一个负数;如果n是一个偶数,a的n次方就会是一个正数。黑板上这是符号语言,我们来看看文字语言,一起齐读。

生齐读(众):正数的任何正整数次幂都是正数,0的任何正整数次幂都是0,负数的奇次幂是负数,负数的偶次幂是正数。

师:让老师看一下你们掌握得怎样,快速回答下面几个幂的符号。第一个。

生(众):正。

师:负数的偶次幂是正数,第二个。

生(众):正。

师:正数的任何正整数次幂都是正数,看第三个。

生(众):负。

师:负数的奇次幂是负数。第四个。

生(众):负的。

师:这个式子算出来答案是多少?

生(众):-1。

师:那如果把指数改为20?

生(众):1。

师:那如果升级一下,变成-1的n次方?

生(众):正、负1。

师:那什么时候是正1,什么时候是-1?

生(众):n为偶数是+1,n为奇数是-1。

师:最后一个。

生(众):负

师:指数6是偶数呀,为什么运算结果是负的?

生(众):底数没有加括号。

师:这个读法怎么读?

生(众):12的6次方的相反数。

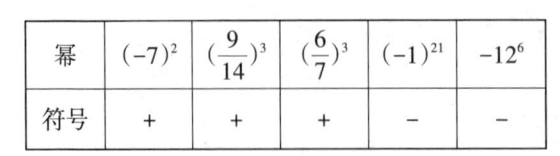

幂	$(-7)^2$	$(\frac{9}{14})^3$	$(\frac{6}{7})^3$	$(-1)^{21}$	-12^6
符号	+	+	+	−	−

$$(-1)^n = \begin{cases} 1, n\text{为偶数} \\ -1, n\text{为奇数} \end{cases}$$

师:以后我们在计算的过程中,会遇到$(-1)^n$,我们要对它的符号进行判断(课件呈现)。

生15:有个问题,那既然那个底数他能为0,那指数能不能为0?

师:这个问题问得好,大家有没有想过? 在这堂课我们研究的只是形如1,2,3,4这样的正整数,那往后我们会学习到指数还可以是0,还可以是负数,还可以是分数,我们慢慢往下学。那回到这节课最开始,我们看纸张的厚度到底会不会超过珠峰高度? 现在我们已经知道对折27次层数是多少?

生(众):2^{27}。

师:老师用计算器提前算出来,是1亿多。我们说厚度等于层数乘上单层值的厚度0.1毫米,算出来再单位换算,13 421.772 8米,大于珠峰的高度。事实上,当这个折纸的次数在往上增时,它还会继续变大,甚至最后会超过整个宇宙。

学生惊讶。

(四)拓展提升,课堂小结

师:这节课我们学习了什么内容呢? 你有什么收获?

生:在以后,遇到像2×2×2,然后乘很多次的时候,我们不用在那边一直计算,直接用乘方符号作为结果。就假如说我们要算27个2相乘,我们就不用一直去算,我们可以直接写2^{27}。

师:他悟到这堂课的精髓,我们想要简便书写27个2相乘,直接写2的27次方。乘方,求多个相同因数乘积的简便运算。当然,我们也不需要去算出来,直接保留2的27次幂作为运算结果就行。

师:这节课需要额外提醒同学注意的点是什么?

生(众):要加括号。

师:什么时候加括号?

生(众):底数为负数和分数。

师:如果没有加括号,那就代表求它的相反数。那最后,老师想送给大家两个式子(课件呈现)。

$$\begin{cases} 1.01^{365} \approx 37.8 \\ 0.99^{365} \approx 0.03 \end{cases} \qquad \begin{cases} 1.02^{365} \approx 1377.4 \\ 0.98^{365} \approx 0.0006 \end{cases}$$

师:你有什么想法？老师再补充 $1^{365}=1$。

师:这些式子是说,如果你每天都保持原来的状态,一年之后都不会有任何的变化。那如果你每天都比前一天多努力一点点、多进步一点点,一年之后你就会比今天成长好多好多。那如果你每天倒退一点点,那你就从1变到0.03,那你如果再倒退多一点点,就比现在差更多了。我们现在离中考还有很多时间,如果把指数再变大,这个式子的结果是会更加巨大,这提示我们什么呢？

生(众):努力学习多一点点。

师:最后还有一点时间,特地为我们班的同学量身定做了一道题 $(-7)^{2023}×(\frac{1}{7})^{2023}$。

生(部分):-1。

师:为什么？

生(众):乘在一起。先让-7跟$\frac{1}{7}$一组乘在一起,然后会有2023组。

师:稍微变形一下 $(-7)^{2023}×(\frac{1}{7})^{2024}$。

生16:$\frac{1}{7}$。

生17:$-\frac{1}{7}$。

师:课后再思考,到底是哪个答案呢？为什么。好,本节课愉快结束。

通过以上的课例我们可以看出,教师通过巧妙设置操作情境,产生悬念,让学生马上卷入参与课堂中,教师在和学生对话中及时给予学生以良好的情绪支持。对于课堂作业,能及时设计变式练习,使得数学本质得以彰显。更难能可贵的是教师在课堂中渗透相应的数学文化,让学生了解数学史,使得数学课堂中充满人文气息,最后乘方的应用,让学生知道每天努力一点点,时间长了就容易发生蜕变,也激励学生每天不断奋斗,课堂中充满灵动的气息。

第五章

师生良序互动：
为了学生的社会参与

第一节 师生良序互动:现状分析

社会互动一词最早是由德国的社会学家齐美尔(Simmel)在1908年所著《社会学》一书中使用的。随后,美国的社会学家米德(G. H. Mead)提出了符号互动论,其认为:互动是主体之间借助符号产生的一种相互作用过程。尤其强调互动是一个由自我互动、人际互动和社会互动三个阶段组成的动态过程。[①]

19世纪,社会学开始运用互动这一概念来解释一些社会现象,并将互动的含义解释为:人与人之间的心理交互作用或行为的影响,是一个人的行为引起另一个人的行为或改变其行为和价值观的任何过程[②]。

在《教育大词典》中,顾明远先生将互动的概念界定为:人与人或群体之间发生交互动作或反应的过程,也包括个人与自我的互动过程[③]。

关于师生互动的研究随着教育研究的深入,人们开始将互动一词运用到课堂教学中,产生了师生互动一词。

钟启泉(2010)认为,师生互动是一个动态交流的、生成的过程,是在课堂教学中,师生之间为了实现教育教学目标而调动课堂教学的各个要素、彼此间进行良性交互作用的过程。张紫屏(2015)认为,师生互动指的是在课堂教学情境中,师生之间为了完成教学任务而进行的各种言语或非言语的交互作用。

国内外学者从不同的角度对师生互动的类型进行了划分,由于划分标准的不同,导致得到的类型也不同。通过对文献的梳理,我们发现主要的划分标准有以下几种。①从"师生互动主体"的角度划分,美国学者阿什利(B.J.Ashley)等人根据教师与学生在互动过程中主从地位的不同将师生互动分为三种类型,分别是:教师中心式互动、学生中心式互动和知识中心式互动。戴海燕(2010)认为,互动指的是主体双方依靠言语或非言语行为交流信息、表达情感、传递思想的过程,可以将信息传输过程中人与人之间产生的所有相互作用均概括为师个

[①] 中国大百科全书总编辑委员会《社会学》编辑委员会,中国大百科全书出版社编辑部.中国大百科全书社会学[M].北京:中国大百科全书出版社,1991:47-51.
[②] 章人英.社会学词典[M].上海:上海辞书出版社,1992:151.
[③] 顾明远.教育大词典[M].上海:上海教育出版社,1992:442.

互动、师群互动、个个互动、个群互动和群群互动五种。②从"师生互动主体间关系"的角度划分,利皮特(Lippitt)和怀特(White)把教师在课堂教学中对学生的领导方式分为权威、民主和放任三种,与之对应课堂教学中的师生互动就分为教师命令型、民主协商型和师生互不干涉型三种。吴康宁根据课堂教学中学生与学生之间关系氛围的不同,将师生互动分为合作型、对抗型和竞争—对抗型三种,其还根据课堂教学中教师与学生之间关系氛围的不同,将师生互动分为控制—服从型、控制—反控制型和相互磋商型三种。③从"师生互动内容及程度"的角度划分,范利尔(Van Lier)根据课堂教学中教学活动与讨论话题出现频数的不同,将师生互动分为四种类型,分别是:话题和活动都少的互动,话题多但活动少的互动,话题少但活动多的互动和话题与活动都多的互动。蔡楠荣根据互动内容的不同,将师生互动分为行为上的互动、情感上的互动和知识间的互动,其还根据互动所依赖媒介的不同,将师生互动分为言语互动和非言语互动。于浩根据师生间互动程度的不同,将师生互动分为表征型和实质型。其中,表征型互动指的是课堂教学中师生之间的互动只具有交往的外在形式,而不具有交往的实质内容,是一种低效或无效的交互,而实质型互动指的是在课堂教学中,师生双方在平等对话的基础上相互理解、交换意见、共同发展、不断提高,是一种有效的互动。

  师生互动模式是对互动活动的理想化抽象,是对互动各要素之间关系的简明扼要的描述。课堂中的师生互动是一个动态生成的过程,所以在不同的教学情境中,会出现不同的互动模式。①由于研究视角和研究侧重点的不同,不同的研究者得出的师生互动模式也不尽相同,主要有以下几种。

  贝拉克(Bellack)用公式"诱导—应答—反应"来概括课堂教学中的师生互动模式,梅汉(Meehan)对贝拉克提出的公式进行了拓展延伸,提出了"IRE"的师生互动模式,即"教师主导(teacher initiative)—学生响应(student re sponse)教师点评(teacher evaluation)"。②

  从社会心理学的角度出发,陈枚将课堂教学中的师生互动结构用一个"三侧面三层面的三棱柱体"模型概括,其中"三侧面"指的是师生之间互动的三种形式,分别是:信息的交流、相互的感应和相互的影响;"三层面"指的是师生之间互动的三个层次,分别是:个性层次、角色层次和群体层次,这些不同形式、不

---

① 郭昕.高中数学课堂师生互动研究[D].郑州:河南大学,2019:5.
② 张紫屏.课堂有效教学的师生互动行为研究[D].上海:上海师范大学,2015:17.

同层次之间的交往行为相互交错、轮流出现,共同构成了一个完整的师生互动结构。①

从工程学的角度出发,王家瑾将课堂教学中的教师、学生和教材看作是师生互动的三大核心要素。在数学教学中,关于师生互动的研究具体到数学学科,主要集中在师生互动的模式与特点、言语互动与非言语互动和师生互动的现状与教学策略三个方面。

曹一鸣和贺晨(2009)在LPS项目的研究中,收集了北京上海和两地区的初中数学课堂教学录像作为研究对象,通过分析发现:一是师个互动、师组互动、师班互动和交叉互动是课堂教学中存在的主要互动形式;二是课堂教学中所有的师生互动均是由教师发起的,教师把控着课堂的节奏与进度;三是师班互动在课堂教学中最为常见,师组互动相对较少,在课堂教学中师个互动与师班互动循环交替、轮换出现。

于国文等(2019)在LPS项目的另外一项研究中,收集来自中国、法国、澳大利亚、芬兰四个国家的八年级数学课堂教学录像作为研究对象,对其中的师生互动行为进行了对比研究。通过研究得到以下结论:一是数学课堂教学中师生互动的模式可以概括为五种,分别是教师讲解—学生听讲式互动、教师提问—学生回答式互动、学生提问—教师回答式互动、学生做题—教师辅导式互动和课堂管理;二是在课堂教学中教师的话语量远超过学生的话语量;三是学生在课堂教学中的话语主要以被动回答教师提问的形式存在;四是教师在课堂教学中对教学语言的使用远远大于对数学语言的使用;五是在课堂教学中,学生与学生之间的对话明显不足。

赵冬臣等(2014)以13节小学数学优质课为研究对象,从课堂中师生话语的角度进行了定量分析。通过研究发现:一是在课堂教学中教师把握着话语主动权,教师的话语量与话语机会均高于学生;二是学生在课堂教学中的发言以短话语的形式为主;三是学生5字以内的齐言现象在课堂教学中较为常见。

有研究表明,目前数学课堂教学中师生互动行为存在的最主要的问题有两个:一个是师生互动形式化;一个是教师霸占话语主动权。②

---

① 陈枚.师生交往矛盾的心理学分析[J].教育理论与实践,1992(1):46-52.
② 潘亦宁,王珊,刘喻,等.初中数学课堂上的师生互动研究——基于视频案例的分析[J].教育理论与实践,2015,35(8):59.

西南大学的罗圣洁从国内外数学教育改革背景和我国初中数学教育的现状出发,确定了以初中数学优质课为对象,以课改二十年来初中数学课堂互动特征的变化作为研究的课题,以iFIAS互动分析系统作为分析框架,然后运用课堂观察法来收集数据,进而对数据进行筛选、整理、分析。最后,她根据分析结果,对不同阶段的初中数学课堂互动行为从课堂互动结构、教师言语倾向、学生发言倾向、课堂情感气氛和其他互动特征等方面进行对比研究,总结出各阶段初中数学课堂互动具有哪些变化特征,并依据现阶段的互动特征提出了具有针对性的教学建议,流程如下图5-1所示。

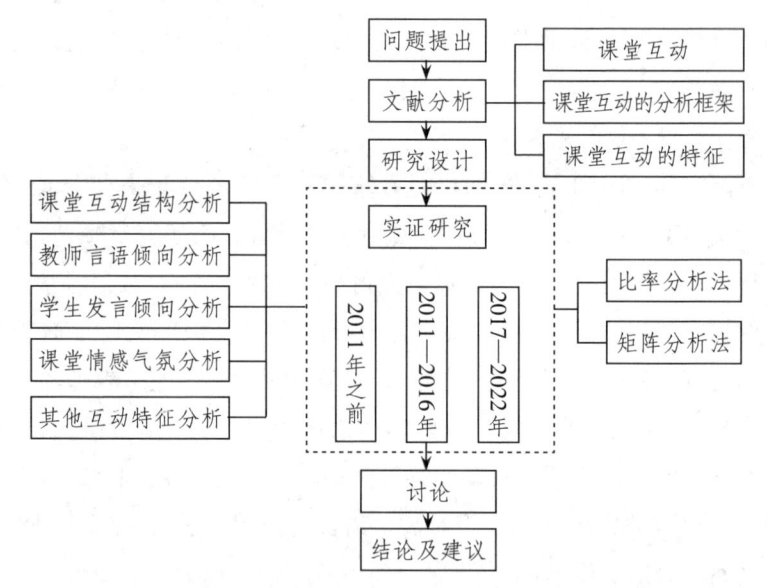

图5-1 我国初中数学课堂师生特征的变化研究思路

其研究采用的样本来源主要有"一师一优"国家教育资源公共服务平台的部优级课程以及省市级比赛中的获奖作品。该研究的主要目的是追踪课改理念对课堂互动的影响,因此从近二十年来的初中数学优质课堂中选取样本,并将其分为2011年之前,2011—2016年,2017—2022年三个阶段,每个阶段选取6个优质课堂样本。分析比较这18节课是基于以下考虑:首先,这些数学课堂经过筛选在全国或各省市级评比中获得殊荣,可以认为它们能够充分反映当时的教育理念;其次,采用同课异构的方法,各阶段教学主题相同,教学对象的年级相同,具有可比性;最后,样本源自不同年代的课堂,这使我们有理由假设它们之间存在差异。考虑到本研究结果的普遍适用性,最终选取的样本在每个阶段均包含数与代数、图形与几何、统计与概率三个知识领域。特别的,课程改革对于统计与概率领域愈发重视,经过近二十年的过渡和发展,其课堂互动的变化情况可能尤为明显。除此之外,为了控制无关变量,该研究选取的课堂均为新授课。具体情况如表5-1所示。

表5-1　三个阶段初中数学课堂个案基本信息

阶段	具体年份	编号	知识领导	课题
2011年之前	2007年	A1	数与代数	同底数幂的乘法
	2005年	A2	数与代数	变量与函数
	2004年	A3	图形与几何	平移的概念与性质
	2008年	A4	图形与几何	三角形的三边关系
	2003年	A5	统计与概率	感受可能性
	2005年	A6	统计与概率	数据的收集
2011—2016年	2012年	B1	数与代数	同底数幂的乘法
	2016年	B2	数与代数	变量与函数
	2015年	B3	图形与几何	平移的概念与性质
	2015年	B4	图形与几何	三角形的三边关系
	2014年	B5	统计与概率	感受可能性
	2015年	B6	统计与概率	数据的收集
2017—2022年	2021年	C1	数与代数	变量与函数
	2019年	C2	图形与几何	平移的概念与性质
	2019年	C3	图形与几何	三角形的三边关系
	2022年	C4	统计与概率	感受可能性
	2022年	C5	统计与概率	数据的收集
	2019年	C6	数与代数	变量与函数

一　师生话语均衡,但主体彰显不足

随着课程改革的推进,教师在数学课堂上逐渐让渡给学生更多的话语空间,由过去的教师言语占绝对优势向师生言语均衡化发展。自2001年课改以来,我国数学课程始终强调要以学生为主体。然而《义务教育数学课程标准(2001年版)》在强调学生主体性的同时,却对接受式学习和教师的主导作用避而不谈,但又仍表现出"双基"为导向的知识学习观,显然以教师为中心的教学更有利于基础知识与基本技能的课程目标的达成。[1]课程理论之间的自洽稍显不足,可能使得教师在课堂中无法认同新课程的要求,一项调查就显示教师对课改的总体评价表示"很满意"的仅为3.3%,"满意"的为21.3%,因此可能导致第一阶段的数学课堂在实际中仍显示出教师话语占绝对优势的特征。

《义务教育数学课程标准(2011年版)》强调认真听讲、积极思考、动手实践、自主探索、合作交流等,都是学习数学的重要方式。

这种观点体现了将传统教学精髓与探究、合作等新理念相结合的意图。同时,《义务教育数学课程标准(2011年版)》明确提出"四基"的课程目标,"活动—知识—思想"多元层次目标隐喻的是一种动态数学观,即将数学看成人类的创造性活动[2],再到数学学科核心素养的提出,使得"以学生为中心"的诉求愈发合理。在改革的渐进性和课程理论持续更新的影响下,2011年之后的初中数学课堂至少在师生话语权上已经显示出对理论改革的迎合。虽然初中数学课堂在话语空间上逐渐显示出对学生方面的关注,但学生主体性在课堂上仍难以得到真正彰显,具体表现为互动几乎均由教师发起,学生主动发言的情况仍较少。结合数学课堂录像发现,学生虽然对教师的要求和提问进行了回应,但大多是在教师的安排下进行的,而个别同学在主动澄清、发散自己的见解时,往往会被教师打断,从而使得学生的主动回答很快转换成教师牵制下的被动回答。在素养导向的理念下,教师应当为学生的自我建构提供适当的时间和空间已成为共识[3]。但出于对课堂效率的考虑,教师总是想让数学课堂按照预设的教案进行,剥夺了学生自由发表见解的权利。在这种情况下,教师仍被假定为数学知识的优先占有者,引导课堂言语互动向自身预设的方向发展[4],学生的主体性意识也

---

[1] 丁朝蓬,刘亚萍,李洁.新课程改革优质课的教学现场样态:教与学的行为分析视角[J].课程·教材·教法,2013,33(5):52-62.
[2] 朱黎生,沈南山,宋乃庆.数学课程标准"双基"内涵延拓的教育思考[J].课程·教材·教法,2012,32(5):41-45.
[3] 同[1].
[4] MOLINARI L, MAMELI C, GNISCI A. A sequential analysis of classroom discourse in Italian primary schools: the many faces of the IRF pattern I [J]. British Journal of Educational Psychology, 2013,83(3):414-430.

就难以形成。从数据分析中还可以发现,课改以来各阶段的数学课堂中学生主动提问的行为极少,这与以往学者的研究结论一致。[1]

二 "师班互动"为主,但缺乏"师个互动"

课改二十年来,我国初中数学课堂的教师提问比率明显上升,教师发起的互动行为由"讲授为主"向"提问为主"转变。《义务教育数学课程标准(2011年版)》弱化教师的主导作用,反而可能会导致课堂中的接受式学习和学生自主学习逐渐脱节。而《义务教育数学课程标准(2011年版)》呈现出"学生探究与教师讲授相融合"的回归倾向,强调应平衡好教师讲授与学生自主学习的关系。这种"讲授"不应只是单向的灌输,而是通过提问启发学生逐步形成知识的循循善诱的过程。[2]

从整体数据来看,课改二十年来,初中数学课堂中学生发言长期以"师班互动"下的被动应答为主,"训练性问答"互动较多,齐言现象明显,这与以往学者的研究结果相同[3]。课改二十年来,我国初中数学课堂学生主动举手回答而形成的"师个互动"长期普遍较为缺乏,"创造性询答"互动比例较低。历届数学课程标准还强调数学课程的发展性,但在师班互动的情况下,教师难以进行追问并了解个别学生的掌握情况。学生方面,这会导致大部分学生缺乏自身思考,而个别思维敏捷的学生其个性得不到凸显,会减少学生对数学的学习兴趣,这与"不同的人在数学上得到不同的发展"是相悖的。而在一对一的互动中,教师能耐心倾听学生的阐述,观点不一致时能够与学生进行平等的交流,同时也能缓解师班互动过程中"滥竽充数"的现象。当学生主动公开并详细阐释自己的想法时,尤其是涉及较高难度认知水平的思考和输出时,师个互动能够进一步

---

[1] 赵冬臣,马云鹏.教学改革的渐进性:不同年代优质课研究的启示[J].教育研究,2012,33(10):115-123.
[2] 罗圣洁.课改二十年来初中数学课堂互动特征的变化研究——基于18节课堂录像的分析[D].重庆:西南大学,2023:52.
[3] 于国文,曹一鸣,CLARKE D,等.师生互动的实证研究:中芬法澳四国中学数学课堂中的师生互动[J].全球教育展望,2019,48(1):71-81.

激发对数学学习的兴趣①。但基于以上教育现实和文化传统的影响,在有限的教学时间内,我国的数学课堂仍然显示出师班互动为主的特征。

三 重视生生互动,但独立学习太少

研究发现,课改二十年来的初中数学课堂的课堂讨论时间明显增加,说明"生生互动"在初中数学课堂互动中逐渐占据了重要地位。课改以来我国数学课堂始终强调"合作交流"是一种重要的学习方式,但在第一阶段的初中数学课堂中,除了统计与概率的课堂外,这种学习方式却未得到广泛运用。后续数学课程标准关注的思维和素养是存在于人身上的一种生命化的东西②,而小组合作的探究式学习更有益于培养数学思维和素养,这也是新课标倡导项目式学习、主题式学习下必备的一种学习方式。在理念的进一步完善下,2011年后的初中数学课堂均存在较多课堂讨论的时间。第二阶段,在"生生互动"下还表现出明显的"师组互动"的特点,小组讨论时教师不再游离于学生活动之外,而是走下讲台给予学生必要的指导并及时把握讨论的进度。在小组讨论后,后两个阶段的课堂给予了学生更充分的时间展示小组成果。第三阶段的部分课堂中还允许学生上台展示,创新了以往一问一答的展示过程。直接让小组成员与全班同学对话,这种学生讲解的互动类型是课改过程中所形成的一种新的学习方式,它给予学生展示观点、解释缘由以及与全班进行沟通协商的机会③。同三个阶段的课堂有益沉寂时间和学生连续独立学习的行为均呈现出"少—多—少"的变化趋势。

《义务教育数学课程标准(2001年版)》将"数学思考"列入课程目标,并倡导"自主、合作、探究"的学习方式;但均未明显表现出对学生独立学习的关注。这个特征在第三阶段的课堂表现得尤其明显,学生独立学习时间在经历了第二阶段的短暂上升之后又出现了明显的下降趋势,甚至低于第一阶段。《义务教育数

---

① 朱雁,徐瑾劼.TALIS2018视域下中英初中数学课堂的审视与比较[J].中国教育学刊,2019(11):24-30.
② 陈佑清,胡金玲.核心素养导向的课程与教学改革的特质——基于核心素养特性及其学习机制的理解[J].课程·教材·教法,2022,42(10):12-19.
③ 王新民,吴立宝.课改十年小学数学课堂教学变化的研究[J].中国电化教育,2012(8):111-114.

学课程标准(2022年版)》将学习方式中的"积极思考"改为"独立思考",进一步明晰了对学生独立学习行为的重视。教师对学生的问题回答结果大多仅仅停留在对错判断上,而未加上一些评价性、鼓励性的语言,错失了情感与态度教育的最佳时机。这种情况的另一个极端是为了在表面上落实情感与态度目标,数学教师在课堂上大量使用表扬、激励语言,但称赞的措辞较为简单且流于形式,如"好""不错""很好""对"等。这实际上走入了一个误区,因为对学生的表扬并不是越多越好。正确的做法应该是既要抓住情感与态度教育的时机,又要对学生的回答采用更加清晰、具体的评价语言,进而与学生进行情感上的有效互动。

四　技术使用增加,但未能实现融合

《义务教育数学课程标准(2011年版)》强调要"合理利用"信息技术。罗圣洁的研究表明,在2011—2016年的课堂中,信息技术基本贯穿于整个课堂,实现了常态化,技术的种类也日趋丰富,如FLASH动画、教育游戏、几何画板等。大部分初中数学课堂虽有意识地给予学生操纵技术的机会,但仍较为浅层。这表明技术的使用仅局限于作为一种展示工具,而未被充分发挥其作为探究工具的潜能,这种情况下,技术只是提高教学效率的手段,并非课堂学习本身,甚至快节奏的知识呈现可能还会侵占学生自主思考的时间。

五　教师提问增加,但单向互动明显

初中数学课堂中,教师提问行为的频率显著增长,标志着教学互动模式从传统的"以讲授为核心"逐步转变为"以提问为主导"。然而,《义务教育数学课程标准(2001年版)》在弱化教师主导地位的同时,可能无意中加剧了课堂中接受式学习模式与学生自主学习能力的潜在分离。相比之下,《义务教育数学课程标准(2011年版)》则展现了学生自主探究与教师有效讲授相结合的复归趋势,明确倡导需妥善协调教师讲授与学生自主学习之间的平衡。在此框架下,教师的"讲授"被重新定义为超越单向知识传递的过程,转而通过精心设计的问题引导学生,促使他们在思考中循序渐进地构建知识体系,实现教学过程中的启发与引导。

第二节 师生良序对话:实践策略

一 对话问答

对话问答是一种教学方法,强调师生之间平等、民主的交流。在这种方法中,教师不再是单纯的知识传授者,而是成为学生学习过程中的引导者和促进者。学生通过与教师的对话,可以表达自己的观点、疑问和困惑,而教师则通过问答的方式,引导学生深入思考,帮助他们理解和掌握知识。

对话问答的教学价值主要体现在以下几个方面。

(1)激发学生的学习兴趣:通过对话问答,教师可以针对学生的兴趣和需求,设计有趣的问题,从而激发学生的学习兴趣,使他们更加积极地参与到学习中来。

(2)培养学生的思维能力:对话问答需要学生思考、分析和回答问题,这有助于培养学生的思维能力,提高他们的逻辑思维和批判性思维。

(3)促进师生之间的互动交流:对话问答使师生之间的互动交流更加频繁和深入,有助于建立良好的师生关系,营造和谐的课堂氛围。

(4)提高学生的语言表达能力:通过对话问答,学生可以锻炼自己的语言表达能力,学习如何清晰、准确地表达自己的观点和思想。

(5)帮助学生理解掌握知识:对话问答可以帮助学生更好地理解掌握知识,因为在对话过程中,教师可以根据学生的反馈,及时调整教学策略,使教学更加符合学生的实际需求。

总之,教学中对话问答的内涵和价值在于通过平等的师生交流,激发学生的学习兴趣,培养学生的思维能力,促进师生之间的互动交流,提高学生的语言表达能力,并帮助学生理解掌握知识。

对话问答最常见的方式是交谈式对话。阿伦兹在《学会教学》一书中提到,课堂中的讨论和交谈是教学所有方面的核心。交谈式主要指"启动(教师在课堂上提问)—回应(学生回答)—评价(教师通过表扬或者纠正学生的错误进行评价)"模式。这种被称作"IRE"的传统模式往往为新课程的教学论者所诟病,认为这不是真正意义上的富有建构意味的"对话"。在灵动课堂的构建中,笔者试图打造升级版的交谈式对话。这种升级版的交谈不是普通的聊天,而是蕴含教育性的相互倾听和言语,交流与探讨,欣赏与评价。包括师生之间,也包括生生之间的言语表达和思想对话,需要师生彼此敞开自己的精神世界从而获得思想的交流和价值的分享。

交谈式对话是以问题教学情境为背景,以问题为引导展开的。实践中,需要教师掌握五个关键词:倾听、引导、追问、辩难、评价。[1]

师生间有效沟通的基石在于倾听的艺术。倾听不仅是对话流畅进行的先决条件,更是引导提问方向与内容的无形之手。在教育中,许多教师惯于在众多回答中寻觅心仪的答案,一旦学生偏离预设轨道,便急于打断,转寻他者,直至觅得"知音"。然而,这并非真正意义上的对话交流。真正的对话建立在相互尊重之上,尤其是教师对学生意见的尊重。诚然,预设答案有其必要性,但学生偏离轨道的回答往往潜藏着宝贵的教学契机,其价值或许超越预设本身。因此,在灵动课堂中,教师的首要任务是耐心倾听,鼓励学生充分且自由地表达,并从中敏锐捕捉素养培育的新视角,避免粗暴打断,确保对话的连贯与深入。

引导与追问,则是师生对话深入发展的核心策略,旨在优化学生思维,彰显教师智慧。对话非闲聊,而是有计划、有组织的教学互动。教师需通过创设情境与过程指导,引导学生深入思考。面对学生回答的多样性及可能的不完整,教师应以学生的回答为起点,灵活提问、提供新视角或反例,帮助学生构建思维桥梁,促进其反思与深化理解。这种基于深厚专业知识的引导方式,能有效促进学生自我发现问题,发展并校正思维,形成对数学问题的全面认识与独到见解,推动对话向更深层次迈进。同时,引导需适度,避免过度干预与控制。

辩难,作为对话的高级形态,旨在拓宽学生思维边界。当学生表达过于片面或绝对时,教师可巧妙设置对立情境,以反问激发思考,通过观点碰撞促使学生重新审视问题。此过程中,教师应保持温和态度,用鼓励而非压制的语言,激发学生的表达欲望。

最后,评价作为对话的收尾,要求教师及时且具体地反馈学生发言。正面肯定为主,即便答案不完美,也应鼓励学生保持思考与表达的积极性。同时,评

---

[1] 苗颖.灵动课堂——我的历史教学主张[M].上海:上海教育出版社,2020:244.

价需指出优点所在,让学生感受到成功的喜悦,从而激发其持续学习的动力。

【案例】同底数幂的乘法引入

师:同学们,记得在七年级的时候,我们研究整式的加减。大家觉得按之前的学习逻辑,接下来我们应该继续研究它的什么运算?

生:整式的乘除。

师:很好,那我们不妨就先看一下整式的乘法,整式包含了什么?

生:包含单项式,还有多项式。

师:好,我们简单记为单、多,你觉得整式的乘法会有几种情况?

生:两种。

师:哪两种?

还有学生说四种,三种……

师:哪位同学说说看?

生:三种,单项式乘单项式,单项式乘多项式,多项式乘多项式。

师:那这三种情况,大家觉得我们可以从哪种入手开始研究呢?

生:单乘单。

师:为什么?

生:因为它最简单。

师:好,就从最简单的开始,老师举一个单乘单的例子,比如:$2x^2y^3 \cdot 3x^3y^6$,单项式是数与字母的乘积,所以根据乘法的交换率和结合率,单乘单是不是可以看成数与数、字母与字母的乘积,数与数大家是熟悉的,这种形式(x^2)我们把它称为什么?

生:幂。

师:所以要研究单乘单,是不是可以先从幂的乘法入手?

(学生点头)

师:那接下来就先来研究幂的乘法。先请大家思考一个问题,大家觉得幂的乘法会有规律吗?

(学生点头)

师:感觉会有,是吧? 我们就带着这个问题来研究,怎么入手开始研究呢?

(学生茫然)

师:回顾一下,我们原来在学有理数和实数的加减乘除时,是先通过举例,然后发现规律总结出法则的。所以咱们今天不妨就从举例入手,举几个幂相乘的例子,为了研究方便,先写两个幂相乘的算式。

先展示两位同学的例子:

生1:$x^2 \cdot x^2$;

$x^3 \cdot x^3$;

$x^4 \cdot x^4$;

$x^5 \cdot x^5$。

生2:$10^8 \times 10^9$;

$10^2 \times 10^3$。

师:这么多的例子,我们要一个一个研究吗?

生:不用。

师:那大家觉得可以怎么样研究?

生:分类。

师:上面展示的这两位同学的例子,大家觉得它们有什么共同特征呢?如果让你分类,把它们分几类?

生:底数都相等(相同)。

生:有一类是底数和指数都相同,还有一类是底数相同,指数不同。

师:你写的算式中有没有跟他们特征不一样的?

生:$x^2 y^4$。

师:这个属于不同底不同指,还有没有不同的?

生:$x^3 y^3$。

师:你还能写出第5种情况吗?只有这4种情况了吗?

学生茫然。

师引导:它既然由底数和指数构成,底数有几种情况?指数有几种情况?所以组合起来总共几种情况?

生:4种。

师:这4种情况大家觉得可以从哪一种入手开始研究?

生:同底同指。

师:为什么选择它?

生:因为它最简单,特殊。

师:在数学中,特殊的结构往往就会有特殊的结论,所以咱们就先选择同底同指来进行今天的第二个探究——同底同指的幂相乘。

师:大家觉得底数相同、指数相同的幂相乘会有规律吗?

生:有。

师:怎么入手开始研究?

生:举例。

师:开始懂得类比探究了,也是从举例开始,但这次举的例子跟上次稍稍有点不同,需要你们不仅列出算式,而且要计算出结果。

师:请写第三个算式的同学说说他的依据是什么呢?

$x^2 \cdot x^2 = x \cdot x \cdot x \cdot x = x^4$

$3^2 \times 3^2 = 81 = 3^4$

$4^2 \times 4^2 = 4 \times 4 \times 4 \times 4 = 4^4$

生:$4^2 = 4 \times 4$,所以2个4^2就等于$4 \times 4 \times 4 \times 4$。

师:应用的是乘方的意义,把它退回乘法进行计算。

师解释说明另外两个同学跟这个方法是一样的。有一位学生将81的结果写成了3^4。

师:你都得到结果81了,为什么还要写成3^4?

生:这样会比较容易发现规律。

师:你发现了什么规律?

生:同底同指相乘,指数相加。

师:你讲的是指数部分,还有没有要补充的?

生:底数不变。

师:有没有同学归纳的规律跟他不太一样的?

师:如果把相加换成两倍,你觉得哪一个更能揭示它的特殊性?

生:2倍。

师:所以这里我们用指数的两倍。

师:左边部分的规律相当于是它的已知算式,右边部分相当于是它所得的结果,从这两部分总结了它的规律。这个规律是从特殊的具体的有限的例子得到的,你能说明它对所有的情况都满足吗?也就是说是不是所有底数相同、指数相同的幂相乘都会有这一条规律?你能证明吗?

生:可以用字母表示。

师:这句话讲得很好,那你说说怎么用字母表示?

生:$x^y y^y$。

老师建议:y 表示的是 x 的个数,所以它只能在正整数范围内取值,正整数一般用 n 或 m 来表示,底数习惯用 a,b,c 表示。

生:把它分解开,就有 $2n$ 个 a 相乘,就是 a^{2n}。

师:为什么会是 $2n$ 次方?

生:总共是 $2n$ 个 a,因此可以表示为 a 的 $2n$ 次方。

师:这位同学不仅仅用字母表示了一般式的形式,并且用乘方的意义给证明出来了。这个结果是不是符合一般的情况?确实所有同底同指的幂相乘都会有这条规律,果然特殊的结论真的有特殊的规律。现在咱们可不可以回答最上面这个问题了?底数相同指数相同的幂相乘会有规律吗?

生:有的,而且它的结果还能够用幂的形式表示出来。

师:为什么要用幂的形式表示?

生:方便找规律。

师:还有没有其他的好处啊?

生:更简洁。

师:很好,你们举个例子来表示一下。

生:10^2 乘 10^2,如果用数字的话是等于 1 万,如果用幂表示的话就是 10 的四次方。

师:很好,其实你还可以再大胆一点,指数再举得大一点是不是更明显?也就是说它的好处,第一个是结果会更简洁,第二个就是容易发现规律,我们确实也是因为它找到了规律。

师:好,稍微梳理一下我们是怎么获得这条性质的?

生:首先举例,举了一些具体的例子。

师:举例之后呢?

生:观察它的规律。

师:从哪一部分开始观察的呀?主要观察它的什么?

生:相乘后所得的结果,还有过程,已知算式和所得结果。

师:观察之后,对它进行了总结或者说归纳,归纳之后为了说明一般性,我们对它进行了一般化并证明,很好,我们已经尝到了研究特殊结构的甜头了,对不对?所以大家觉得接下来我们可以继续研究哪一种?

生:同底不同指。

师:其实同底不同指和同指不同底的特殊性是一样的,所以我们不妨就选择同底不同指吧。这次老师希望大家自己来探究，按照我们刚刚的研究思路，自己写下同底不同指的幂相乘的研究思路。

生：我举的是2^2和2^3，化简一下，就变成了$2×2×2×2×2$，5个2相乘，最终等于2^5，用字母代一下，就是a^n乘a^m，等于n个a乘m个a，最后等于n加m个a，用数学语言就是同底数幂相乘，底数不变，指数相加。

师：整个过程类比刚刚的研究思路，其他同学也都是按照这样的方式吗？

生：我是直接举例字母，后面是跟上一位同学一样。

师：这两位同学，第一位同学是通过具体的例子得到了规律，然后再进行证明，这是先合情推理，再演绎推理证明。第二个同学是直接用字母，进行计算推理，得到结论，这种方式是直接应用了演绎推理。合情推理一般用来探索思路、发现结论，而演绎推理一般是用来证明结论，这是我们数学当中常用的两种推理方式。

师：我们得到了两条很重要的性质，第一个是同底同指，a^n乘a^n等于a^{2n}，n为正整数；还有一条是a^n乘a^m等于a^{m+n}，需要特别注意m，n应该是正整数，这里讲的是不同指，所以大家觉得还可以加一个什么样的限定条件？

生：n不等于m。

师：大家觉得这两条性质有关系吗？

生：底数都是一样。

师：对于指数来讲第一个会不会更特殊一些？第二个更一般一些？如果把它们归结为一条，你觉得可以怎么表述？

生：$a^n·a^m=a^{n+m}$，归结为一条之后，我们就不需要n不等于m这个限定条件了。

师：既然能够归结为一条，能不能用更简洁的文字语言描述一下？

生：同底数幂相乘，底数不变，指数相加。

出示课题：同底数幂的乘法性质。

这是一堂以"对话教学"为核心的数学概念课。老师通过和学生的对话，将学生的学习逐步引向深入。学生从类比数的加减到数的乘除，进而从整式的加减到整式的乘除，再从简单入手，转到单项式乘以单项式中更为特殊的情况，就是同底数同指数的两个单项式的乘除，再到同底数不同指数的幂，最终归纳得出同底数幂相乘的法则。一切都是以对话为核心，这一点犹如苏格拉底的产婆术一般，取得了很好的教学效果。

【案例】课题学习——选择方案这一节的课前引入问题,主要目的是帮助学生复习借助函数图象比较大小的方法,针对不同层次的学生教师可设置以下不同问法:

某图书馆开展两种方式的租书业务:一种是使用会员卡,另一种是使用租书卡,使用这两种卡租书,租书金额y(元)与租书时间x(天)之间的关系如图所示,观察图象回答。

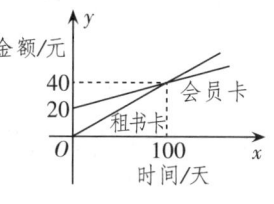

问法1(适合中上生):请直接说明交点坐标代表的意义及何种收费方式更便宜。

问法2(适合中下生):

(1)两个图象的交点坐标是_____;即当$x=$____时,租书卡和会员卡价格一样;

(2)当$x=50$天时,_____更便宜;

(3)当$x=150$天时,_____更便宜。

难易恰当,教师提出的问题不能太过简单,也不能太难。太简单,没有挑战性,学生会产生轻视,懒得回答;太难,想不出来,学生会产生畏难情绪,害怕数学。无论哪个,都会消磨学生回答问题的积极性。

无意义的问题不问,教师要训练学生的口头表达能力,重要途径之一就是提问,但是如果问的问题意义不大,或学生回答不了,结果只会适得其反。

二 小组合作

小组合作学习的内涵主要体现在学生为了完成共同的任务,在小组或团队中经历动手实践、自主探索和合作交流的过程。在这个过程中,学生有明确分工的相互性学习,不仅自己要主动学习,还有责任帮助其他同学学习。

小组合作学习的基本要素包括异质分组、积极互赖、促进性互动、个人责任、社交技能和小组评价。其中,异质分组要考虑学生的性别、家庭背景、能力和成就等因素;积极互赖则强调个体之间相互提供足够的和有效的帮助;促进性互动则涉及交流所需的信息和资料,提供可参考的反馈意见等;个人责任要求每个成员都承担在完成共同任务中的个人责任;社交技能则要求学生学会彼此认可和相互信任,进行准确地交流,彼此接纳和支持,建设性地解决问题等;

小组评价则关注小组成员间维持良好的学习关系，促进合作学习技能的发展，为小组成员提供有关小组合作的反馈等。

小组合作学习的教学价值主要体现在以下几个方面。

(1)培养学生的合作意识和团队精神，使学生学会与他人合作，共同完成任务。

(2)提高学生的沟通能力和社交技能，使学生在交流中学会表达自己的想法，倾听他人的意见，理解他人的需求。

(3)增强学生的责任感和主动性，使每个学生都明确自己的责任，积极参与小组活动，发挥自己的优势。

(4)促进学生的全面发展，使学生在小组合作中不仅能提高学科成绩，还能培养主动学习的能力、解决问题的能力、创新的能力等。

综上所述，小组合作学习不仅符合社会发展的需要和教育改革的趋势，也是实施新课标的重要手段之一。通过小组合作学习，学生可以在轻松、和谐、合作、民主的课堂氛围中主动学习，相互交流、合作竞争、想象创造，实现个人和小组的共同进步。

【案例】解一元一次方程

1.案例背景

为了培养学生的团队协作能力、沟通交流能力和解决问题能力，初中数学教学中可以引入小组合作学习的模式。本案例以"解一元一次方程"的教学内容为例，展示如何在初中数学课堂上实施小组合作。

2.教学目标

①掌握解一元一次方程的基本方法，会用等式性质将方程同解变形；

②通过小组合作，让学生体验解决问题的多种方法，培养创新思维，不断体会数学的化归与转化思想。

③通过解题实践，团队合作得到增强，自信心和学习兴趣提升。

3.教学准备

教师准备：设计小组合作任务单，明确小组合作的目标和步骤。

学生准备：预习解一元一次方程的基本知识，准备好学习工具。

4.教学过程

导入新课：教师简要介绍解一元一次方程的基本概念，激发学生的学习兴趣。

小组合作:教师将学生分成若干小组,每组4—5人,发给每个小组任务单。任务单上包含几个不同类型的一元一次方程,要求小组内成员共同讨论、合作解决。

小组活动:小组成员互相交流、讨论,尝试用不同方法解方程。教师巡视指导,及时给予帮助和反馈。

成果展示:每个小组选派一名代表上台展示他们的解题过程和结果。其他小组成员进行点评和补充。

总结评价:教师总结各小组的表现,强调解一元一次方程的方法和技巧。同时,对小组合作过程中表现突出的个人和小组给予表扬和奖励。

5.教学反思

通过小组合作学习的模式,学生在解一元一次方程的过程中不仅掌握了基本方法,还培养了团队协作和沟通能力。同时,小组合作也激发了学生的创新思维,让他们体验到解决问题的多种途径。在今后的教学中,可以进一步优化小组合作的形式和内容,以提高教学效果。

以上是一节解一元一次方程的课程设计,重点是使用小组合作的办法,小组派代表上台展示解题过程和结果。这需要学习小组之间通力合作,对方程的解法理解消化或找出易错点和易混点,然后面对同学进行阐释和讲解。

【案例】日历中的方程

师:现在我们一起来猜谜。(出示幻灯片)

> 一件东西大无边,
> 能装三百多个天,
> 还装月亮十二个,
> 它换衣服过新年.
> (打一物)

生1:1年。

师:很接近,再审一下谜面,谜底啊要我们打一物哦?

生2:挂历、日历。

师:对了,就是日历。(幻灯片出示一个月的日历,并人手发一张日历)

SUN	MON	TUS	WED	THU	FRI	SAT
	1	2	3	4	5	6
7	8	9	10	11	12	13

续表

SUN	MON	TUS	WED	THU	FRI	SAT
14	15	16	17	18	19	20
21	22	23	24	25	26	27
28	29	30	31			

师:我们今天就要来研究这日历,看看它到底有何学问。请看问题1,日历上的每个数字有什么共同的特征?

学生开始思考,仔细盯着手中的日历。

生3:日历中的数都是正整数,最小的数是1,最大的数是31。

师:不错,观察很到位,也很仔细,将数字的范围都给出来了。那再看问题2,日历上的相邻两个数字之间有什么大小关系?(小组讨论)

4人一个小组(课前已经安排好)开始展开讨论,教师也深入小组,听取讨论过程。

师:看来大家都讨论得差不多了,有哪个小组派代表回答。

生4:左右相差1,上下相差7。

不止,不止,还有,还有!

看到生4刚回答完,其他小组已经迫不及待想要补充。

生5:老师,我还有不同的发现。

师:(表情故作惊讶)还有啊?

生5:除了横竖差以外,还有斜差,可以左边往下斜相差6,右侧下斜相差8。

师:很好,连这个都看出来了,厉害,给他掌声。用什么办法表示上述两个问题中的规律?(问题3)

生6:$1 \leq x \leq 31$,x是正整数。

生7:

x	$x+1$
$x+7$	$x+8$

生8:还可以这样。

$x-1$	x
$x+6$	$x+7$

$x-7$	$x-6$
x	$x+1$

$x-8$	$x-7$
$x-1$	x

师:很好,总结得很好,从这几种表达上看,未知数设在哪一个位置都可以。

现在,看着正方形方框内的四个数,你有什么发现?(问题4)

学生被调动起来了,简单的日历,竟然有这么多的东西,大家都开始认真地思考,没过一会儿,规律又被找到。

生:(众)对角两数的和相等。

这是我在"专家型教师送教下乡"时借班上课的一小段实录。从对话中可以看出,学生自然地融入了课堂教学。同时,从猜谜入手,可以有效拉近与学生的距离。用四个问题组成问题链,不仅能引导学生深入思考,还能促进师生之间的互动交流,从而达到良好的教学效果。

三 课堂游戏

课堂游戏是一种特殊的教学方式,它通过游戏的形式将教学内容包装起来,让学生在参与游戏的过程中,自然地吸收和掌握知识。课堂游戏的内涵包括趣味性、互动性、目标导向性和适应性。它不仅能够提高学生的学习积极性,还能培养学生的团队协作能力和竞争意识。

课堂游戏的价值体现在以下几个方面。

(1)调动学生学习积极性:通过游戏的形式,可以让学生在轻松愉快的氛围中学习,激发他们的学习兴趣和积极性,从而提高学生的学习效果。

(2)增强学生团队协作能力:许多课堂游戏需要学生之间进行合作和配合,这不仅可以培养他们的团队协作能力,还能让其在游戏中学会沟通、协商和解决问题。

(3)培养学生竞争意识:课堂游戏中的竞争元素可以激发学生的斗志,培养他们的竞争意识,让其在竞争中不断提高自己的能力和水平。

(4)加深学生对知识的理解:通过游戏的形式,可以将抽象的知识点变得生动有趣,帮助学生更好地理解和掌握知识,从而提高他们的学习效果。

总之,课堂游戏是一种有效的教学方式,它能够让学生在游戏中学习,提高学生的学习积极性,培养学生的团队协作能力和竞争意识,加深学生对知识的理解。

【案例】平均数

在学生学习加权平均数时,一位老师先让学生在员工招聘的情境中进行角色扮演。

场景:一个应聘者来到招聘现场,一家公司的广告上写着,我公司的员工平均工资是5 000元。应聘者就问面试官,这个广告是否属实。面试官说当然属实,公司不做虚假宣传。于是应聘者欣然接受了条件进入面试,最后面试官很满意,当面和他签订了一年的用工合同,并要求他明日便来上班。上班一个月后,应聘者发现他自己的工资才3 000元,于是找到他们的部门经理,询问是不是工作人员疏忽给弄错了。经理说没错。应聘者说,你们说好的工资5 000元,这不是坑人吗,根据劳动法,这属于欺骗,要将公司告上法庭。经理随即找来了财务人员对质。财务将本公司的员工工资账本展示给他看。只见上面写着:

总经理1人16 000元,技术经理10 000元,其他8名员工每人3 000元。该员工顿时傻眼了,只好按合同在服务期限继续工作。员工自言自语:我怎么这么倒霉呀,只怪自己有眼无珠,没注意审题呀,苍天呀!

这个角色扮演中有应聘者,有面试官,有经理,还有财务人员,整个表演惟妙惟肖,学生有的笑得前仰后合,有的拍案叫绝,有的在沉思。老师有个话外音——为什么该员工不将公司告上法庭,官司就不能赢吗?学生快速算出平均数是对的,教师接着引入加权平均数,整个课堂发挥了学生的主动性,有的参与了整个表演,又做了爱思考的文明观众。再加上老师的"煽风点火",课堂上气氛浓烈。对于把数学的知识用于自己的人生决策也有了相应的体会。设计者能将角色扮演融入数学教学之中,让学生接近现实生活,积极参与课堂,教学效果不言而喻。

江苏省苏州市的胡永强老师为开辟学科德育新路径,组织学生表演数学话剧《祖冲之与大明历》。内容讲述了我们古代数学家祖冲之认真求学,关心百姓疾苦,认为朝廷原先的历法不够精密,自创大明历,并在朝廷上舌战群儒,因各种原因未能被推广使用,后来其子祖暅极力上书,在祖冲之去世后10年终于广泛使用的故事。话剧演出后,无论是观众、还是参演者都有极大的震动,受采访时都为此点赞。说明很多学生都深陷于这个故事中,知道数学不仅仅是运算和解题,还有更重要的是严谨的态度、顽强的毅力、面对质疑敢于坚持真理的决心。学生在参与中认知获得了提高,灵魂得到了升华。

四 课堂实验

(一)信息技术融入

有专家学者将信息融入课堂时对参与度等行为进行比较,见表5-2。从中可以发现,人机交互时学生参与度是最高的,而如果是师生交互则是最低的,其本质和传统授课并无实质性差别。

表5-2 三种交互教学环节的特点比较[①]

环节	参与度	特点	实施要点
人机交互	高	每位学生都有自主学习的机会,学生在与信息技术认知资源互动的过程中完成知识的意义建构。	信息技术认知资源应与课堂知识紧密相关,能够为学生自主知识建构提供可理解的"支架"材料;形式上以自主学习为主。
生生交互	较高	每位学生都有机会展现自我,分享收获,完善原有观念与技能。	在教师的示范下开展。形式上以邻座为主,易位为辅,采用两两交流与小组协作相结合的形式。学生的课堂学习反思等可直接在学校或课堂局域网内发布共享。基于信息技术的实时在线聊天、非实时论坛或博客交流等形式作为有益的补充。
师生交互	不高	教师是学科知识的熟练掌握者,师生对话有利于启发学生思维,引导学生深入思考。	教学过程中应"点面结合""抓两头带中间",课堂教学中师生互动时间不宜太长,应重点起到启发、示范、反馈与纠错的作用。信息技术手段如博客、E-mail、微信平台、云空间、QQ、腾讯会议、微课等都可以作为课堂师生交互不足的补充。

信息技术融入数学课堂的内涵主要体现在以下几个方面。

(1)工具的融合:信息技术成为数学教学的辅助工具,如图形计算器、动态几何软件、在线教学平台等,这些工具能够与数学教学内容相结合,为学生提供更丰富、更直观的学习体验。

(2)资源的整合:信息技术能够整合丰富的数学教学资源,包括视频、图像、数据等,使得教学内容更加生动、有趣,同时也有助于学生更好地理解和掌握数学知识。

---

① 毕海滨.基于认知工具的数学实验教学研究——信息技术与中学数学课程整合的新方法[M].北京:北京邮电大学出版社,2013:6.

（3）教学模式的创新：信息技术可以推动数学教学模式的创新，如在线教学、翻转课堂等，这些新型教学模式能够更好地激发学生的学习兴趣和动力，提高教学效果。

信息技术融入数学课堂的教学价值主要体现在以下几个方面。

①提高教学效果：信息技术能够通过丰富的教学资源、直观的教学展示和便捷的教学工具，提高数学教学效果，帮助学生更好地理解和掌握数学知识。

②培养学生能力：信息技术可以帮助学生提高数学思维能力、问题解决能力和实践能力等多种能力，如利用图形计算器进行数学实验、利用在线平台进行自主学习等。

③个性化学习：信息技术可以为学生提供个性化的学习体验，满足不同学生的学习需求和兴趣爱好，促进学生的全面发展。

④拓展学习空间：信息技术能够将数学学习延伸到课堂之外，为学生提供更多的学习机会和资源，促进学生的自主学习和终身学习。

总之，信息技术融入数学课堂具有重要的教学价值，能够推动数学教学的创新和发展，提高教学效果，培养学生的多种能力，促进学生的全面发展。

【案例】线性函数的发现

任务1：引入线性函数的概念。教师可以先给学生讲解什么是线性函数，即形如 $y = mx + b$ 的函数，其中 m 是斜率，b 是截距。

任务2：使用几何画板软件绘制线性函数的图象。教师可以先设定一个线性函数，例如 $y = 2x + 1$，然后在几何画板上绘制出该函数的图象。

任务3：观察线性函数的变化。教师可以引导学生观察当斜率 m 和截距 b 变化时，线性函数的图象会发生怎样的变化。例如，教师可以改变斜率 m 的值，让学生观察图象斜率的变化；或者改变截距 b 的值，让学生观察图象在 y 轴上的位置变化。

任务4：小组讨论和总结。教师可以让学生分组讨论，分享他们在使用几何画板软件观察线性函数变化过程中的发现和体验。然后，教师可以总结线性函数的性质，并强调线性函数在实际生活中的应用，例如，速度、距离和时间的关系等。

这个教学案例通过几何画板软件的使用，使学生更加直观地理解线性函数的概念和性质，同时也培养了学生的观察能力和探索精神。通过亲手操作和实践，学生也能够更好地掌握数学知识，提高数学学习的兴趣和动力。

【案例】探究点所在曲线的形状——抛物线[①]

如图1,在平面直角坐标系中,点A的坐标是$(0,2)$。在x轴上任取一点M,完成以下作图步骤:

①连接AM,作线段AM的垂直平分线l_1,过点M作x轴的垂线l_2,记l_1,l_2的交点为P。

②在x轴上多次改变点M的位置,用①的方法得到相应的点P,把这些点用平滑的曲线连接起来。

观察画出的曲线,猜想它是我们学过的哪种曲线?

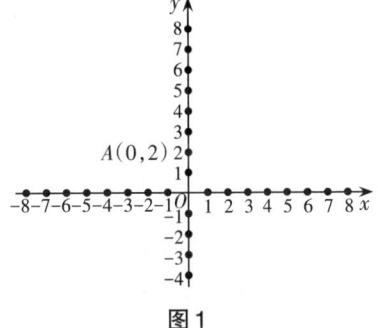

对于曲线L上任意一点P,线段PA与PM有什么关系?设点P的坐标是(x,y),你能由PA与PM的关系得到x,y满足的关系式吗?你能由此确定曲线L是哪种曲线吗?你得出的结论与先前你的猜想一样吗?

(学生自主作图完成,教师巡视指导并投影展示学生作图结果,如图2至图4)

生1:如图2,猜想它是学过的抛物线。

生2:生1的点M都是整数点,太特别了,取非整数点也可以,如图3,也是抛物线。

师:还有不同的作图结果吗?

生3:生1和生2的点M都是正数,曲线只有一半,应该在x轴负半轴也取点,如图4这样形状就更完整,也更明显了。

师:只要一些特殊点就能对曲线L的形状进行大胆猜想,但生3理解了"在x轴上多次改变点M的位置"这句话,他的作法更具有一般性。

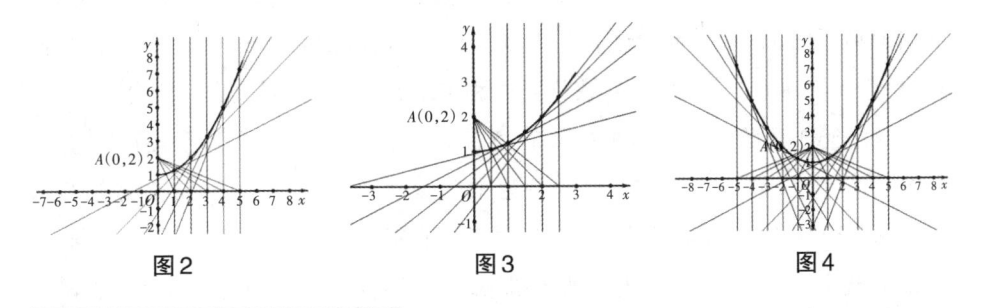

图2　　　图3　　　图4

---

① 沈小亮.综合实践理念指导下的"数学活动"设计——以"探究点所在曲线的形状——抛物线"为例[J].数学教学通讯,2021(26):30-31.

教学分析：有了前面的铺垫，学生作图的环节会进行得比较顺利。学生经历阅读画图语句，并准确作图，积累画图操作经验，经历观察与猜想，培养直观想象素养。让学生的不同作法进行碰撞补充，渗透"有序"地选择具有代表性的点的决策思维。

教师：同学们通过取点作图，猜想它是抛物线。但毕竟大家取的都是有限个点，现在老师可以借助数学软件进行取点，点越多曲线形状越精准。大家再次观察，直观感受曲线形状。

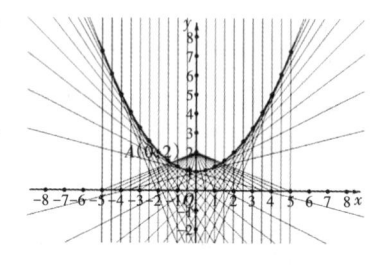

（教师利用几何画板进行操作，验证，学生惊呼"好漂亮的抛物线"）

教师：从形的角度猜想它是抛物线，那么如何证明呢？

……

对于信息技术，《义务教育数学课程标准（2022年版）》指出，要加强信息技术与教学的融合。特别提到要加强线上网络空间与线下物理空间的融合，突破传统数学教育的时空限制，丰富学习资源，为学生自主学习创造条件。指导学生做好时间管理，规划学习任务，利用数字化平台、工具与资源开展学习活动，加强自我监控、自我评价，提升自主学习能力；家校协同，建立监控、指导、评价、激励机制，适时交流和开展个性化指导，营造学生自主学习的良好环境。

（二）操作实验

数学操作实验是一种探索性、体验性、知识性、操作性、创造性并存的数学活动。它旨在通过数学思维活动的指引，在特定的时空环境下，借助于一定的物质仪器或技术手段，检验数学猜想、探索数学规律、解决数学问题。这种活动将知识寓于活动中，引导学生自主发现、理解、验证数学知识，从而探求出数学原理，有效构建数学概念，掌握数学规律和本质，创造性地解决数学问题。

数学操作实验在数学教育中具有重要的价值。首先，它有助于促进学生学习方式的转变，从传统的被动接受变为主动探索和实践。其次，数学操作实验能够深化学生对数学知识的理解，通过直观地演示和图解，帮助学生理解抽象的数学概念。此外，数学操作实验还能够拓展学生探究问题的空间，培养学生的创造性思维和合作精神，发展学生的良好思维品质，增强学生的实践探究和动手操作能力。

综上所述,数学操作实验的内涵丰富,教学价值显著。通过数学操作实验,学生能够更好地理解和掌握数学知识,培养创新思维和实践能力,为未来的学习和生活打下坚实的基础。

【案例】平行四边形的复习探究设计[①]

当八年级的学生学习完"平行四边形"后,教师可以通过设计如下教学活动,利用数学学具进行探究活动。

活动1:已知△ABC,请用尺规作图画出以A、B、C为顶点的平行四边形,你能有哪些画法呢?并说出画法的依据。

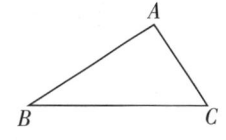

活动2:已知△ABC,能否画出以A、B、C为顶点的矩形,菱形,正方形? 若能,请说明理由;若不能,则需添加什么条件?

活动1是给定了一个三角形,换句话说是给定一个平行四边形的三个顶点,要确定第四个顶点的问题,教学时规定用尺规作图方法来确定第四个点,学生通过运用平行四边形的判定方法,可以独立地、顺利地做出两组对边分别相等的四边形、一组对边平行且相等的四边形,对角线互相平分的四边形。学生再通过小组合作探究可以得出两组对边分别平行且相等的四边形。然后教师追问,还有什么判定没有用上,学生自然地回答具有两组对角相等的四边形判定还没用。如此通过一个活动,学生自然地复习和巩固了平行四边形的判定,知道了平行四边形的确定办法,也知道了平行四边形是如何"生长"出来的。同时学生也容易感悟到三角形和平行四边形的关联。

活动2是在活动1确定了平行四边形的基础上,让学生提升认识。如果要画出更特殊的平行四边形需要增加什么条件,这样的开放性问题容易激发学生的探究欲望,从而通过画图知道:若是画出矩形,则△ABC应为直角三角形;若要画出菱形,则△ABC应为等腰三角形;若要作出正方形来,则△ABC应为等腰直角三角形。

不管是单元复习还是总复习,都要强调通过复习使得所学知识的系统化,并和新知识建立内在联系,形成一个完整的知识体系。上述的设计用一条新的线索——画平行四边形,将整个单元的知识点串起来,令人耳目一新,深感数学内在的美。通过展示不同的作法,将平行四边形四种判定方法悄然无声地渗透

---

① 陈海烽.利用实验探究 提高复习效率[J].中学数学教学参考(中旬),2018(8):17—20.

其中,不仅让所有学生都能参与其中,激发了他们学习的热情与积极性,而且在求异思维驱使下,又能让学生充分表达自己的观点,不断追寻不同作法,体现了新课标理念"不同的人在数学上得到不同的发展"。从活动1到活动2的设计也是独具匠心,本章平行四边形与特殊平行四边形的从属关系的理解是难点,容易混淆。通过画图操作再次认识到在原有图形的基础上附加一些新的条件可以得到特殊的图形,进一步感受研究几何图形的基本思想和方法;此外,从三角形出发画平行四边形又直观呈现了它们之间的相互转化,不仅加深了它们之间的联系,在潜移默化中渗透了转化与化归的数学思想,还培养了学生的高阶思维能力。

五 独立思考

独立思考的内涵在于不受他人观点的束缚,能够独立地、自主地分析问题,形成判断,并作出决策。它是一种积极主动的思考方式,强调个人在思考过程中的独立性和自主性。

独立思考的价值在于它能够促进个人成长和发展,培养创新能力和批判性思维。通过独立思考,我们能够更好地理解自己的内心世界,明确自己的价值观和原则,并根据这些原则来指导我们的行动。独立思考还能够帮助我们应对复杂的问题和挑战,提出独特的见解和解决方案。

此外,独立思考对于社会进步和发展也具有重要意义。独立思考能够推动社会的进步,鼓励人们勇于挑战传统观念,发现新的问题和机遇,并推动创新和变革。独立思考的人们能够为社会带来更多的活力和创造力,推动社会不断向前发展。

所以,独立思考的内涵和价值在于它能够促进个人成长和社会进步,培养创新能力和批判性思维,使我们能够更好地理解自己和世界,并作出明智的决策。课堂合理留白,尊重学生的独立思考。

这里的课堂留白并非单指学生的静默思考,而是包括运算求解、操作试验、交流讨论、观看相关教学视频在内的所有学生自主思考探索的互动行为。课堂教学只有在语言与沉默、着墨与留白的相互作用下才能达到最佳的状态。学生是学习的主体,教师仅是学生学习的引导者、促进者而不能代替学生思考、探究。在课堂教学中,教师要适当留白,将留白均匀合理分布,给学生留出独立思考、自主探索的空间,让学生的思维动起来,在思考探究中提升分析和解决问题的能力。

【案例】基于发现和提出问题的教学片段[①]

同样是王宗信老师的一次师生交流。课外活动时间到了,数学老师应数学兴趣小组的邀请,来到初二(1)教室。

学生李明:老师早！我们在探索直线如何等分四边形面积,发现等腰梯形的上下底中点连线能等分其面积,而平行四边形、菱形、矩形和正方形则能通过对角线或过对边中点的直线实现等分。

教师王:很棒的起点！这个课题确实值得深挖。你提到的结论都很准确,但我想进一步探讨,除了对角线和对边中点连线,平行四边形是否还有其他平分方式呢?(教师随即在黑板上绘制了一个平行四边形,并将其一组对边三等分,连接起MN线段。)

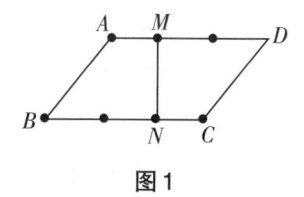

图1

教师王:请看这幅图,思考MN是否也能等分该平行四边形,并阐述你的理由。

几位学生仔细研究图形,经过热烈讨论后达成共识,确认MN确实能等分。教师未直接表态,转而提出一个新问题:若仅知AM=CN,MN是否仍等分?学生们听后,脸上露出了领悟的笑容。

教师王:实际上,平行四边形的核心特性之一是中心对称性。当AM=CN时,M与N成为对称点,四边形AMNB与CNMD关于对角线交点中心对称,因此两者全等,面积相等。这一原理适用于所有中心对称图形,任何过对称中心的直线都能等分图形。

学生小亮:老师,菱形的面积是对角线乘积的一半,但矩形和普通平行四边形没有这个性质。那么,是不是只有菱形的面积才符合这个规律呢?

[①] 程洁.基于发现和提出问题推进初中数学课堂教学的研究[D].苏州:苏州大学,2022:65.

图2

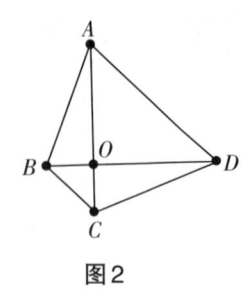

教师王：好问题！让我们动手画图。先画一条线段AC，在其上任取一点O，过O作AC的垂线BD，连接A、B、C、D形成四边形ABCD。通过计算可知，ABCD的面积也等于其对角线乘积的一半，关键在于对角线垂直而非平分。因此，只要对角线垂直的四边形，其面积均符合此规律。

$$S_{ABCD}=\frac{1}{2}BD \cdot AO+\frac{1}{2}BD \cdot CO=\frac{1}{2}BD \cdot (AO+OC)=\frac{1}{2}BD \cdot AC$$

教师王（补充）：正方形同样满足这一性质，且菱形作为特殊平行四边形，其面积也可通过底与高的乘积计算。

学生小丽：老师，我对"中点四边形"很感兴趣。通过您的指导，我发现所有四边形的四边中点相连都会形成平行四边形，而菱形的中点四边形是矩形，矩形的则是菱形，这真有趣！

学生小军：我也发现了这些规律，还有等腰梯形的中点四边形是菱形，正方形的还是正方形。但我想知道，是不是只有这些特例？

教师王：很好！我们继续画图验证。请连接图2四边形的四边中点，看看得到的中点四边形是什么形状？（学生开始画图并讨论）

小军：老师，是矩形！

教师王：那么，是否一定要原四边形的对角线垂直且平分呢？换句话说，只有菱形的中点四边形才是矩形吗？

小军（恍然大悟）：不，只要对角线垂直，中点四边形就是矩形，与对角线是否平分无关！

教师王：正确！接下来，谁能告诉我，什么样的四边形中点四边形一定是菱形？

小丽（自信地）：老师，我知道，对角线相等的四边形的中点四边形一定是菱形！

教师王：非常好！不要局限于特定形状，很多四边形都符合这一规律。

本次师生交流的序幕由学生们的积极提问拉开，王老师巧妙地扮演了引导者的角色，激发了学生们的连续提问与深入思考，最终携手攻克难题，这一模式极具参考价值。师生互动的精髓,在于教师角色的转型,从单一的知识灌输者转变为学生学习旅程中的伙伴、组织者与向导。鉴于初中数学教学的特性,构建有效的师生互动机制,教师应聚焦于以下几点策略。

(一)精心培育民主、平等、融洽的课堂环境

师生互动的活力,源自师生间及学生之间基于问题探讨的相互质询与思维碰撞,这要求课堂氛围必须摒弃传统的权威模式,代之以民主、平等与和谐的基调。教师应主动与学生建立基于平等与合作的伙伴关系,尊重每位学生的独特性与自尊心,既激励自信,又适度调控自负情绪,同时以亲和、热情、幽默的态度感染学生,营造积极向上的学习气氛。此外,教师应秉持"教学相长"的理念,虚心向学生学习,共同促进双方的知识与能力提升。

(二)促进学生合作学习的深入

鼓励学生进行独立思考与自主学习,形成个性化的问题与见解,是合作学习的坚实基础。通过合作学习,不仅能够提升个体的探究效果,还能促进学生间的相互学习与社会化成长。

(三)强化教师在课堂中的引领功能

尽管师生互动强调学生的主体性,但教师的主导作用同样不可或缺。这要求教师不仅在课前精心规划互动方案,包括问题设计、形式选择、多媒体与板书结合及应急预案等,还需在互动过程中灵活调控,适时引导、总结、补充或纠正,确保讨论深入且高效。同时,在互动结束时进行全面总结,肯定学生创意,激发其持续探索的热情。总之,教师应以主导者的身份,为学生创造更多参与机会,构建民主和谐的课堂,实现学生主体地位与主观能动性的最大化,从而提升教学质量与效率。

【案例】"确定圆的条件"的部分课堂实录

师:同学们,今天我们学习"确定圆的条件","确定"这个词在咱们学习数学过程中,不是第一次提到,有它特定的含义,还记得在哪里提过吗?是什么数学含义?

生1：两点确定一条直线。确定的含义是"有且仅有"，就是"过两点有一条直线且仅有一条直线"的含义。

师：对，"确定"既包含"存在性"又包含"唯一性"。你们认为确定圆的条件应该是什么？

生2：圆心和半径。

教师：很好，如果类比直线，你们觉得几个点可以确定一个圆呢？这个问题你们打算怎么解决？

生3：我想到了研究"探究三角形全等的条件"时的研究方法，我们当时是从一组元素对应相等开始摸索的，我们也可以从一个点能不能确定圆开始研究。

师：太好了，我们要善于把已有的知识经验、解决问题的方法经验迁移过来，用来研究新知识、新问题，让"新"不再新，让"难"不再难。你觉得，过一个点可以确定一个圆吗？

生4：不能，过一个点，有无数个圆。

师：为什么？

生4：任选一个点，以这点为圆心，以这两点间的线段长为半径就可以画圆啦！

师：任选？那我就选这个已知点。

生4：哦，应该说选取除已知点以外的任何一个点。

师：数学是严谨的化身，语言要准确。看来经过分析，你们认为过点确定圆的问题，关键在于确定圆心还是半径？

生5：圆心，只要圆心定，圆心与已知点之间的距离则为半径。

师：下面你们该如何研究下去？

众生说：该轮到两个点了。

师：两个点能确定一个圆吗？

生6：不能，因为圆心还是不能定下来。

师：虽然不能确定一个圆，但你有什么新发现吗？

生6：圆心在这两点所连接线段的垂直平分线上。

师：为什么？

生6：圆过这两点，说明这两点都在圆上，则圆心到这两点的距离相等，所以圆心只能在这两点所连接的线段的垂直平分线上。

师：很显然，今天的知识与旧知识"线段的垂直平分线"有千丝万缕的联系，

三个点行吗?(片刻后)

生7:我觉得行呢!

师:你上来讲,时间原因,只要求找到圆心即可,圆就不画了。

生7在黑板上画出了三点不共线的情况,并作出其中两条线段的垂直平分线,交点便是圆心,该生对自己的作图作了讲解。当面对下面不少同学举手时,他突然有所感悟地说:"哦,还有三点共线的情况,三点共线时就没有交点了,就没有圆心了,啊,就不能确定圆了!"

师:太好了,你能从同学们的肢体语言(举手)的暗示中,发现自己的不足,并很快修正、优化了自己的思路,真聪明!同学们,我们在研究问题时,需要冷静地思考,因为两点确定一条直线,那么三个点的出现,位置关系就要复杂一些,所以分类讨论成为必然。养成良好的思维习惯,既要有火热的思考,又要有冷静的反思,用这样的思维方式学习数学,会让我们越来越聪明!请问为什么三点共线时,没有了交点?

生8:因为垂直于同一条直线的两直线平行,平行线没有交点。

师:每一步都有理有据,"言必有据"是数学学科的魅力所在!到此,你们认为确定圆的条件是什么?

生9:不共线的三点确定一个圆。

师:你觉得关键词是什么?

生9:不共线。

师:(面对生7)你的印象一定很深。(生7笑了)

师:我们在思考的道路上,常常会有错误,有"弯路",我们要正视我们的"弯路",在"弯路"中吸取经验和教训,错误也会美丽,"弯路"上也有风景!

哈贝马斯的教学交往论主张,学生的成长不仅源自教师的知识传授,还深受同学间学习互助与情感共鸣的积极影响,共同塑造积极的参与氛围。这一氛围的充分营造,要求教学交往深度融入教学全程,方能最大化学生的课堂参与成效。在此框架下,学生间的辩论促进逻辑思维与批判性思维的锻炼,合作则强化了团队精神与合作能力,同时促进了沟通艺术的习得。交流过程中,意见的交换与碰撞,不仅丰富了个人见解,也促使教师以开放心态接纳差异,引导学生在民主氛围中自由表达、相互倾听,促进思想碰撞,塑造健康的价值观与批判性思维,学会在坚持与接纳间平衡,以知识交流为桥梁,实现自我成长。

然而,调研揭示了一个现象:课堂互动偏重师生间,生生互动稀缺,导致学生间合作与讨论的机会匮乏。访谈中,老师提及时间成本及效率考量,透露出对课堂讨论价值的误解。这反映出部分教师对课堂讨论促进思维拓展、集体意识培养及学生全面发展的认识不足。

实际上,课堂讨论是激发创造力与想象力的沃土,它促使学生思维开放,多元思考,同时强化集体归属感与责任感,学会尊重与包容。这种开放民主的教学法,正是非指导性教学理论与主体性教育所倡导的,它鼓励学生自我表达、自我完善,体现了教育的民主与合作精神。

"学习金字塔"理论进一步印证了主动参与的重要性:相较于被动听讲或阅读,参与讨论、实践操作及教授他人的方式更能显著提升学习效率与知识留存率。这凸显了团队学习、主动学习与参与式学习在教育中的优越性,强调了学生课堂参与对于知识吸收与综合能力提升的关键作用。因此,增强学生在课堂上的有效参与,是提升教学质量、促进学生全面发展的必由之路。[1]

【案例】一堂别开生面的数学课[2]

课堂聚焦于一道应用题:设想有24人乘坐小面包车前往火车站,途中一辆车载至距站15公里处突发故障,距火车停止检票仅剩42分钟。此时,唯一可用的交通工具是另一辆限载13人(含司机)的小面包车,其最高时速为60公里。问题核心:所有人能否及时赶上火车?

学生们迅速分析,得出初步结论:以60公里/小时的速度,单程至火车站需15分钟,往返则需30分钟,第二批乘客抵达将耗时45分钟,超出极限3分钟。此时,一名学生(生1)轻声惋惜:"就差这3分钟!"

教师敏锐捕捉到这一情感波动,提问:"能否找到化解之策?"

随后,课堂化为思维碰撞的战场。

生2提议租车,却遭生3反驳,因条件限定仅有两辆面包车。

生4提出超载方案,生5立即指出其违法性与安全隐患。

生6建议超速,同样被生5以交通规则为由驳回,教师适时表扬其守法意识。

---

[1] 裴敬阁.如何提高初中数学课堂的学生参与度[J].教育实践与研究,2013(12):51-53.
[2] 钱云祥.本来,数学就是这样学的[J].中学数学杂志,2004(10):4.

正当众人以为无解之际,生8独辟蹊径:"步行结合乘车或可一试。"生2初时质疑步行效率,但生8进一步阐述:面包车可先送首批至中途,让他们步行至站,同时返回接第二批,后者亦先行步行。

此方案迅速获得共鸣,生9则细致追问具体实施细节,确保时间上的精准把控。生1结合步行速度知识(约4公里/小时),最终确认此方案可行,颠覆了初步判断——24人皆能准时登车。

这一幕教学盛况,展现了对话的力量。教师作为引导者,应鼓励学生主动思考、合作交流,将数学应用融入生活情境,激发学生的探索欲与创造力。它深刻诠释了《义务教育数学课程标准(2022年版)》的精神:学习应主动、多元,强调实践、探索与合作,旨在培养具备核心素养的未来人才。在此过程中,学生不仅掌握了知识,更学会了如何在复杂情境中灵活应变,成长为具有独立思考与创新能力的新时代学子。

总之,数学课堂,既要有充分的设计准备,也要时刻关注即时生成。既关注学生的学习结果,也要关注学生的学习过程。正因为有了意想不到的即时生成,所以课堂才越发精彩。但是,精彩的背后需要教师智慧与专业功底的奠基[①]。

再如,教师在讲授新课例题的过程中,频繁地向学生提出疑问:"同学们是否理解了这道题的解题思路?""我的解题步骤是否正确?""那么,接下来我们应该如何操作?是否应将这个数字从左侧移至右侧?""同学们,现在是否已经掌握了求解函数最大值的方法?""如果没有疑问,我们便可以进入下一问题的探讨。"对于教师的这些提问,学生们在教室里往往齐声拉长声音回应"明白了""是的""正确""学会了""没有问题"等。我们也观察到,其中有若干名学生,在集体回答时仍未完成上一题目的解答步骤,甚至有个别学生明显心不在焉,心思并未集中在课堂上。然而,这些学生却无一例外地参与了这些集体应答,并给出了类似的机械式回应。这样的课堂,初听似乎师生问答频繁、互动活跃,但教师提出的问题往往缺乏深度与实质性内容,因此并未能激发学生的探究欲望与发散性思维,也未能有效调动学生思维的积极参与。在此情境下,学生的参与多属于被动思维参与,并未达到真正意义上学生主体参与的深度。

[①] 庞彦福.初中数学有效教学[M].北京:北京师范大学出版社,2015:90-93.

第三节 师生良序互动：案例品析

课堂本身就是一个小社会,师生生活的大部分时间在学校、课堂中度过。师生在课堂中的互动交往,也是学生学习人际交往的一部分。任何将学校生活和社会生活割裂的行为本身就是对交互现象的漠视。学生在课堂中学会交流、学会互相尊重、学会彼此欣赏、建立独立的人格,这是学生今后离开学校生活必备的素养之一,也是学生进行社会参与的必经之路。如何在课堂中让学生进行社会参与,以下提供两则案例,以期抛砖引玉。

【案例】统计与概率教学"田忌赛马"

1.教学过程

项目导入:播放田忌赛马故事视频。(时间1分50秒)

设计意图:以数学文化为素材的试题是近年中高考试卷中的创新题和热点题,田忌赛马的故事凭借孙膑的计谋创造了以弱胜强的经典案例,体现了古代先贤的智慧,本项目的导入意在告诉学生,生活处处皆数学。

(1)第一轮探究与交流。

阅读2021年福建中考第23题的题干,回答问题。

田忌赛马的故事闪烁着我国古代先贤的智慧光芒。该故事的大意是:齐王有上、中、下三匹马A_1、B_1、C_1,田忌也有上、中、下三匹马A_2、B_2、C_2,且这六匹马在比赛中的胜负可用不等式表示为$A_1>A_2>B_1>B_2>C_1>C_2$(注:$A>B$表示A马与B马比赛,A马获胜)。一天,齐王找田忌赛马,约定:每匹马都出场比赛一局,共赛三局,胜两局者获得整场比赛的胜利。面对劣势,田忌事先了解到齐王三局比赛的"出马"顺序为上马、中马、下马,并采用孙膑的策略:分别用自己的下马、上马、中马与齐王的上马、中马、下马比赛,即借助对阵(C_2A_1,A_2B_1,B_2C_1)获得了整场比赛的胜利,创造了以弱胜强的经典案例。

问题1:请用文字语言表述原题中的不等式$A_1>A_2>B_1>B_2>C_1>C_2$及C_2A_1的含义。

设计意图:阅读是获取信息的重要方式,从某种意义上讲,阅读教学的成功与否决定了教学的成败。数学学科的阅读教学是教会学生进行文字语言、图形语言、数学符号语言的转化。

(2)第二轮探究与交流。

假设齐王事先不打探田忌的"出马"情况,试回答以下问题。

问题2:如果田忌事先只打探到齐王首局将出"上马",他首局应出哪种马才可能获得整场比赛的胜利? 求其获胜的概率。

说明:可以利用桌子上的扑克牌(红牌8,6,4代表A_1,B_1,C_1;黑牌7,5,3代表A_2,B_2,C_2)模拟齐王、田忌的马匹进行探究。

学生成果展示。

分析:

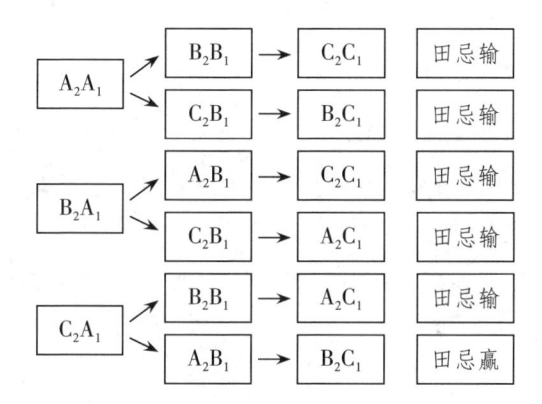

A_2A_1	→ B_2B_1 → C_2C_1	田忌输
	→ C_2B_1 → B_2C_1	田忌输
B_2A_1	→ A_2B_1 → C_2C_1	田忌输
	→ C_2B_1 → A_2C_1	田忌输
C_2A_1	→ B_2B_1 → A_2C_1	田忌输
	→ A_2B_1 → B_2C_1	田忌赢

解:田忌首局应出下马才可能在整场比赛中获胜。此时,比赛的所有可能对阵为:(C_2A_1,A_2B_1,B_2C_1),(C_2A_1,B_2C_1,A_2B_1),(C_2A_1,B_2B_1,A_2C_1),(C_2A_1,A_2C_1,B_2B_1)共四种,其中,田忌获胜的对阵有(C_2A_1,A_2B_1,B_2C_1),(C_2A_1,B_2C_1,A_2B_1)共两种,故此时田忌获胜的概率为$P_1=\dfrac{1}{2}$。

设计意图:让数学抽象能力较弱的学生借助棋牌(3张红牌与3张黑牌分别代表齐王和田忌的上中下三匹马)进行探究,让他们通过自身的实践提高数学素养。

(3)第三轮探究与交流。

问题3:如果齐王的"出马"顺序依次为上中下,求田忌获胜的概率。

学生成果展示:

解:当齐王的"出马"顺序依次为上中下时,他们的所有可能的对阵情况如表1所示。

表1

齐王	田忌	获胜方
$A_1B_1C_1$	$A_2B_2C_2$	齐王
$A_1B_1C_1$	$A_2C_2B_2$	齐王
$A_1B_1C_1$	$B_2A_2C_2$	齐王
$A_1B_1C_1$	$B_2C_2A_2$	齐王
$A_1B_1C_1$	$C_2A_2B_2$	田忌
$A_1B_1C_1$	$C_2B_2A_2$	齐王

当齐王的"出马"顺序依次为上中下时,田忌共有6种对阵方式,只有一种对阵方式能获胜,故此时田忌获胜的概率为$P_2=\dfrac{1}{6}$。

设计意图:此问题在原命题中并没有,添加这一任务,是为了完成下一个任务,为学生搭建一个"脚手架",让学生的分析能力在最邻近的发展区获得发展。

(4)第四轮探究与交流。

问题4:如果田忌事先无法打探到齐王各局的"出马"情况,他是否必败无疑?若是,请说明理由;若不是,请列出田忌获得整场比赛胜利的所有对阵情况,并求其获胜的概率。

学生成果1展示:

参赛方	"出马"顺序					
齐王	$A_1B_1C_1$	$A_1C_1B_1$	$B_1A_1C_1$	$B_1C_1A_1$	$C_1A_1B_1$	$C_1B_1A_1$
田忌	$A_2C_2B_2$ $A_2B_2C_2$ $B_2A_2C_2$ $B_2C_2A_2$ $C_2B_2A_2$ $C_2A_2B_2$	$A_2B_2C_2$ $A_2C_2B_2$ $B_2A_2C_2$ $B_2C_2A_2$ $C_2B_2A_2$ $C_2A_2B_2$	$A_2C_2B_2$ $A_2B_2C_2$ $B_2A_2C_2$ $B_2C_2A_2$ $C_2A_2B_2$ $C_2B_2A_2$	$A_2C_2B_2$ $A_2B_2C_2$ $B_2A_2C_2$ $B_2C_2A_2$ $C_2A_2B_2$ $C_2B_2A_2$	$A_2C_2B_2$ $A_2B_2C_2$ $B_2A_2C_2$ $B_2C_2A_2$ $C_2A_2B_2$ $C_2B_2A_2$	$A_2C_2B_2$ $A_2B_2C_2$ $B_2A_2C_2$ $B_2C_2A_2$ $C_2A_2B_2$ $C_2B_2A_2$

由上可知:田忌不会必败,他获胜的所有对阵是(C_2A_1, A_2B_1, B_2C_1), (C_2A_1, B_2C_1, A_2B_1), (A_2B_1, C_2A_1, B_2C_1), (A_2B_1, B_2C_1, C_2A_1), (B_2C_1, C_2A_1, A_2B_1), (B_2C_1, A_2B_1, C_2A_1)。当齐王的"出马"顺序为1种时,田忌有6种,但只有一种方式获胜,故田忌胜的概率$P_3=\dfrac{6}{6\times6}=\dfrac{1}{6}$。

学生成果2展示：

解：

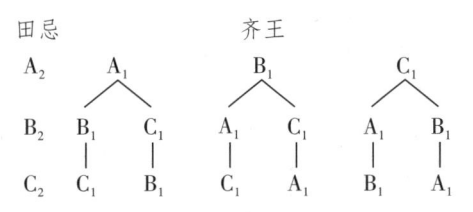

```
        田忌                    齐王
   A₂      A₁            B₁          C₁
  ╱  ╲    ╱  ╲          ╱  ╲        ╱  ╲
 B₂   B₁ C₁   C₁      A₁   C₁     A₁   B₁
 │    │  │    │        │    │      │    │
 C₂   C₁ B₁   B₁      C₁   A₁     B₁   A₁
```

由树状图可知，田忌能获胜的概率 $P_3=\dfrac{1}{6}$。

设计意图：引导学生在涉及两（多）个因素试验的所有可能的结果时，能不重不漏地列举出来，掌握不同形式的列举法求随机事件的概率问题。

(5) 第五轮探究与交流。

问题5：甲、乙、丙三位好友决定抓阄来决定谁得到仅有的一张冬奥会门票，他们准备了一个不透明的盒子，里面装了一个红球，两个白球，这些球除颜色外无其他差别。抓中红球的人才能得到门票，刚要抓阄，甲问："谁先抓？先抓的人会不会抓中的机会比别人大？"你认为他的怀疑有没有道理？谈谈你的想法和理由。

学生成果展示：

解：甲的怀疑没有道理，先抓后抓抓中的机会是一样的，我们用树形图来列举结果。

```
甲        红球                白球一              白球二
        ╱      ╲            ╱      ╲            ╱      ╲
乙    白球一   白球二       红球    白球二      红球    白球一
        │       │            │       │           │       │
丙    白球二   白球一       白球二   红球       白球一   红球
        │       │            │       │           │       │
得票者  甲      甲            乙      丙          乙      丙
```

从图中可知，无论三个人谁先抓阄，抓到红球的概率都是一样的，各为 $\dfrac{1}{3}$。

设计意图：此题运用类比的思想与"田忌赛马"相联系，把三个人抓阄的顺序想象成田忌"出马"的顺序，把球的颜色想象成齐王"出马"的顺序，就可用问题4中学生展示的成果模型予以解决。设计此题，意在让学生在合作学习的过程中将所探究出来的技能通过拓展性问题往能力上过渡，培养学生迁移学习与深度思考的能力。

反思与交流：在同学们探究问题4时，有部分同学作出如下树状图，请你们思考是否正确,并说明理由。如果是错误的解析,请你根据此树状图命制题目,使之成为正确的解答。

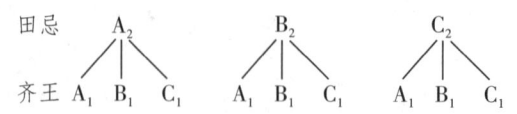

```
田忌    A₂        B₂        C₂
       /|\       /|\       /|\
齐王 A₁ B₁ C₁  A₁ B₁ C₁  A₁ B₁ C₁
```

设计意图:这种树形图刻画的是田忌和齐王各出一匹马较量定胜负的场景,比赛只进行了一轮,并非题意的三局两胜制。实际上,整个赛马过程还需两轮且每轮出场的每对赛马不同。设置这一任务是为了帮助学生变误为悟,通过让学生命制题目,不仅为学生提供了提出问题的机会和平台,还培养了他们的逆向思维。

2.项目管理

(1)教学时间与教学空间管理。

在进行该项目教学的前一天,教师要求学生阅读教材和利用网上视频学习"用列举法求概率"的内容,让他们完成教材中的两道练习题并发布到班级群,为第二天田忌赛马的任务做好知识储备。项目教学完成后,要求学生上网查找概率论的相关史料,让每位同学试着解决古文化(或游戏问题)中有关概率的问题各两道,体会概率在采取决策、解决现实问题中的作用。因此,本课题虽然在课内时间仅为一课时,但需要开放的教学时间,学生交流的平台是以课堂为主,班级QQ群或微信群为辅。

(2)评价表。

参与学习活动评价表

评价项目	评价内容	评价等级(分A,B,C,D四级)	评价人员
讨论	倾听他人观点,清晰表达本人观点		组员/教师
合作	完成本人分工的任务,与小组内其他成员良好沟通协作		组员/教师

学习效果评价表

评价项目	评估内容	评估标准	评估分值	评估人员
数学基础知识	随机事件概念	了解随机事件(不确定事件)的意义		组长/教师

续表

评价项目	评估内容	评估标准	评估分值	评估人员
数学基础知识	概率的概念	感受简单随机事件发生概率的大小,建立正确的概率直觉		组长/教师
	用枚举法求随机事件的概率	能对随机试验中(指定事件)所有可能的结果正确计数,列举试验结果时能做到不重不漏		
	用列表法(画树状图法)求随机事件的概率	能够利用列表法(画树状图法)正确计算简单随机事件的概率		
数学素养	数学建模	从现实生活或具体情境中抽象出数学问题		学生本人
	数据分析	认识随机现象,能计算一些简单事件的概率		

3.总结与反思

(1)选题应基于课程标准。

与传统教学相比,项目式教学能更有效地提升学生解决实际问题的能力,但并非所有的课程内容都适合项目式教学法,统计概率、函数(方程)的应用,平面几何等相关内容可以采用项目式教学法,但实数的运算就不适合项目教学法。从学科素养上来看,几何直观、数据分析、数学运算等适宜项目教学,数学抽象、数学运算、逻辑推理等并不适应项目教学。选题的难度设计应符合初中生的认知水平,任务太容易往往激发不起学生的挑战欲望和学习的积极性,但若选题太难,学生就有可能达不成任务。

(2)个性化学习与合作学习相结合。

项目式教学是一个以学生学习为中心的课堂教学。在学习形式上,学生自学、互学、群学相结合,自学可以培养学生的独立性学习能力,互学使每一个学生深入学习。一部分学生针对不会的内容提出问题,另一部分学生针对这些问题予以解决,在互学的过程中,学生不仅参与了学也参与了教。学生之间的相互辩论,激活了学生的思维。

(3)充分发挥教师促进者的角色作用。

在项目化学习中,不可盲目尊重学生的独特体验,使课堂教学成为放羊式教学。教师主导性的缺失,往往会导致学生主体性的发挥受到自身水平的限制,使他们的认知水平得不到提升,思维得不到拓展。学生自主化学习,只有在教师正确的引领下,才能保证学习的方向性和有效性。

【案例】数学活动:整式的乘法与因式分解

1.教学实践过程

(1)教学环节1:巧算热身,课题引入。

师:今天我们这节课,研究一下如何简便计算。请同学们先计算两个算式,并说明你是如何计算的?

$$98\times102 \quad 995^2$$

(话音刚落,就有几位同学举起手,为了让更多同学参与,等30秒后点名最快的两位同学回答问题)

生1:98×102等于9 996,这个算式的特点比较明显,可以利用平方差公式进行简便计算。把98拆成"100-2",102拆成"100+2",这样等于(100-2)(100+2),进而等于"10 000-4",也就是9 996。

生2:第2个算式等于990 025,与生1一样也是拆,这里把995拆成"1 000-5",因为是两个,所以利用的是完全平方和公式,容易计算出结果为990 025。

师:大家听懂两位同学的表述了吗?请举手示意老师,并把掌声送给这两位计算速度最快的同学。(全班大概有三十几位同学举手,总共48个学生)

(停顿几秒后)师:还有十几位同学没有听明白,请前后听懂的同学把自己的想法重新与没有听懂的同学进行交流,发扬我们团结友爱的精神,让更多的同学掌握。

(学生积极参与分享,观察到有些同学明显进入了状态,声音也洪亮了一些)

教学分析:通过设计巧算热身环节,一方面复习本章刚学习过的因式分解和乘法公式,另一方面让学生观察某些具有某种特殊结构的算式是可以简便计算的,特别是后面的交流环节,让更多的同学参与进来,为后续的教学和小组合作作铺垫。

(2)教学环节2:自主探究,合作交流。

师:大家进教室的第一眼,有没有发现我们的桌椅摆放与以往上课不一样,有点像劳动实践课的功能教室对吗,以圆桌的形式呈现的。刚才大家也已随机入座好,刚好8个小组,接下来的环节就以小组合作的形式来共同研究今天的问题——研究两位数的乘法运算。

师:请大家看看刚发下去的任务清单,请大家按照清单上的要求,确定好你们小组研究的内容,一会选定一位代表来分享你们是如何确定小组研究内容的。交流时间7分钟,先完成任务清单中的任务一。

小组合作学习任务清单

课题	探究两位数乘法运算可以简化的特殊情形		
小组序号		小组成员	
题干	已知一些两位数相乘的算式: 15×15,53×57,17×97,38×32,35×35,24×84,55×55,84×86,63×43		
任务一	观察以上算式,选取3个具有共同特征的算式: 请用文字语言描述你们小组所选取算式的共同特征:		
任务二	计算出你们小组所选取的算式并观察规律: 请用文字语言描述你们小组找到的规律:		
任务三	请用符号语言表述你们小组找到的算式规律: 请完整证明你们小组找到的算式规律:		
任务四	请简述你在本次小组学习合作过程扮演的角色和你的收获:		

（课堂上学生积极参与，教师此时参与进其中一个小组的交流活动，开始的前3分钟只观察不说话，后2分钟参与进去讨论）

教师参与小组学习合作的交流片段

教师参与前(生生交流)	教师参与中(师生互动)
生1：有几个算式个位数都是5看见没。 生2：恩，我也发现了，而且它们十位数字相同。 生3：还有几个算式个位数相同，但不是5。 生1：还有几个算式十位数相同，但是个位数不相同。 生4：那题目只能选3个，我们选哪3个呢？ 生5：要不选都是5的。 ……	师：你们首先看到了哪些算式？ 生1：看到了个位数都是5的。 师：其他的呢？ 生6：还有十位数相同的。 师：那不同的呢，还有什么特征？ 生2：对哦，十位数相同的，但是它们个位数相加等于10。 师：那是不是找到它们的特征，从个位数或者十位数的特征分析，我们可以从这里选。 生：是。

（等班级逐渐安静下来后）师：看样子，同学们已经确定好自己的研究内容了，有哪个小组愿意分享自己小组确定的内容？

生3：我们小组选取的是15×15，35×35，55×55，因为它们的个位数字都是5，十位数字也相同。

师：大家有选这三个算式的吗？举手示意一下老师。

师：有6个小组都选择了这三个，那第7组你们选取的是哪三个？

生4：我们一开始也想选刚才的那三个，通过和老师交流，我们发现有某些算式的个位数相加等于10，十位数相同，其实前者是后者的特殊情况，那我们小组决定挑战一下一般情况。我们选的是53×57，38×32，84×86。

师：掌声送给第7小组，说得真好，要的就是这种挑战精神，当然其他同学找到的是不是特殊算式的规律？

生：是。

师：那剩下的那组同学，你们选的是哪三个？

生5：我们和第7组一样，也是想找一点不同的，数学课代表说要难一点。

（全班同学都笑了）

师：不错，其实大家都已经通过交流完成了任务一，接下来，前10分钟请大家先小组合作完成任务二和任务三，后5分钟，我们选取相同算式的各小组可以走动交流，修改完善我们自己的答案。同样，最后请小组派代表进行分享。

教学分析:一方面,通过设置任务单的形式,明确小组合作学习的任务要求,让学生知道要做什么、落脚点在哪,从而提高小组合作学习的效率。通过设计开放性的问题,让小组各成员动起来,在合作交流过程中解决问题,而且设置有梯度的问题,可让学生真正学有所得,增强课堂的获得感。另外一方面,在小组谈论过程中,教师适时适当切入小组讨论,可引发小组成员间对问题的思考,促进他们加深对问题的理解。

(3)教学环节3:深度交流,积极分享。

通过任务一的反馈,学生更加积极地参与其中。同样,教师先巡视班级各小组的交流情况,对遇到问题的小组进行适当的干预,以某一个小组的干预片段为例,对话如下:

师:刚才老师发现你们在争吵,是遇到什么问题了吗?

生7:我们选取的是15×15这一组,通过计算结果分别是225,1 225,3 025,发现它们的规律是得数后面两位永远都是25,前面的数也只需要十位数加1相乘即可。所以我们将规律写成$5a×5a=a(a+1)+25$。

生8:写错了,不能这样写。

师:生8同学,那你认为应该怎样写?

生8:生7写的不是符号语言,应该改成$(10a+5)(10a+5)=100a(a+1)+25$。

师:其他同学认为呢?

……

师:如果两位同学都可以的话,请大家思考一下接下来如何证明?从运算的角度看,哪位同学更合理?

生7:老师,我发现了我的好像没办法用整式的相关知识证明,生8的可以运算,他的应该更合理。

师:很好,其实生7的是我们简单记数的一种方法,真正要用数进行运算的话,最好是把数表示成式子的形式,比如两位数ab我们可以写成什么?

生:$10a+b$。

师:非常好,你们继续证明。

(经过15分钟的小组讨论和深度交流,观察发展大多数小组已经开始在讨论谁去分享了)

师:看样子,大家已经完成了任务二和任务三,接下来请各小组派代表上来分享。大家掌声欢迎。

生6:请大家看投影,这是我们的解答过程。我们选取的是个位数是5,十位数相同的三组算式,发现它们的规律是原十位数字加1再与原十位数字相乘,结果后面接25即可。用符号语言表示为$(10a+5)(10a+5)=100a(a+1)+25$。证明思路是这样的:

设两位数的十位数字为a,个位数字为5,则两位数可表示为$10a+5$。

$(10a+5)(10a+5)=100a^2+100a+25=100a(a+1)+25$

师:还有没有其他小组想分享?

生7:请大家看投影,我们也是选取的是个位数是5,十位数相同的三组算式,前面任务二几乎一样,但是证明,我们小组不一样,我们是这样证明的:

∵ 左边=$100a^2+100a+25$

右边=$100a^2+100a+25$

∴ 左边=右边

即$(10a+5)(10a+5)=100a(a+1)+25$

师:掌声送给这两个小组,我们发现在证明等式的过程,两个小组用到方法不一样,但这都可以。其实在证明等式过程中,我们常用的方法有三种,分别是(1)若$A=C,B=C$,则$A=B$;(2)通过变形,$A=B$;(3)作差法,若$A-B=0$,则$A=B$。(教师板书)

师:还有其他小组进行分享吗?刚才的第7组?

生8:请大家看投影,我们选取的是个位数字相加等于10,十位数字相同的三组算式,发现它们的规律是原十位数字加上1再与自己相乘,结果后面接个位相乘得到的结果即可。用符号语言表示为$(10a+b)(10a+10-b)=100a(a+1)+b(10-b)$。证明思路是这样的:

∵ 左边=$100a^2+100a+10b-b^2$

右边=$100a^2+100a+10b-b^2$

∴ 左边=右边

即$(10a+b)(10a+10-b)=100a(a+1)+b(10-b)$

师:掌声送给生8这个小组。回过头,前面生4说我们选取的其实可以分为两类,第一类个位数是5十位数相同的是第二类个位数相加为10十位数相同的特殊情况,大家看是不是这样的,仔细对比下这几个小组分享的成果。

生:是。

师:所以大家看,在解决具备某种特殊结构的算式时,往往也具备某些特殊的结论,大家在今后的学习生活中可以多加留意。其实,大家没有选取的剩下的三组算式有没有特殊的地方?

生:有,它们的个位数字相同,十位数字相加等于10。

师:看样子大家确实很厉害,很善于观察。确实是这样的,那它们有没有特殊的规律,有兴趣的同学可以像今天这样继续去合作讨论交流,下一节课我们可以再来交流一下。甚至,大家可以相互出一些具备某些特殊结构的算式,看看是不是也有规律。

教学分析:一方面通过设置任务单,把握好小组合作学习的进展,让学生的讨论变得更加有序。同时,教师关注学生在学习过程中遇到的问题,及时答疑解惑,参与进去,让小组的讨论变得更加有趣、有质量。另外一方面,引导学生关注知识的内在逻辑,掌握研究数字规律的一般方法,在深度交流中获得数学知识及解决数学问题的方法。

(4)教学环节4:总结梳理,交流所得。

师:相信通过本节课的学习,大家或多或少应该会有一些收获,特别是在大家经历了解决数学问题的全过程,即从发现问题、提出问题、分析问题到解决问题。请同学们结合任务四谈一谈你的收获和在本次小组合作中扮演的角色。

生9:我是第6小组的成员,我很喜欢这种小组合作、大家一起讨论的感觉,特别是遇到自己想不明白的时候,可以听取旁边同学的建议和指导。

生10:我是第3小组的成员,以前数学课堂上我都没有怎么发言,但是这次小组同学都推荐我上来发言,本来我一直不想上来,但是小组同学都在鼓励我,所以我大着胆子上来了,那感觉还挺好。(全班大笑)

师:今天课堂,老师也觉得很愉快,希望大家记住今天这种团结协作、勇于探索的精神,在以后的学习生活中,继续加油。大家都很棒!

教学分析:设置最后的环节,不像以往那样提炼,而是更多希望学生能够通过前面的小组合作学习获得问题解决的能力,甚至情感态度价值观上能有所感触。正向引导学生具备积极思考,敢于交流,团结合作的品质。

2.教学反思

(1)以任务清单厘清合作学习,重视问题提出。

相比传统的教学模式,小组合作学习会让课堂呈现的气氛更为活跃,但是教师如果一开始没有把握小组合作学习的节奏,很容易出现流于形式的现象,所以采取任务单的形式,有序有向地引导学生进行交流合作,学生的成果才能得到显化。另外,任务单中问题设计也要明朗,始终做到以"问题"为师生、生生的交流媒介,以小组合作学习作为问题解决的主要方法。

(2)以合作者参与合作学习,关注问题干预。

在以往采取小组合作学习过程中,很多教师难以把握好课堂的节奏,到底讨论多久,哪里该收哪里该放,学生有没有真正解决问题等,往往会被热闹的表象掩盖住。所以,教师如何适当其时切入进去尤为重要,也就是教师在参与小组合作时的问题干预应当从何入手。一般来说,问题干预分为诊断干预和指导干预,教师要以合作者的身份融入小组合作,可通过观察直接询问、巡视关注典型对象、邀请学生充分解释、给予情感体验反馈等策略进行干预。

(3)以课堂生成为契机,尊重学生成果。

小组合作学习最应避免的就是虎头蛇尾。若中间过程很翔实,等到小组成果分享的时候,可能由于各种原因草草结束,那对学生的积极性和小组合作学习的效果是会打折扣的。所以,在整个课堂参与过程中,教师要以课堂生成为契机,及时传达出教师的善意和肯定,尊重学生的成果。这样不仅能增强他们的责任意识和集体意识,还能让他们获得自我的肯定,从而提升数学问题的解决能力。

第六章

思维碰撞灵动：
为了学生的深度参与

第一节 思维碰撞灵动：研究启示

近年来，我国关于课程与教学改革的研究与实践成果众多，教师的教学方式、学生的学习方式等方面都发生了明显的变化，但仍然存在一些工具性教学与浅表层教学的现象。但是，从深度学习旨在培养全面发展的人，强调对学生关键能力、核心素养等的培养，是一种重要的教育理念。

扬州大学的韦娟娟在陈算荣副教授的指导下，分别对教师和学生两方面进行了研究，分析了初中生数学深度学习的现状以及教师深度教学的现状。研究者选取了江苏省某中学初一年级不同教龄的4位数学教师（包含1名男教师，3名女教师，其中2位年轻教师，2位老教师）。两位老教师的教学水平都比较突出，教学经验丰富。两位年轻教师虽然教龄比较短，教学还缺乏经验，但成长较快。该校师资力量丰富，备课组有成熟的教案和配套课件等，每年也会集体备课，重新规划教案、课件等，且教学资源共享。该校对于年轻教师来说提供了一个比较好的成长平台。教师信息详见表6-1。[①]

表6-1 教师信息情况

教师编号	性别	教龄/年	教授内容
T1	女	17	认识三角形
T2	男	15	平方差公式
T3	女	2	定义与命题
T4	女	5	二元一次方程

研究者选取了初一年级的4节课进行课堂观察，内容来自苏科版教材的"认识三角形""平方差公式""定义与命题""二元一次方程"。这四节课都是新授课，涉及代数、几何、证明等不同部分的课程内容，且这四堂课都是教师在自然状态下的授课。通过研究，可以得出以下结论。

---

① 韦娟娟.深度学习视角下初中数学教学现状研究——以某初中为例[D].扬州：扬州大学，2022：40.

一 重视思维培养,但不关注知识结构

T1教师教授内容为"认识三角形",备课组教案中设置的教学目标为:通过观察生活中的一些情境让学生理解三角形的有关概念,并能正确地进行分类,掌握构成三角形的条件;培养学生的语言表达能力,培养学生的观察能力和识图能力;提高学生的分析能力和解决问题的能力。T2教师教授内容为"平方差公式",备课组教案中设置的教学目标为掌握平方差公式,并能应用公式进行简单的计算;经历探索平方差公式的过程,发展学生的符号感与推理能力。T3教师教授内容为"定义与命题",备课组教案中设置的教学目标为:结合具体实例,了解定义、命题、真命题、假命题的含义;结合具体实例,会区分命题的条件与结论。T4教师教授内容为"二元一次方程",备课组教案中设置的教学目标为:了解二元一次方程的概念,并会判断一对数是否是某个二元一次方程的解;经历分析实际问题中数量关系的过程,进一步体会方程是刻画现实世界有效的数学模型。通过课堂观察,研究得出表6-2的结果。

表6-2 课堂观察结果(教师得分情况)

	本质揭露	认知基础	学习内容整合	学习过程整合
T1	1	1	1	0
T2	2	1	1	0
T3	2	1	0	0
T4	2	2	1	0

由表可知,T1教师对教学内容本质的揭露不够透彻,其余三位教师均重视对数学内容本质的揭露,会通过一系列丰富的标准正例、非标准正例、反例等帮助学生明确概念的内涵。例如,T4教师在讲解完二元一次方程的定义后,紧扣定义中的关键词"二元""一次",从未知数的个数以及所含未知数的项的次数来揭露二元一次方程的本质,并让学生特别注意了是所含未知数的项的次数,而不是所含未知数的次数,且提供了丰富的标准正例、非标准正例、反例让学生进行判断哪些是二元一次方程。

学生已有的认知基础包括小学时学习三角形的经历以及在几何图形部分研究过线段、角,积累了一些研究经验,这些知识经验对于学生学习本节课的内

容都是有帮助的,然而T1教师却没有很好地运用这些已有的知识经验。教师可以先让学生回顾小学所学习的三角形的内容以及研究方法,指出测量、拼接是有误差的,需要严谨的推理论证来学习三角形,进而引出本节课的学习内容,也体现了重新认识三角形的必要性。那如何来研究三角形呢,教师可以借助角的研究内容与路径,让学生进行类比,提出三角形的研究内容与路径,形成对三角形研究的整体框架。

在学习内容整合与学习过程整合部分,四位教师并不注重学生整体知识的建构,只关注了局部知识之间的联系,也并不关注学生如何进行内容整合,没有引导学生形成内容整合的认知策略、元认知策略。例如,T2教师平方差公式的教学,教师从完全平方公式开始复习,提出学习公式可以起到简化运算的作用,紧接着就给出式子$(a+b) \cdot (a-b)$,让学生计算得到平方差公式,并告知学生平方差公式也是乘法公式的一种。这样的教学仅仅是让学生明确了乘法公式一共有两个,它们都可以简化运算,却没有向学生进一步明确乘法公式与一般的多项式乘法的特殊与一般的关系,没有很好地将乘法公式纳入整式乘法的体系中。

二 关注思维品质,但不重视高阶思维

思维发展方面,四位教师的教学均超越了具体的知识技能,达到了数学思维的层面,但没有关注一般性的思维策略与思维品质,如"联系的观点""变化的思想""辩证统一思想"等。数学思维与一般性思维之间具有相互依存、相互促进的关系,教师应当立足具体的数学活动,以数学思维的发展来促进学生一般性思维的发展,让学生通过数学锻炼思维。例如,T2教师平方差公式的课题中蕴含了"一般化"与"特殊化"思想,T4教师二元一次方程的课题中蕴含了"类比"思想等。四位教师对学生思维能力的培养停留在理解、应用的层面,达不到分析、综合、评价的层次。例如T2教师,对于平方差公式仅仅是从"数"的角度根据多项式的乘法进行计算来验证,没有"形"的验证。可以提问学生如何构造两个几何图形,用几何图形的面积表示公式的左右两边的代数式,如何借助几何图形的面积来证明平方差公式?这样的问题是学生运用几何图形验证公式的再

发展,是指向高阶思维的问题。此外,四位教师并不关注学生批判性思维、创造性思维、价值评价能力的培养。学生在课堂上几乎不会提出自己的质疑或者是呈现自己独特的想法,只有在T3教师的课堂中,学生创造性地提出观点,教师给予了一定的赞扬。T3教师提供学生八张卡片,让学生用这八张分别作为条件和结论,寻找真命题。T3教师在引导学生设法找到更多的命题时,学生创造性地提出了"互逆"的想法。有三位教师在教学过程中不进行任何价值评价,仅T1教师对学生近期的学习表现进行了表扬,但没有引导学生有依据地评价教学过程中的人、事、活动等,如知识的地位作用、某位学生的课堂表现、教学活动的展开方式等。思维层次的得分情况如表6-3所列。

表6-3 思维层次的得分情况

	思维发展	高阶思维	批判性思维	创造性思维	价值评价
T1	1	1	0	0	1
T2	1	1	0	0	0
T3	1	1	0	1	0
T4	1	1	0	0	0

在教学上,要在课堂培养学生的高阶思维还任重道远。曾有全国教育看江苏的说法,本研究的四位江苏老师尚且如此,据此可以推断出全国大部分初中的课堂在思维教学上还存在极大的提升空间。

根据《义务教育教学课程标准(2022年版)》,我们列出了部分学科培育的核心素养(表6-4)。从表格我们可以看出,培育的核心素养大多指向思维。林崇德教授,作为北京师范大学的杰出学者及中国学生发展核心素养研究项目的领军人物,在"核心素养与思维型教学"专题论坛上深刻指出:无论是学科能力的构建,还是学科核心素养的培育,其根基均深深植根于思维能力之中。鉴于数学学科常被喻为思维的训练场或体操,因此,在数学教育领域内,不仅促进学生思维能力的发展是教学活动的核心使命,而且高阶思维能力的培育更是教育体系中人才培养战略的关键环节与核心目标。作为数学老师,在课堂上培养学生的高阶思维是最光荣也是最核心的任务。灵动课堂中的价值旨归就是学生能在数学课堂上让思维得到训练、得到发展。

表6-4 部分学科要培育的核心素养

学科	培育的核心素养
语文	文化自信、语言运用、思维能力、审美创造
数学	会用数学的眼光观察现实世界，会用数学的思维思考现实世界，会用数学的语言表达现实世界
英语（日语、俄语）	语言能力、文化意识、思维品质、学习能力
地理	人地协调观、综合思维、区域认知、地理实践力
科学	科学观念、科学思维、探究实践、态度责任
化学	化学观念、科学思维、科学探究与实践、科学态度与责任
物理	物理观念、科学思维、科学探究、科学态度与责任
生物	生命观念、科学思维、探究实践、态度责任
信息科技	信息意识、计算思维、数字化学习与创新、信息社会责任

注：该表根据2022年教育部印发的部分学科课程标准整理所得。

第二节 思维碰撞灵动：生成策略

林崇德先生将思维分为思维的敏捷性、思维的灵活性、思维的创造性、思维的批判性和思维的深刻性，从运算能力、逻辑思维能力、空间想象能力几个维度进行了仔细划分。表6-5的信息十分丰富，这使得思维的培养更具有良好的操作性，对教育工作者具有很强的指导作用。

表6-5 思维的划分

类别	运算能力	逻辑思维能力	空间想象能力
思维的敏捷性	1.只要通过少量的具体例子，就能概括出一般的运算方法。 2.只要通过少量的例题，就能正确运用公式和法则进行难度较大的运算。 3.善于抓住问题的本质，迅速选择正确的方法和步骤。 4.运算步骤简洁。	1.只要通过少量的例题，就能掌握一种方法。 2.只要通过少量的例题，就能正确运用定理解决难度较大的证明问题。 3.思维效率高，能很快抓住问题的实质，推理过程所走的"弯路"少。 4.推理论证步骤简洁。	1.只要通过少量的具体图形，就能概括出图形的一般性质。 2.只要通过少量的例题，就能进行难度较大的图形分析。 3.能够迅速地找到图形的本质联系，分析几何图形的步骤简排。
思维的灵活性	1.善于灵活运用运算定律，运算法则和运算公式。 2.从考虑一种运算方法容易转向考虑另一种运算方法。 3.善于将公式灵活地变形。 4.善于将公式中的变元及方程中的未知量灵活地代换。 5.从式子的运算容易转向式子的分解，从一种运算容易转向它的逆运算。 6.善于运用多种方法解一个运算的问题。	1.善于灵活运用法则、公理、定理和方法，概括迁移能力强。 2.善于灵活变换思路，能从不同角度、方向，多方面运用多种方法去着手解决问题。 3.善于运用变化的，运动的观点考虑问题。 4.思维过程灵活，善于把分析与演绎，特殊与一般，具体与抽象有机地联系起来。 5.从正向思维容易转向逆向思维。 6.思维结构多种、灵活。	1.善于灵活运用图形的性质。 2.善于从不同角度用多种方法去分析图形的性质。 3.善于从图形的位置，度量关系的变化等发现规律。 4.善于在保持图形已知条件的要求下灵活变换图形。 5.善于解决轨迹问题。 6.善于从已知图形中联想到多种位置和度量关系。

续表

类别	运算能力	逻辑思维能力	空间想象能力
思维的创造性	1.善于探索、发现新的运算规律。 2.善于提出独特、新颖的解题方法。	1.富于联想,善于自己提出新的问题,并能独立思考,探索和发现新的规律。 2.对定理、法则有自己独特的理解,并能够进行推广;善于提出自己独特、新颖的解题方法。 3.能编制有一定水平的习题。	1.善于探索发现新的图形关系中的规律。 2.善于提出独特、新颖的方法进行图形分析。 3.能设计制作有一定特色的几何教具。
思维的批判性	1.解题时能看清题目要求,自觉采用合理步骤。 2.运算中能正确选取有用的条件和中间结论。 3.运算中能及时调整解题步骤和方法,特殊问题能采取特殊解法。 4.善于发现运算过程中出现的错误并及时纠正。 5.在使用运算法则时不容易发生混淆。 6.善于运用各种方式检查运算结果的正确性。	1.善于对问题的可解性做出正确的估计,推理过程的目的性强。 2.推理过程中能恰当选取有用的条件和中间结论。 3.推理的思路清楚,具体问题具体分析,能及时调节、修改思路。 4.善于发现推理过程中出现的错误并及时纠正。 5.不容易受到错误的"引诱",不容易产生错觉,善于克服学习过程中的"负迁移"。 6.善于考虑正反两方面的论据,做出正确的判断。	1.分析图形关系的目的性强。 2.善于从复杂图形中取出有用的基本图形加以分析,善于正确添置辅助线。 3.善于发现作图及图形分析中产生的错误,并及时纠正。 4.容易摆脱具体图形产生的错觉。 5.善于变换具体图形来检验分析得到的结论的正确性。

续表

类别	运算能力	逻辑思维能力	空间想象能力
思维的深刻性	1.能正确形成有关数、式、方程和函数的概念以及各种运算和式子变形的概念。 2.善于概括各种运算及式子变形的类型,并能正确地判断一个具体问题属于哪种类型。 3.善于对式子、方程、函数做一般研究,善于解字母系数的习题。 4.善于找到有关公式之间的联系,并运用这种联系去掌握公式。 5.善于自觉运用基本运算律、指数律,以及加减统一、乘除统一、乘方开方统一的思想,去掌握其他公式和法则。 6.能自觉做到每步运算或变形的依据充足。 7.能弄清公式、法则成立的理由。 8.善于解决难度较大的运算问题。	1.能正确形成各种概念,正确理解名词及符号的含义。 2.善于概括各种数学证明的类型及一般方法。 3.掌握例题结构及四种命题之间的关系。 4.善于将知识系统化、结构化,善于抓住各概念及知识之间的联系,从不同角度分析组合,概括地形成知识结构的系统。 5.善于自觉运用分析和综合、对比和类比、归纳和演绎、直接证法和间接证法,去进行推理论证。 6.能自觉按照逻辑规律进行推理,做到推理的每一步都有理由。 7.善于掌握定理的证明。 8.思考问题全面、细微,能从事难度较大的推理论证,解决难度较大的综合问题和应用问题。	1.能正确形成几何图形的有关概念以及数轴、直角坐标系、方程的曲线(面)、函数的图像等概念,善于给出某些代数问题的几何解释。 2.善于对几何图形、方程曲线及函数图象进行概括、分类,抓住各种图形之间的联系。 3.善于根据文字叙述想象出几何图形,善于根据几何图形正确地分析出有关的位置和度量关系,并能用语言文字表达。 4.善于根据方程想象曲线的形状,善于由曲线的形状看出方程的特点。 5.善于根据函数关系式想象图象的形状,善于由图象的形状掌握函数的特点。 6.能自觉做到对几何图形、方程曲线、函数图象的分析,有充足的理由。 7.善于分析难度较大的几何问题。

注:制作者为孙敦甲[①]。

一 揭示结构

如果认为"数学是通过对概念的分析、生成和组织,对命题的严密逻辑推理而形成的互相联系的系统化的有机整体,反映的是概念命题的客观逻辑结构""数学是用数学经验规则组成的体系,其组织的活力依赖于各部分之间的联系,结构决定体系的功能""数学认知结构的形成过程是学生对数学知识的逻辑结构

[①] 林崇德.智力发展与数学学习[M].北京:中国轻工业出版社,2011.12:100-102

进行加工的心理活动过程""构建概念体系和命题体系是促进学生建立完善认知结构的有效途径""数学学习实质上是学习者的生理—心理系统对数学知识系统的部分纳入""数学学习是注重知识内在关联的系统化的学习,在知识的实质性关联中加深理解,把握知识的来龙去脉,只有这样才能形成良好的数学认知结构""知识结构不仅是知识的固着点,也是从不同侧面认识事物的一条途径,学生头脑积累的知识只有做到条件化、成熟化、结构化,才会有效地同化、巩固和迁移,才能成功地解决问题""学生从已知的整体知识中掌握分化的部分,比从已知的分化的部分中掌握整体的难度要低一些",则教师就会施行结构教学法。[①]

结构教学的内涵和价值是非常重要的。

首先,结构教学的内涵主要体现在对学科基本结构和基本概念的重视。它强调在教学过程中,不仅要传授具体的知识点,还要引导学生理解知识背后的基本结构和概念,帮助他们建立学科知识的整体框架和内在联系。这种教学方法注重培养学生的逻辑思维能力和问题解决能力,使他们在学习过程中能够主动发现规律、总结方法,形成自己的知识体系。

其次,结构教学的价值主要体现在以下几个方面。

①有利于提高学生的学习效率。通过对学科基本结构和概念的掌握,学生可以更好地理解和应用所学知识,减少记忆负担,提高学习效率。

②有利于培养学生的迁移能力和创造力。结构教学强调学生对知识的内在联系和规律的理解,这有助于他们在面对新问题时能够灵活运用所学知识,进行迁移和创造。

③有利于促进学生的全面发展。结构教学不仅关注学生的知识掌握,还注重培养学生的思维能力、情感态度和价值观等方面的发展。通过引导学生主动参与、合作交流、探究发现,可以促进学生的全面发展。

综上所述,结构教学的内涵和价值不仅体现在对学科基本结构和概念的重视上,还体现在对学生全面发展、学习效率、迁移能力和创造力的促进作用上。

河南省许昌市东城区实验学校虎园园老师教学的"用字母表示数",就很好地体现了结构教学的特点。

【案例】用字母表示数

问题:类比上一章"数"的研究思路,我们该如何研究这些"式"呢?

[①] 王学沛,邓鹏,魏勇.几种数学观下的数学教学[J].课程·教材·教法,2008,28(2):53-57.

追问1:有理数研究了哪些内容？研究思路是什么？

追问2:是否可以类比有理数建立"式"的知识结构。

$$
\text{有理数}\begin{cases}\text{相关概念}\\ \text{分类}\begin{cases}\text{整数}\\ \text{分数}\end{cases}\\ \text{运算}\begin{cases}\text{加减}\\ \text{乘除}\\ \text{乘方}\end{cases}\\ \text{应用}\end{cases}
\qquad
\text{有理式}\begin{cases}\text{相关概念}\\ \text{分类}\begin{cases}\text{整式}\\ \text{分式}\end{cases}\\ \text{运算}\begin{cases}\text{加减}\\ \text{乘除}\\ \text{乘方}\end{cases}\\ \text{应用}\end{cases}
$$

设计意图:通过对有理数相关内容的梳理,类比联想出其他代数研究对象的内容,积累活动经验,再次感受数式通性。

追问3:用字母表示数,除了可以研究"式"的内容,还可以研究哪些问题呢？

这样的设计让学生能从类比中发现研究问题的一般路径,同时让他们能梳理提炼出原先研究"数"的一般结构,进而对探究式的结构进行迁移,起到事半功倍的效果。

【案例】一道填空压轴题的剖析

如图,正方形$ABCD$中,$AB=2\sqrt{5}$,O是BC边的中点,点E是正方形内一动点,$OE=2$,连接DE,将线段DE绕点D逆时针旋转$90°$得DF,连接AE、CF。求线段OF长的最小值。

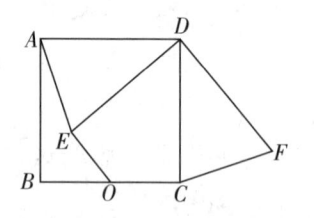

解析过程:

①从题意知,点O是定点,E是动点,而且保证定长$EO=2$,所以可以推断故E点轨迹是以O为圆心,2为半径的一段圆弧。

②发现点E是主动点。F是从动点。点F随着点E运动而运动,从而可以猜想点F的轨迹也是一个段圆弧。

③那么如何确定点F所在圆弧的圆心呢？这是十分必要的,主要考虑$DE \perp DF$且$DE=DF$,也是旋转$90°$,那么推断,将整个图形$\triangle DEO$转动$90°$,点O对应的点M。

④问题变成了求圆外一点O到圆M的最短距离,显然直接连接OM,与圆M交点即为F点,此时OF最小。可构造三角形全等求线段长,再利用勾股定理求得OM,减去MF即可得到OF的最小值。答案为$5\sqrt{2}-2$。

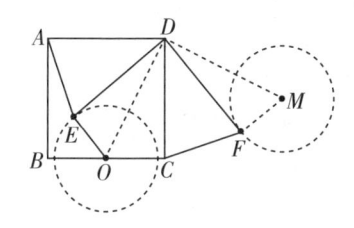

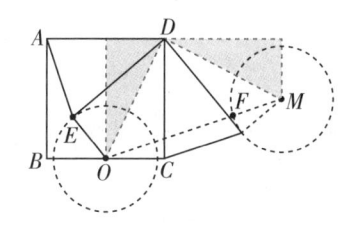

显然本题还可以做如下变式。

如右图,已知 PA=3,PB=4,以 AB 为一边作正方形 ABCD,使 P、C 两点落在直线 AB 的两侧,求 PC 的最大值。

这道题中,包含着"共端点等线段的旋转结构""动点到定点的距离等于定长的圆的结构""一线三直角的结构(或者说弦图结构)""圆外一点到圆的最长或最短距离的结构"。这些结构都隐藏其中,作为老师如能在课堂上准确引导学生进行模式识别,那么对于提高学生解题技能来说功不可没。这要求在解题过程中,教师要注意抓住定理、定律中的核心要件,揭示提炼给学生,这样培养学生对结构的应激反应,提升其对数学问题的解题水平。特别是在压轴题的解答中,数学题的呈现往往是结构不良的,这就需要学生利用辅助线还原出结构让解题得以顺利进行。

二 发现价值

(一)美学价值

数学美的内涵其实非常广泛和深入。它的美不仅体现在公式和定理的简洁性、优雅性,还体现在数学思维的严谨性、逻辑性和创造性。数学美是一种内在的美,需要深入探索和理解才能体会到。

至于数学的美学价值,那就更多了。首先,数学美是激发人们对数学热爱的重要因素之一。当人们被数学的美丽所吸引,就会更加投入地去学习和研究数学,从而推动数学的发展。

其次,数学美在科学研究和工程应用中发挥着重要作用。许多科学发现和工程技术的突破都离不开数学的支持。

最后,数学美还能够帮助人们更好地理解世界,提升人们的思维能力和解决问题的能力。因此,数学美不仅具有学术价值,还具有实际应用价值和文化价值。

总的来说,数学美是一种深邃而独特的美,它的价值不仅在于推动数学的发展,更在于激发人们的智慧和创造力,帮助人们更好地理解和改变世界。在初中数学里,我们就能发现数学的对称美、简洁美、和谐美、奇异美。

【案例】"从美学角度上寻找辅助线踪影"的校本研讨

陈:我们还可以从美学特征中寻找辅助线踪影。

郑:美指的是那些对称美、简洁美、和谐美、奇异美吗?

陈:是的,其中对称美对我们添加辅助线帮助最大。拿我们最常见的角平分线来说,我们通过它能将这个角进行翻折,或者说角是一个轴对称图形,角平分线所在的直线就是它的一条对称轴。从这个角度就可找到解题思路。

郑:比如这道题。

如图,AD 平分 $\angle BAC$,$\angle B+\angle C=180°$,求证:$DB=DC$。

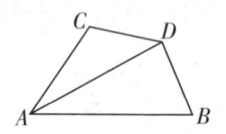

陈:这个题目很典型,如果学生知道角平分线是一条美学中心线,利用美学思想,可以有如下几种辅助线作法(见图):

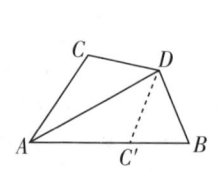

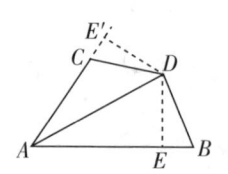

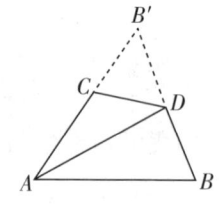

郑:从美学角度,相信学生能更好地理解辅助线作法的由来,也可以知道这三种辅助线的作法本质上是一致的,对一题多解就更加容易接受了。我觉得很多翻折、平移、旋转,其实也是一种广义对称,也都具有美学的特征。

陈:没错。教学时我们应该多从美学的角度阐释数学知识,比如,我们在教学垂径定理时,可以让学生通过折叠圆的方法,充分利用其对称之美来研究问题,这样学生对定理的认识就会有新的高度。再如,在直线与圆的位置关系中,也可以通过对称之美折叠圆的方法,发现更多的性质。经过这样的引导教学,学生更容易明白为什么要做弦心距这条辅助线,为什么见到切线要连半径这条辅助线得到垂直这个条件。

为学生讲解数学之美,不得不提到 $e^{i\pi}+1=0$。它是自然界的神奇巧力和人类的聪明智慧的综合产物,是数学中的一大杰作。数苑中的"五朵金花"竟能开在同一树枝上,不可谓不绝! 难怪数学家说:"数学实质上是艺术的一种。"知识的海洋是无穷无尽的,愿你像"π"那样富有钻劲,像"i"那样富于幻想,像"e"那样联系实际,一切从"0"开始,从眼前迈开第"1"步,沿着崎岖的道路,在知识的海洋里,勇敢地探索和追求吧。正如安托万·德·圣-埃克苏佩里所说:如果你想造一艘船,你首先要做的不是催促人们去收集木材,也不是忙着分配工作和发布命令,而是激起他们对浩瀚无垠大海的向往。让学生感受数学的美丽、向往数学的殿堂,也应成为数学教育工作者的永恒追求。

【案例】黄金分割数

环节一:对比观察,感悟美。

1.脸型相同,五官基本相同的3张脸,有什么不一样? 哪个更美?(图组一)

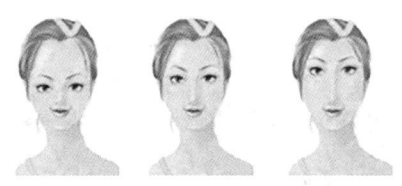

2.下面三幅图有什么不一样? 你觉得下面哪幅图最有美感?(图组二)

设计意图:通过图组一,观察眼睛的位置不同。眼睛将脸分成了上下两部分,位置不同,上下两部分的比例也不同,从而给人的视觉感受也不同。通过图组二,鸟的不同位置将图片分成左右不同比例的两部分,再次感受不同比例、美感不同。体会事物之间的和谐关系可以表现为某种恰当的比例关系,进而揭示本节课主题。

环节二:方程计算,求解美。

```
A━━━━━C━━B
```

1. 引出黄金分割的定义:在线段 AB 上,点 C 把线段 AB 分成两条线段 AC 和 $BC(AC>BC)$,如果 $\frac{AC}{AB}=\frac{BC}{AC}$,那么称线段 AB 被点 C 黄金分割。点 C 叫做线段 AB 的黄金分割点,AC 与 AB 的比或者 BC 与 AC 的比叫作黄金分割数(比)。

2. 提出数学问题。

(1)怎么求黄金分割数?

(2)怎样找黄金分割点?

3. 列方程求解黄金分割数。

预设:

方法(1):设全长 AB 为 a,较长 AC 为 x,问题转化为求 $\frac{AC}{AB}=\frac{x}{a}$。可得方程:$x^2+ax-a^2=0$。

①把 a 看成常数,把方程看成关于 x 的一元二次方程来求解。

解得:$x=\frac{-1\pm\sqrt{5}}{2}a$,

因为 $x>0$,

所以 $\frac{AC}{AB}=\frac{x}{a}=\frac{\sqrt{5}-1}{2}$。

②等号左右两边同时除以 a^2,

可得方程:$(\frac{x}{a})^2+\frac{x}{a}-1=0$,

把 $\frac{x}{a}$ 看成一个整体,最终求得:$\frac{x}{a}=\frac{\sqrt{5}-1}{2}$。

方法(2):设全长 AB 为"1",较长 AC 为 x,问题转化为求 $\frac{AC}{AB}=x$。

方法(3):设较长 AC 为 x,较短 BC 为 y,问题转化为求 $\frac{BC}{AC}=\frac{y}{x}$。

……

设计意图:通过对概念的解读,引导发问,分析,求解和优化总结,培养学生发现问题和提出问题、分析问题和解决问题的能力。引导归纳总结求比值的常用方法,并体会设单位"1"方法的计算简洁性。

环节三:新知应用,解密美。

问题:我们已经求得了黄金分割数,反观前面的图片,与黄金分割又有什么关系呢?

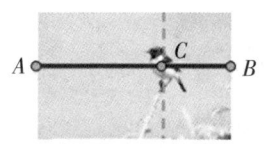

分析:三幅图中小鸟的竖直高度相同,而水平位置不同,如果把小鸟看成一个点,水平移动范围看成一条线段,那么,点C看起来像线段AB的黄金分割点。

追问:如何验证点C是否是线段AB的黄金分割点呢?

预设(1):算$\frac{BC}{AC}$与$\frac{AC}{AB}$是否相等。

预设(2):算$\frac{BC}{AC}$或者$\frac{AC}{AB}$是否等于$\frac{\sqrt{5}-1}{2}$。

质疑:对比两种方法,预设(2)中计算量更小,但是可行吗?问题转化为:

如果$\frac{AC}{AB}=\frac{\sqrt{5}-1}{2}$,那么另一个比值$\frac{BC}{AC}$是多少?会等于$\frac{\sqrt{5}-1}{2}$吗?

论证:分析问题,与前面求解黄金分割数的问题类似,尝试用设"1"或者设原来解决,为方便表示和计算,可以设全长AB为"2",打破学生设"1"的定势思维。

判断:

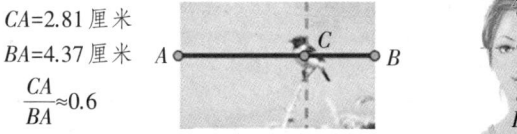

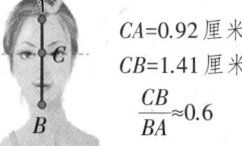

CA=2.81厘米
BA=4.37厘米
$\frac{CA}{BA}\approx 0.6$

CA=0.92厘米
CB=1.41厘米
$\frac{CB}{BA}\approx 0.6$

感受:用数学的眼光观察黄金分割的广泛应用,感受黄金分割的奥秘,感悟数学与生活、数学与大自然的紧密联系。

设计意图:通过思考图片与黄金分割数的联系,将图片中的鸟抽象为点,将水平移动的范围抽象为线段,培养学生的抽象能力;通过观察点与线段的位置,猜想点是线段的黄金分割点,培养学生的直观想象能力,进而思考如何判断点是否是黄金分割点的问题,可归结为求比值的问题。

环节四:拓展探究,深化美。

问题1:设计舞台站位,思考一条线段的黄金分割点个数。

电视节目主持人在主持节目时,站在舞台的黄金分割点处最自然得体,如图,若舞台AB长为m米,主持人现站在A处,主持人应走到离点A_____米处才最自然得体。

241

追问:如何准确作出线段 AB 的黄金分割点?(这个问题留给学生课后思考)。

问题2:如图,点 C、点 D 是线段 AB 的黄金分割点,观察图形,你能找到哪些相等线段?还有新的发现吗?

预设:相等线段有 $BC=AD$,点 C 是 AD 的黄金分割点,点 D 是 BC 的黄金分割点。

论证:(1)计算论证,归结为比值问题;(2)推理论证,由定义出发,推得等量关系,通过等量代换,求得新的比值。

问题3:矩形 $ABCD$ 的宽和长的比为黄金比,像这样的矩形称为黄金矩形。
若四边形 $ADNM$ 是正方形,观察图形,你有什么发现?

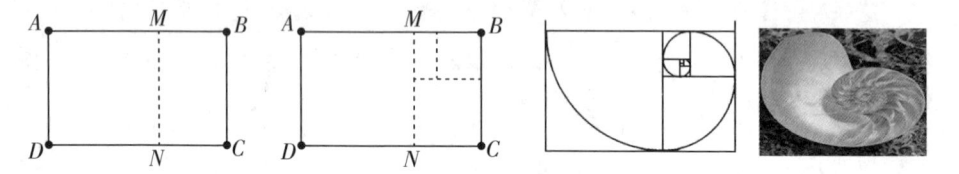

预设:点 M 是 AB 的黄金分割点,点 N 是 CD 的黄金分割点,小矩形 $BCNM$ 是黄金矩形。

论证:类比问题2的论证方法。

设计意图:观察图形,得到猜想,小心求证,获得探究问题的一般路径,在图形演变中感受数学的奇异美。

(二)思政价值

课堂思政的内涵和价值主要体现在以下几个方面。

首先,课堂思政的内涵在于将思想政治教育融入数学课程的教学中,通过挖掘数学课程中的育人元素,实现知识传授和价值引领的有机结合。这要求授课教师在传授知识的同时,关注学生的思想动态和价值观,引导学生正确看待世界和自己,树立正确的世界观、人生观和价值观。

其次,课堂思政的价值在于解决教育的方向性问题,坚持社会主义办学方向,培养德才兼备、全面发展的社会主义建设者和接班人。通过课堂思政,可以帮助学生明确是非曲直,认清道路方向,明确自己的责任和使命,从而立志为中国特色社会主义事业奋斗终身。

此外,课堂思政还可以提升学生的文化自信和文化自觉,让学生在潜移默化中接受先进文化的熏陶和感染,自觉传承和弘扬中华优秀传统文化,增强民族自豪感和归属感。

最后,课堂思政还有助于提高学生的综合素质和能力水平。通过课堂思政的引导和熏陶,学生可以更好地发挥自己的潜能和优势,提高创新能力和实践能力,成为具有社会责任感和创新精神的高素质人才。

综上所述,课堂思政的内涵和价值在于将思想政治教育融入各门课程的教学中,引导学生树立正确的世界观、人生观和价值观,培养德才兼备、全面发展的社会主义建设者和接班人,提高学生的文化自信和文化自觉,以及提高学生的综合素质和能力水平。比如,圆是平面图形中最完美的图形,它的完美不仅在于它的完全对称性(轴对称、中心对称),还在于它体现了一种伟大的精神——集体主义精神。这是因为圆本身就是把无数零散的点,有秩序地、对称地、和谐地、按统一的规律(到定点的距离等于定长)排列而成的封闭图形,就像一个和美的大家庭,每个成员都有自己的位置和作用,同时也遵循着集体的纪律。由此,我启迪学生,你们个人就像圆上一个个孤立的点,你们所处的班集体乃至于整个社会就好比一个圆,集体的形象与荣誉与你们自己的努力是分不开的。若个人不遵守集体的纪律,不能正确处理个人利益与集体利益的关系,就会像不在圆上的点一样,游离于集体之外,也就得不到集体的温暖。这样用形象生动的语言将集体主义教育自然地渗透到学生的心田。同时,圆也隐含完满、团结的力量,圆的终点也是起点,让我们深深明白"没有最好,只有更好"的道理,它激励着学生们不懈地奋发向上,追求完美的自我。

当然,每个几何图形都有它的教育意义。三角形让我们学会沉稳,四边形让我们学会灵活应变,矩形帮我们塑造个性,圆帮我们打磨棱角,一次函数(直线)为我们指明方向,二次函数(如开口向下的抛物线)带我们冲击人生的高峰,三角函数(如正弦函数图)指导我们穿越人生的起起落落……

【案例】"线段、射线、直线"的教学

做事当学线段,有始有终;
求学当学射线,有始无终;
做人当学直线,无始无终。

对于学生来说,如果没有这样的"联结",他们是无法将当前所学的知识和做人、做事、做学问联系起来。通过这样的总结,学生更能知道直线、线段、射线的本质,同时也对数学语言表达产生更加浓厚的兴趣,使得数学课堂"有点不一样",让课堂充满灵气。

三 揭示本质

数学本质的内涵十分丰富,它包括了数学知识的内在联系、数学规律的形成过程、数学思想方法的提炼以及数学理性精神的体验。这些都是构成数学本质的重要部分,它们共同展现了数学的独特魅力和价值。

在教学上,数学本质的教学价值是不可忽视的。首先,它有助于我们深入理解数学的内在逻辑和规律,从而更好地掌握数学知识。其次,通过探索和体验数学本质,我们可以培养学生的数学思维和解决问题的能力,提升他们的数学素养。最后,数学本质的教学还有助于我们认识数学与其他学科之间的联系,从而拓宽学生的知识视野。

所以,掌握数学本质的内涵和教学价值,对于我们的数学学习和教学都具有重要意义。

【案例】三角形大单元教学的实践探索[①]

为了更好地把握三角形大单元,更好地厘清学习脉络,更好地发挥这一大单元的教学作用,彰显其前构性和统领性的价值,现通过线型分布图的形式展现三角形内容在现行人教版教材中的分布。图1从现行人教版教材来看,三角形内容的各个章节安排在了八年级和九年级,如此安排是依据学生年龄段的思维特点,顺应了学生的认知规律,把思维能力发展的主线嵌入其中。

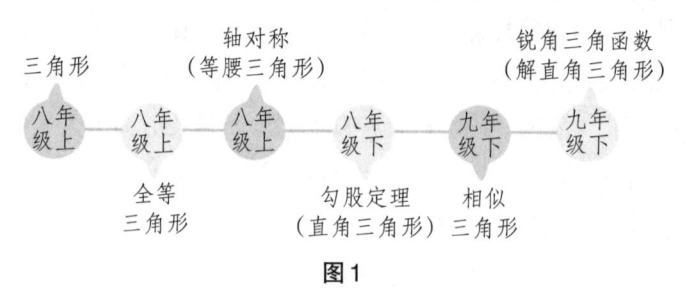

```
       三角形      轴对称                        锐角三角函数
                (等腰三角形)                  (解直角三角形)
       八年       八年      八年      八年      九年      九年
       级上      级上      级上      级下      级下      级下
                          全等              勾股定理    相似
                          三角形          (直角三角形) 三角形
```

图1

---

① 邢成云,李秀珍.三角形大单元教学的实践探索[J].中小学课堂教学研究,2023(7):37–41.

利用"三镜"思维透视三角形大单元:用"放大镜"看,三角形的研究路径与角的研究路径具有一致性(同构),形成类比性大结构(如图2);用"显微镜"看三角形的边、角、线等各个元素及其关联,特殊三角形基于边、角、线的特征,形成局部网络结构;用"望远镜"看三角形的生长发展,从三角形之间的关系(全等变换、相似变换)以及从质性到量化(解三角形)进阶的角度,形成统领性结构(如图3)。如此三角形大单元的路径就清晰了。

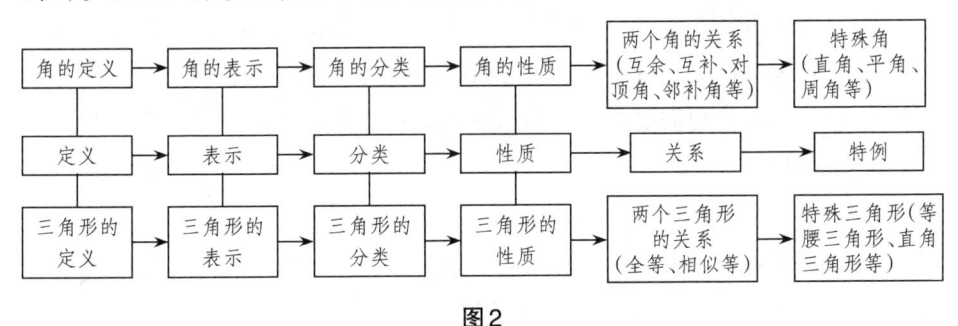

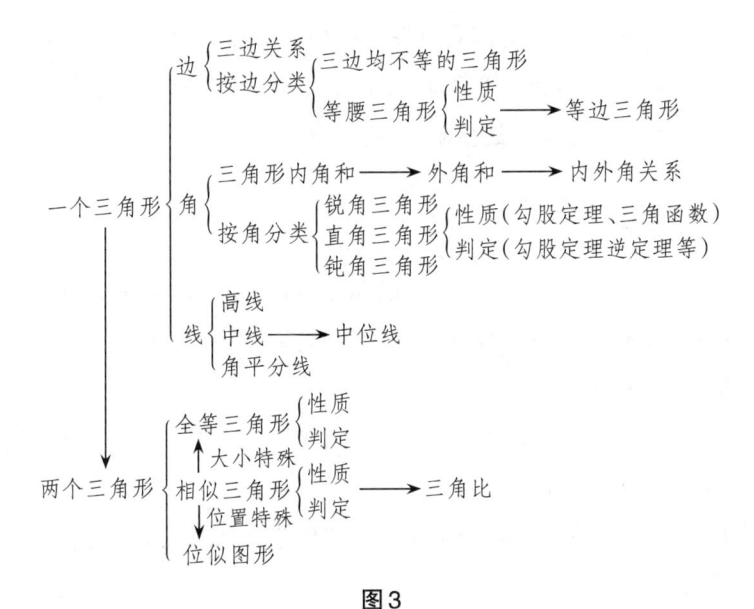

图2

图3

四 灵活运用

灵活运用数学知识意味着能够根据具体问题的特点,选择适当的数学方法、公式或理论来解决实际问题。这要求学生不仅要掌握基本的数学概念和技巧,还要理解这些概念和技巧之间的内在联系,从而能够在不同的情境中进行灵活运用。

数学知识的灵活运用具有极高的价值。

首先,它能够解决实际问题,帮助人们更好地理解和应对现实世界中的各种挑战。例如,在商业、工程、科学等领域,都需要运用数学知识来进行分析、预测和优化。

其次,数学知识的灵活运用能够培养人们的创新能力和批判性思维。在面对问题时,需要灵活运用数学知识来寻找解决方案,这要求学生具备独立思考和创新的能力。同时,也需要对不同的解决方案进行评估和比较,这有助于培养学生的批判性思维。

最后,数学知识的灵活运用也是数学教育的重要目标之一。通过灵活运用数学知识,学生可以更好地理解数学的本质和价值,从而更好地欣赏和享受数学的美。

总之,数学知识的灵活运用具有深远的内涵和重要的价值。它不仅能够帮助学生解决实际问题,还能够培养他们的创新能力和批判性思维,促进数学教育的发展。在课堂上,表现为一题多解、多题一解和跨界实践。

(一)一题多解

数学一题多解的内涵在于从不同的角度、运用不同的方法去解答同一道数学题,它体现了解题策略的多样性。这种策略性思考有助于培养学生的创新思维和解题能力。一题多解的价值在于:

①拓宽思维:一题多解训练能够帮助学生打破思维定势,从不同角度思考问题,培养思维的灵活性和创新性;

②巩固知识:通过一题多解,学生可以将所学知识综合运用,巩固和加深对知识点的理解;

③提高解题效率:掌握多种解题方法后,学生可以根据题目特点选择最合适的方法,从而提高解题速度和效率;

④培养解题策略:一题多解训练有助于学生在解题过程中形成有效的解题策略,提高解题能力。

总之,数学一题多解的内涵和价值在于通过多样化的解题方法培养学生的创新思维、解题能力和解题策略,从而提高学生的数学素养和综合素质。

【案例】一题多解

如图1:四边形$ABCD$是正方形,E为BC上的一个动点,$\angle AEF=90°$,且EF交正方形外角平分线CF于点F,求证:$AE=FE$。

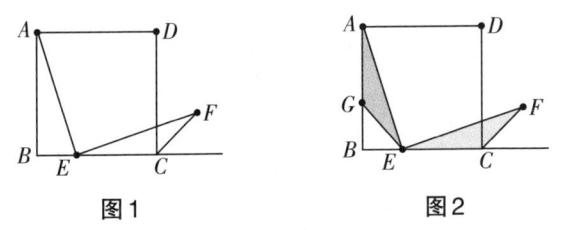

图1　　图2

证法1:如图2,在BA上截取$BG=BE$,则$\triangle BEG$为等腰$Rt\triangle \Rightarrow \angle BGE=\angle BEG=45°\Rightarrow \angle AGE=135°=\angle ECF$,$AG=CE$,

由$\angle AEF=90°\Rightarrow \angle FEC+\angle AEB=90°=\angle AEB+\angle GAE\Rightarrow \angle FEC=\angle GAE$,从而可得$\triangle AEG\cong\triangle EFC(ASA)\Rightarrow AE=EF$。

证法2:如图3,连结AC,过点E做$EG\perp BC$交AC于G,则$\triangle ECG$为等腰$\triangle\Rightarrow EG=EC$,易证$\angle AEG=\angle FEC$,$\angle AGE=\angle ECF\Rightarrow \triangle AGE\cong\triangle FCE(ASA)\Rightarrow AE=FE$。

图3

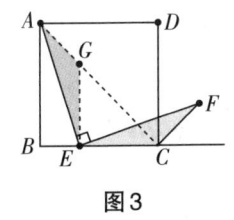

证法3:如图4,过E作$EG\perp BC$交FC的延长线于G,连接AC,则$\triangle ECG$为等腰直角三角形$\Rightarrow EC=EG$,$\angle G=\angle ACE=45°$,$\angle AEC=\angle FEG\Rightarrow \triangle ACE\cong\triangle FGE(ASA)\Rightarrow AE=FE$。

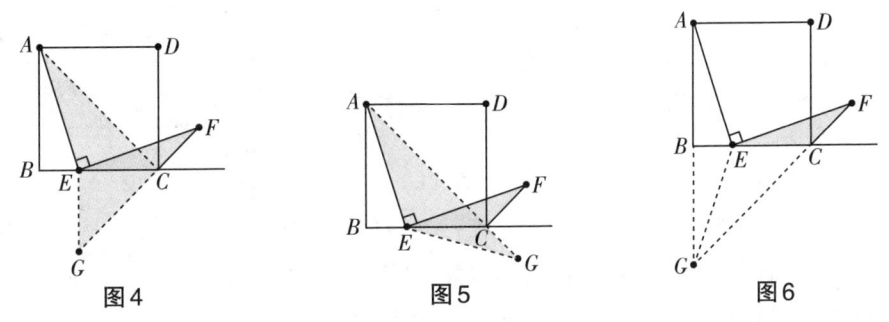

图4　　图5　　图6

证法4:如图5,连结AC并延长至G,使得$CG=CF$,连结EG,显然,$\triangle ECF\cong\triangle ECG(SAS)\Rightarrow EF=EG$,$\angle F=\angle G$,易证$\angle FEC=\angle BAE$,$\angle FEC+\angle F=45°=\angle BAE+\angle EAG$,所以$\angle F=\angle EAG$,从而$\angle G=\angle EAG\Rightarrow AE=EG$,进而可得$AE=FE$。

证法5:如图6,延长FC交AB的延长线于点G,连结EG,则$\triangle BCG$是等腰三角形$\Rightarrow BG=BC\Rightarrow AE=EG\Rightarrow \angle BAE=\angle BGE$,由$\angle AEF=90°\Rightarrow \angle FEC+\angle AEB=90°=\angle AEB+\angle BAE\Rightarrow \angle FEC=\angle BAE$,$\angle FEC=\angle BAE=\angle BGE$,又$\angle BGE+\angle EGF=45°=\angle FEC+\angle F\Rightarrow \angle EGF=\angle F\Rightarrow EG=EF$,从而可得$AE=FE$。

证法6：如图7，连结AC，过E分别作$EG \perp FC$交FC的延长线于点G，$EH \perp AC$于点H，易证四边形$GEHC$为正方形$\Rightarrow EH=EG$，又因$\angle AEH=\angle FEG$，从而$\triangle AEH \cong \triangle FEG(ASA)\Rightarrow AE=FE$。

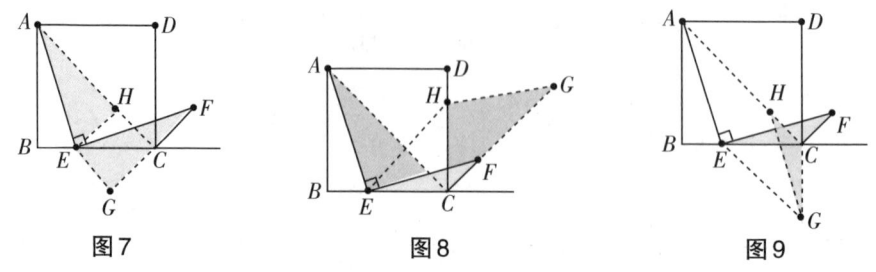

图7　　　　　　图8　　　　　　图9

证法7：如图8，在CD上截取$CH=CE$，连结AC，EH。延长CF至点G，使$CG=AC$。易证$\triangle AEC \cong \triangle GHC(SAS)\Rightarrow AE=HG$，$\angle GCH=45°=\angle EHC \Rightarrow EH \parallel CG$，又可知$\angle ACF=90°$，从而知$\angle EFC=\angle EAC=\angle G \Rightarrow HG \parallel FE$，所以四边形$GHEF$为平行四边形$\Rightarrow GH=FE$，进而得到$AE=FE$。

证法8：如图9，延长DC至G，使得$CG=CE$，连结AC，在AC截取$CH=CF$，连结GH、GE，易证$\triangle ECF \cong \triangle GCH(SAS)\Rightarrow FE=GH$，$\angle CEG=45°=\angle ACB \Rightarrow AC \parallel EG$；$\angle GHC=\angle F=\angle CAE \Rightarrow AE \parallel GH$，所以四边形$AEGH$为平行四边形$\Rightarrow AE=GH$，进而$AE=FE$。

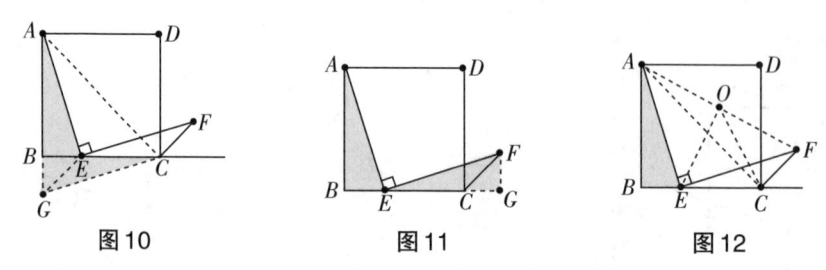

图10　　　　　　图11　　　　　　图12

证法9：如图10，延长AB至G，使得$BG=BE$，连结GC，易证$\triangle ABE \cong \triangle CBG(SAS)\Rightarrow AE=CG$，$\angle BCG=\angle BAE=\angle FEC \Rightarrow EF \parallel CG$，$\angle GEC=\angle ECF=135° \Rightarrow EG \parallel CF$$\Rightarrow$四边形$EFCG$为平行四边形，所以$FE=CG$，从而得$AE=FE$。

证法10：如图11，过F作$FG \perp BC$交BC的延长线于点G，则$FG=CG$，容易证明$\angle FEG=\angle BAE$，设$FG=CG=x$，$BE=y$，正方形的边长为1，则$CE=1-y$，$EG=1-y+x$，则$\dfrac{FG}{EG}=\dfrac{BE}{AB}\Rightarrow \dfrac{x}{1-y+x}=\dfrac{y}{1}\Rightarrow x=y \Rightarrow FG=BE$，故$\triangle ABE \cong \triangle EFG(SAS)\Rightarrow AE=FE$。

证法11：如图12，连结AC、AF，取AF的中点O，连结OE、OC，则$AO=EO=CO=FO \Rightarrow A$、$E$、$C$、$F$在圆上$\Rightarrow \angle AFE=\angle ACE=45° \Rightarrow \triangle AEF$是等腰直角三角形$\Rightarrow AE=FE$。

证法12：如图13，记 EF 交 DC 于点 G，易得 $\triangle ABE \backsim \triangle ECG$，设 $AB=a$，$BE=b$，则 $EC=a-b$，$CG=\dfrac{b(a-b)}{a} \Rightarrow E(b,0)$，$G(a,\dfrac{b(a-b)}{a}) \Rightarrow y_{EF}=\dfrac{b}{a}x-\dfrac{b^2}{a}$，易得 $y_{CH}=x-a$，联立 $F(a+b,b)$ 进而用勾股定理问题解决，下略。

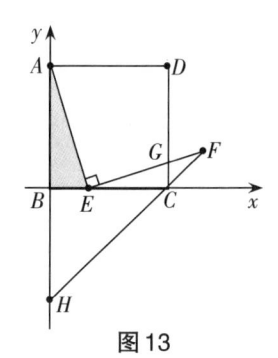

(二)多题一解

多题一解的内涵在于发现和挖掘不同数学题目之间的共性和联系，找到它们背后共同的解题思路或方法。这种思考方式体现了对数学本质的深入理解和应用。

多题一解的价值体现在以下几个方面。

①深化理解：通过多题一解的训练，学生能够更深入地理解数学的本质和规律，把握数学知识点之间的内在联系，形成更加系统的数学知识体系；

②提高解题效率：一旦学生掌握了多题一解的解题方法，就能够迅速识别和应用相应的解题策略，提高解题的速度和效率；

③培养归纳思维：多题一解的训练有助于培养学生的归纳思维能力，通过观察和总结不同题目之间的共性和规律，形成一般性的解题方法和策略；

④提升数学素养：多题一解的训练不仅有助于提高学生的解题能力，还能够培养学生的数学素养，包括数学思维、数学美感、数学直觉等方面的提升。

综上所述，多题一解的内涵和价值在于通过深入理解和应用数学的本质和规律，提高学生的解题效率、归纳思维能力和数学素养，从而培养学生的综合数学能力。

【案例】某商场将进货价为20元的玩具以30元售出，平均每天可售出300件。调查发现，该玩具的单价每上涨1元，平均每天就少售出10件。若商场要想平均每天获得3 750元利润，则每件玩具应涨价多少元？设每件玩具应涨价 x 元，则下列说法错误的是（　　）。

A. 涨价后每件玩具的售价是 $(30+x)$ 元

B. 涨价后平均每天少售出玩具的数量是 $10x$ 件

C. 涨价后平均每天销售玩具的数量是 $(30-10x)$ 件

D. 根据题意可列方程为：$(10+x)(300-10x)=3\ 750$

【案例】平安路上,多"盔"有你。在"交通安全宣传月"期间,某商店销售一批头盔,进价为每顶40元,售价为每顶68元,平均每周可售出100顶。商店计划将头盔降价销售,每顶售价不高于58元,经调查发现:每降价1元,平均每周可多售出20顶。

(1)该商店若希望每周获利4 000元,则每顶头盔应降价多少?

(2)商店决定每销售1顶头盔,就向某慈善机构捐赠m元(m为整数,且$1 \leqslant m < 5$),帮助做"交通安全"宣传。捐赠后发现,该商店每周销售这种商品的利润仍随售价的增大而增大。求m的值。

这两道题的出处其实就是如下课本的例题变化得来的,如果学生能回归到课本,进行对比比较,对他们的学习就会起到一个很好的促进作用。

某商品现在的售价每件60元,每星期可卖出300件,市场调查反映:如调整价格,每涨价1元,每星期要少卖出10件;每降价1元,每星期可多卖出20件,已知商品的进价为每件40元,如何定价才能使利润最大?

(三)跨界实践

跨界实践又称为跨学科实践。跨学科实践是指在学习过程中,学生将不同学科的知识、方法和技能进行整合和应用,以解决真实世界中的复杂问题。这种实践方式旨在培养学生的跨学科思维能力和创新能力,使他们能够更好地适应未来社会的多元化需求。

跨学科实践的内涵包括以下几个方面。

①整合性:跨学科实践强调将不同学科的知识、方法和技能进行整合,形成了综合性的解决方案。学生需要运用多个学科的知识来解决问题,从而加深对各个学科的理解和掌握。

②创新性:跨学科实践鼓励学生发挥创新思维,寻找新的解决方法和途径。学生需要突破传统的思维模式,尝试将不同学科的知识进行融合和创新,以应对复杂多变的问题。

③实践性:跨学科实践注重学生实践能力和动手能力的培养。学生需要亲身参与到实践活动中,通过实际操作和体验来加深对知识的理解和应用。

④团队协作:跨学科实践通常需要学生分组进行,培养学生的团队协作能力和沟通能力。学生需要相互协作、分工合作,共同完成任务,从而锻炼团队合作和沟通能力。

综上所述,跨学科实践是一种综合性的学习方式,旨在培养学生的跨学科思维能力和创新能力,提高他们的实践能力和团队协作能力。这种实践方式有助于学生更好地适应未来社会的多元化需求,成为具有创新精神和实践能力的综合型人才。

【案例】跨学科实践的初中数学教学

1. 主题:利用数学和地理知识规划学校旅行路线

2. 目标学生群体:初中生

3. 教学背景

学校计划组织一次户外教学活动,目的地是一个附近的自然保护区。学生们需要规划从学校到自然保护区的旅行路线。在这个过程中,他们将运用数学和地理知识来解决实际问题。

4. 跨学科实践内容

(1)地理知识导入。

①向学生介绍自然保护区的地理位置、地形地貌、气候特点等基本信息;

②讨论不同地形(如平原、山地、河流等)对旅行路线选择的影响。

(2)数学知识应用。

①使用坐标系来表示学校和自然保护区的相对位置;

②引入距离公式,计算不同路线选择下的总距离;

③教授学生如何绘制简单的路线图,并用数学符号标记关键信息(如距离、高度差等)。

(3)跨学科实践任务。

①分组进行实践活动,每组学生需要设计一条从学校到自然保护区的旅行路线;

②每组学生需要利用地理知识分析路线的可行性,并使用数学知识计算总距离和预计耗时,路线设计还需要考虑地形、气候条件、安全因素等。

5. 展示与评价

(1)每组学生向全班展示他们的路线设计方案,并解释设计思路和计算过程;

(2)其他学生和教师可以对设计方案进行提问和建议;

(3)最后,通过投票选出最佳路线设计方案,并给予相应奖励。

6. 教学意义

这个跨学科实践将数学和地理知识相结合,让学生在解决实际问题的过程中加深对这两个学科的理解。通过实践活动,学生不仅可以提高数学和地理素养,还能培养其团队协作、创新思维和解决问题的能力。同时,这种教学方式也有助于激发学生对自然和科学的兴趣,促进其全面发展。

五 数学建模

数学建模的内涵,简单来说,就是通过数学的方法对实际问题进行建模,将实际问题转化为数学问题,然后利用数学工具进行分析和解决。它涉及对问题的深入理解、抽象化、假设、建模、求解等多个步骤。数学建模的价值体现在多个方面。

一是数学建模可以帮助学生更好地理解和掌握数学知识,提高学生的数学应用能力和解决问题的能力。同时,它也能培养学生的逻辑思维、创新思维和团队合作精神。

二是数学建模被广泛应用于工程、经济、金融、生物、医学等各个领域。它可以帮助人们有效解决各种实际问题,比如预测市场趋势、优化产品设计、提高生产效率等。

三是数学建模的发展推动了数学学科和其他学科的交叉融合,促进了科学技术的发展和创新。同时,数学建模也为社会培养了大量具有数学素养和创新能力的人才,为社会的发展作出了贡献。

总之,数学建模的内涵和价值是丰富多样的,它不仅是一种数学方法,更是一种解决问题的思维方式和实践能力。数学模型就是根据特定的研究目的,采用形式化的数学语言,去抽象地、概括地表征所研究对象的主要特征、关系所形成的一种数学结构。在义务教育阶段数学课程内容中,用字母、数字及其他数学符号建立起来的代数式、关系式、方程、函数、不等式及各种图表、图形等都是数学模型。

数学模型有两个主要特点:

(1)是经过抽象、舍去对象的一些非本质属性以后所形成的一种纯数学关系结构;

(2)是借助于数学符号来表示,并且能进行数学推演的结构。

数学模型思想是指能够有意识地用数学的概念、原理和方法,理解、描述以及解决现实世界中一类问题的那种思想。[1]史宁中教授解释说,进一步掌握模型

---

[1] 史宁中.数学基本思想18讲[M].北京:北京师范大学出版社,2016:216.

思想就是把握现实世界中一类问题的本质与规律,用恰当的数学语言描述问题的本质与规律,用合适的数学符号表达问题的本质与规律,最后得到刻画一类事物的数学模型。

【案例】著名的哥尼斯堡七桥问题

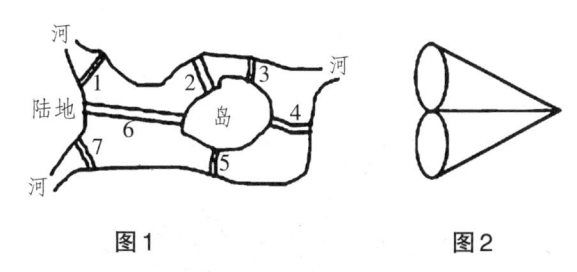

图1　　　　　　图2

东普鲁士的哥尼斯堡有一条河,这条河有两条支流,在城中心汇合成大河。河中有一个小岛,现有七座桥将它与陆地连接(图1所示)。人们提出了一个有趣的问题:能否在一次连续的散步中不重复地走过这七座桥? 这就是著名的哥尼斯堡七桥问题。

欧拉对这个问题的解法在许多书上都有介绍。他根据陆地、桥和人走过的关系特征,巧妙地把"人能否一次无重复地走过七座桥"的问题首先转化为能否"一笔画出"图2所示的模型的问题,然后利用数学的方法证明了模型2是不能一笔画出的,从而得到人也不能一次无重复地走过这七座桥的结论。

【案例】角的和差运算实验过程片段

为了引导学生理解角的和差运算的模型,培养学生的数学抽象素养,丰富学生的数学活动经验,教师适当地调整教材顺序,设计了如下实验探究活动。

(1)你能用陪伴你七年的三角板拼叠出哪些度数的角? 将拼叠后角的度数记录下来,你有什么发现?

(2)为什么拼出的这些角都是15°的倍数呢,你能做出合理的解释吗?

(3)根据你刚刚拼叠三角板获得的75°和15°角的经验,你能用三角板做出示意图吗? 同学之间小组合作探究。

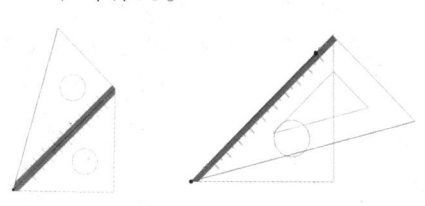

(4)从你拼出的两个图形中,能否发现有什么共同特征?

(5)从抽象出的如下模型中,你能用文字语言来描述图中角的关系? 能否用符号语言来描述？

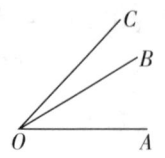

(6)你能否用整体和部分的关系来解释这个模型？

案例分析：

为了引导学生利用数学实验来探究角的和差运算的模型。笔者设计了以上几个活动。

活动(1)是为了让学生通过拼角和叠角这个数学实验获得角度和差关系的数学活动经验，然后让学生记录出相应的角度，主要是让学生观察发现拼出的角度都是15的倍数。

活动(2)引导学生去发现归纳并进行简单的逻辑推理，因为我们能用的三角板的度数为$30°,45°,60°,90°$，拼叠就是任意两个角的和或差，比如$30a±45b$，逆用乘法分配律就是15与一个数的积(初一学生还没学提公因式)，进而对度数之间的和差有更深的认识，这也是基于数学实验基础上的第一次抽象。

活动(3)(4)(5)就是让学生抽象出角度的和差运算模型——具有公共顶点的三条射线组成的模型。这样就舍去了一些无关的干扰，进一步抽象出和与差的关系模型。

活动(6)的最大的亮点，就是从更一般的情况去看待角度的和与差的关系模型，也就是从整体的部分之和与差的角度去识别他们。整体就是部分相加，部分=整体-另外一个部分。旨在达到更高程度的抽象，进而得到优化模型，使得学生今后看到类似图形就会转化为角度的和差的基本模型——具有公共顶点的射线组成的模型，进而从整体部分的角度写出这些角之间的关系。学生得到模型后，对于图中寻找角度的和与差就容易将四条射线问题化归为之前熟悉的有公共顶点的三条射线问题，进行快速完成解题任务。

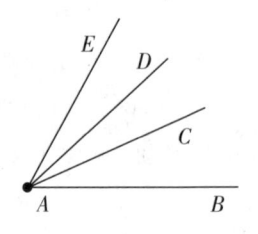

【案例】猜数游戏(综合运用)

小丽在4张同样的纸片上各写了一个正整数，从中随机抽取2张，并将它们上面的数相加。重复这样做，每次所得的和都是5,6,7,8中的一个数，并且这4个数都能取到。猜猜看，小丽在4张纸片上各写了什么数。

这个游戏单独地用不等式模型或者一一列举的方法都是非常复杂的,关键是要理解游戏活动中的文本,随机抽取2张,每次所得的和为5,6,7,8这4个数是什么意思。学生关键是要建立不等式模型,设原4个数分别为A、B、C、D,使得$A \leq B \leq C \leq D$,得到$A+B=5$,$C+D=8$,再给A赋值一一列举,判断是否符合题意。这个问题是比较综合的,模型也比较不好找,但这个时候如果能想到运用模型,并将模型用好,数学思维便会展现出既有趣又严谨的魅力。

下面"反证法"的课堂案例,只是一个尝试,也许能给教师一个答案。

【案例】律师的智谋与反证策略[①]

在日常的社交场景中,有这样一则耐人寻味的实例。某企业高管于某知名餐馆宴请宾客,席间,一道本应美味的水煮基围虾中惊现一只疑似红头大苍蝇,随即引发了其与餐馆方面的激烈争执。餐馆经理为自证清白,冲动之下竟将疑似异物吞入口中,此举非但未平息风波,反使事态升级,对方一纸诉状将其告上法庭。餐馆方悔之晚矣,深知法律斗争之严峻,遂聘请业界知名律师代为辩护。

庭审现场,双方围绕"是否为红头苍蝇"展开激烈交锋,原告步步紧逼,被告方处境堪忧。学生们全神贯注,即便是对数学不甚热衷的学生也被这起事件深深吸引。正当众人迫切期待结果之时,教师巧妙设问:"假设你是被告的辩护律师,你将如何扭转乾坤?"此言一出,教室内顿时沸腾,学生们不顾旁听老师的存在,热烈讨论,各抒己见。教师适时组织小组讨论,鼓励他们创新思维,并承诺对表现最佳的小组给予奖励。

经过一番热烈讨论,学生们纷纷举手,跃跃欲试。教师宣布"模拟法庭"开始,让学生轮流扮演律师,其余学生则充当法官,通过举手表决来判断策略的合理性。辩论中,新点子层出不穷,又迅速被逐一剖析。正当众人陷入僵局之时,教师轻轻点拨:"反证法,或许能开辟新径。"此言如同灵光一闪,学生们豁然开朗,思路渐明。

随后,教师继续讲述,揭示律师的制胜策略。律师并未直接反驳,而是巧妙提问原告关于苍蝇颜色的确定,随后以实验为证,将红头苍蝇置于沸水中煮制,其色转黑,从而间接证明原告所述不实。此等智慧,令原告哑口无言,心悦诚服。学生中不乏与律师思路不谋而合者,他们欢呼雀跃,与教师共享成功的喜悦。

[①] 刘朝乐.结合生活实际 提高教学效率——以数学反证法教学为例[J].宁波教育学院学报,2014,16(3):130-131.

此案例不仅让学生领略了反证法的精妙,更深刻体会到其在解决实际问题中的巨大威力,仿佛亲眼见证了智慧与策略的交锋。

【案例】诸葛亮的"空城计"与反证思维的启迪[①]

这则经典故事,来自三国时期的"空城计"。教师邀请学生代表讲述这段传奇:蜀国丞相诸葛亮在兵力悬殊的情况下,面对司马懿大军压境,非但没有选择硬碰硬,反而大开城门,自己则悠然抚琴,营造出城中藏有伏兵的假象,成功逼退敌军。

学生代表讲述完毕后,教师引导学生深入分析:诸葛亮面临的核心挑战是什么?常规思路下应如何应对?诸葛亮采取了怎样一种非传统的思考方式?

学生们迅速捕捉到关键——诸葛亮正是运用了反证法的精髓,从"守城"的对立面"不守城"出发,巧妙布局,实现了以少胜多、以智取胜的壮举。通过对比"空城计"与反证法,学生们深刻体会到诸葛亮超凡的智慧与胆识。

生动案例的引入,不仅丰富了课堂内容,更激发了学生对反证法的浓厚兴趣与深刻理解。它们如同一面镜子,映照出智慧的光芒,也激励着学生们在未来的学习与生活中,勇于尝试不同的思考方式,不断探索未知的领域。

随后,教师引领学生们踏入了数学家罗巴切夫斯基的非凡旅程。一位毕生致力于为正名反证法而奋斗的勇士,面对重重误解与苛责,从未动摇,即便生命的尽头也未获世俗的认可。学生们在静谧中聆听着这位数学先驱的坎坷历程,心中不禁为他的遭遇鸣不平,更被他那份超乎寻常的坚韧与不屈不挠的精神深深触动,久久沉浸在这份情感的波澜之中,难以自已。此刻,虽难以量化这份心灵震撼的深度,但无可置疑的是,它超越了任何苍白说教的力量,触及了灵魂深处。

课后反馈热烈,学生们纷纷表示:"老师,这堂课太引人入胜了,感觉超越了传统数学的界限。"同时,这堂课也赢得了旁听教师及领导的高度评价。其成功秘诀在于:创新的形式为课堂披上了吸引眼球的外衣,而融入的丰富生活元素则赋予了课堂深厚的内涵与生命力。正是这样的融合,让这堂课变得生动鲜活,既有深度又不失趣味。通过对实际调研情况的统计可以看到,在研究者所观察的课堂中,学生机械判断性回应占比最多,学生的认知记忆性和理解性回

[①] 刘朝东.结合生活实际 提高教学效率——以数学反证法教学为例[J].宁波教育学院学报,2014,16(3):131-132.

应较多,学生的创造性回应和总结反思性回应占比最少。

通过研究者对课堂的观察,发现学生们在课堂上的语言表达中机械判断性回应占比最多,而这些机械判断性的回应很多都属于学生的被动思维参与。在课堂教学的过程中,一些教师为了营造出一种学生积极参与的热闹场面,会在教学过程中设置很多问题,频繁地让学生进行回答,然而我们发现,这些问题的质量并不高,大多数问题是"对不对""是不是"之类的较为简单机械的低认知水平的问题。

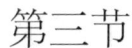

第三节 思维碰撞灵动：案例品析

苏霍姆林斯基曾经说过：真正的学校乃是一个积极思考的王国。凯洛夫也曾说：教师要不但把现成的知识传授给学生，而且要努力创造条件，使学生在分析观察结果和对比事实的时候自觉地进行概括。这些精辟的论述表明，教师在课堂教学中应善于培养学生的观察、分析、归纳、概括等思维能力，让学生通过卷入课堂，深度参与学习，让学习真正发生。笔者提供两则教学案例，旨在展示学生如何在积极参与课堂教学中锻炼和提升自己的高阶思维能力，让思维真正灵动起来。

【案例】一道错题讲解引发的思考

1. 写在前面

北京师范大学著名教授、中国学生发展核心素养研究项目负责人林崇德先生，在"核心素养与思维型教学"论坛上强调，不管是学科能力还是学科核心素养，它们的基础都是思维。有人说数学是思维的体操，所以在数学课堂上培养学生的思维是数学教学的应有之义，而高阶思维的培养又是人才培养的重中之重。高阶思维又称为高级思维或者是高层次思维，其英文翻译是"higher-order-thinking"，高阶思维源于布鲁姆的认知目标分类学及加涅的学习理论，要发展高阶思维，需要高阶学习活动予以支持，而支持高阶学习活动的基础正是建构主义学习理论。布鲁姆等人（2001）从认知目标分类学角度入手，依据思维方式的复杂程度，把思维由低到高分为记忆、理解、运用、分析、评价和创造。其中记忆、理解和运用为低阶思维；分析、评价和创造为高阶思维。

在习题教学中，参考和遴选兄弟省市的中考题来让学生进行训练是一种常见的做法。对于这种情况，笔者有时会以"现场直播"的方式进行，就是不事先做题，而是给出一道例题后，和学生一起做，一起探究，虽然有时会充满曲折，但是可以给学生暴露一些教师的思考过程，与学生一起进行思维的调控，以此培养学生的批判性思维能力、元认知技能、创新能力等高阶思维能力。笔者在一道中考题的讲解中，虽然发现这道题是错题，但是通过和学生一起解决问题，发现这对培养学生的高阶思维能力大有裨益，今摘录如下，期望与同行共享。

2.教学片段

(1)试题呈现。

(2017年某市中考题)如图1,已知AB是$\odot O$的直径,弦CD与直径AB相交于点F。点E在$\odot O$外,做直线AE,且$\angle EAC=\angle D$。

① 求证:直线AE是$\odot O$的切线。

② 若$\angle BAC=30°$,$BC=4$,$\cos\angle BAD=\dfrac{3}{4}$,$CF=\dfrac{10}{3}$,求$BF$的长。

第①问略。

对于第②问,我的解法如下:

如图2,连结BD。

因为AB是$\odot O$的直径,

所以$\angle ACB=90°$,

Rt$\triangle ACB$中,$\angle BAC=30°$,

所以$AB=2BC=2\times 4=8$,

由勾股定理得:$AC=\sqrt{8^2-4^2}=4\sqrt{3}$,

Rt$\triangle ADB$中,$\cos\angle BAD=\dfrac{3}{4}=\dfrac{AD}{AB}$,

所以$\dfrac{3}{4}=\dfrac{AD}{8}$,

得到$AD=6$,$BD=\sqrt{8^2-6^2}=2\sqrt{7}$,

又因为$\angle BDC=\angle BAC$,$\angle DFB=\angle AFC$,

所以$\triangle DFB\sim\triangle AFC$,

$\dfrac{BF}{FC}=\dfrac{BD}{AC}$,

$\dfrac{BF}{\dfrac{10}{3}}=\dfrac{2\sqrt{7}}{4\sqrt{3}}$,

得$BF=\dfrac{5\sqrt{21}}{9}$。

(2)解法有别答案不一。

当我把第②问的解法呈现时,学生中却出现了不同的声音。这时有同学说,我为什么不是这个答案呢?于是我让这位学生上台来讲解。

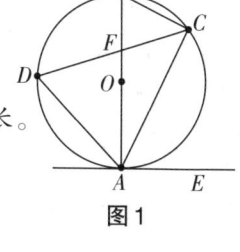

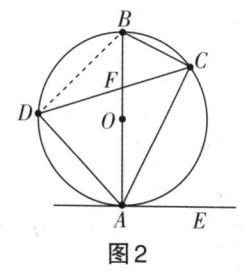

生1：过点 B 作 CF 边的垂线交 CF 于点 H。如图3，

因为 $\cos \angle BAD = \dfrac{3}{4}$，

所以 $\cos \angle BCD = \dfrac{3}{4}$，

因为 $BC=4$，

所以 $CH=3$，

所以 $BH=\sqrt{7}$，

所以 $FH=CF-CH=\dfrac{1}{3}$，

在 Rt$\triangle BFH$ 中，$BF=\dfrac{8}{3}$。

这个同学刚讲完，又有同学迫不及待地讲述他的解法。

生2：易证明得 $\triangle BFC \backsim \triangle DFA$，

所以有 $\dfrac{BC}{DA}=\dfrac{CF}{FA}$，

设 $BF=x$，则 $AF=8-x$，所以 $\dfrac{\frac{10}{3}}{8-x}=\dfrac{4}{6}$，解得 $x=3$。

所以 $BF=3$。

我一看，心想，好奇怪！随口又问了一句，还有不同的答案吗？这时竟然还有另外一种答案出现，一看，是我班的竞赛高手。

生3：如图2，连结 BD，由 $\triangle BFC \backsim \triangle DFA$，得 $\dfrac{BC}{DA}=\dfrac{BF}{DF}$，若设 $BF=x$，则得到 $DF=\dfrac{3}{2}x$，根据托勒密定理有 $AB \cdot CD = AD \cdot BC + BD \cdot AC$，代入得

$8(\dfrac{10}{3}+\dfrac{3}{2}x)=24+8\sqrt{21}$，$x=\dfrac{2}{3}\sqrt{21}-\dfrac{2}{9}$，即 $BF=\dfrac{2}{3}\sqrt{21}-\dfrac{2}{9}$。

看着学生不同答案，竟然都没毛病。我当时的第一个反应是难道这道题我在复制时搞错了，不是原题复制过来。我先安顿好学生，让他们小组讨论。因为上课的教室有网络，我立马上网搜索试卷的扫描版，发现我用的就是原题，难道这道题本身有问题？

(3) 确认错题，无可非议。

这时，有个小组代表说，他们觉得题目有问题。于是，我请学生上台讲解。

生4：如图4，

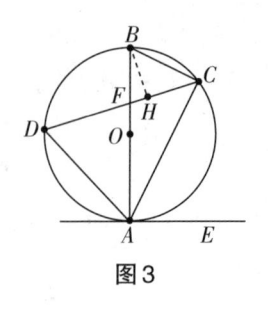

作 $CG \perp BF$,易得 $\angle BCG=30°$,

因为在 $Rt\triangle CBG$ 中,$\cos\angle BCG=\dfrac{CG}{BC}=\dfrac{\sqrt{3}}{2}$,

所以 $CG=2\sqrt{3}$,而 $CF=\dfrac{10}{3}$,$CG>CF$,这违背垂线段最短的性质,因此是错题。

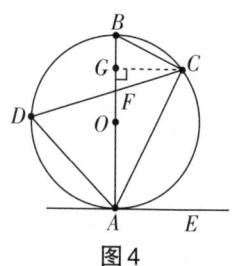

这时,同学们自发鼓起掌来。我此时也确定该题确实是一道中考错题。我想不如让学生来个探究,问道:如果让我们来命题,要怎么修改呢?小组再讨论一下。

生5:我们小组发现一个问题,在这个圆中,AB 是直径,当 $\angle BAC=30°$,$BC=4$ 时,说明这个三角形是固定的,点 C 当然也是固定的,同时在 $\triangle ADB$ 中,因为 AB 是固定的,$\cos\angle BAD=\dfrac{3}{4}$,说明这个锐角是固定的,即点 D 是固定,这样连接后点 C,D,F 就固定了。所以那个 CF 的长度应该是多余的,甚至是错误的。

师:这组同学探究得很深入,利用老师经常提倡的数学实验的方法,发现在这个图形生长的过程中 F 是固定的。那么现在问题来了,也就是说没有 CF 长度这道题应该也是可求的。大家可以先求出 BF 的值,再求出 CF 的长,继续探究一下。

(4)解法纷呈,答案归一。

生3:如图2,我还是坚持自己的做法。也可以由 $\triangle BFD \sim \triangle CFA$,从而有 $\dfrac{BF}{CF}=\dfrac{BD}{CA}$,然后设 $BF=x$,则有 $CF=\sqrt{\dfrac{12}{7}}x$,再由 $\dfrac{DF}{AF}=\dfrac{BF}{CF}$,可得 $DF=\sqrt{\dfrac{7}{12}}(8-x)$,然后可以由托勒密定理知识 $AB \cdot CD=AD \cdot BC+BD \cdot AC$ 得 $8\times[\sqrt{\dfrac{12}{7}}x+\sqrt{\dfrac{7}{12}}(8-x)]=24+8\sqrt{21}$,可得 $x=\dfrac{6\sqrt{21}-14}{5}$。

生6:如图4,可以作 $CG \perp AB$,然后设 $BF=x$,在 $\triangle CFG$ 内得 $GF=x-2$,$CG=2\sqrt{3}$,$\triangle BFD \sim \triangle CFA$,则有 $CF=\sqrt{\dfrac{12}{7}}x$,在 $Rt\triangle CGF$ 中,由勾股定理可得 $\dfrac{5}{7}x^2+4x-16=0$,用求根公式可得 $x=\dfrac{6\sqrt{21}-14}{5}$。

生7:如图4,从另外一侧的角度上看,因为 $\triangle BFC \sim \triangle DFA$,所以 $\dfrac{BC}{DA}=\dfrac{CF}{FA}$,设 $BF=x$,则 $AF=8-x$。由上式可得 $CF=\dfrac{2}{3}(8-x)$,然后同生6的方法构造 $Rt\triangle CGF$ 中

可得 $(x-2)^2+(2\sqrt{3})^2=[\frac{2}{3}(8-x)]^2$,化简得 $5x^2+28x-112=0$,同样可以得到 $x=\frac{6\sqrt{21}-14}{5}$。

(5)编题改题,多维探究。

师:很好,同学都一致地探究出来了 BF 的长度。如果此时要对 CF 进行赋值,那么要给多少呢?

生8:将 BF 的答案代入即可知 $CF=\frac{36-4\sqrt{21}}{5}$,因此原题中 CF 这个赋值是错的。

师:很好。刚刚生1的解法没用到已知条件 $\angle BAC=30°$,现在发现它是多余的,那为什么它是多余的呢?

生9:因为在 $\triangle CFB$ 中,$\cos\angle BCF=\frac{3}{4}$,说明这个锐角是固定的了,$BC=4$,$CF=\frac{10}{3}$,说明在一个三角形已知两边一夹角,说明这个三角形是固定的了,所以也就没有那个30°角什么事了。

师:好一个三角形就固定下来了。看来同学对此问题看得比较透彻了,我们能否再探究一下,删除条件 $\cos\angle BAD=\frac{3}{4}$,保留 D 点保存在 AB 的左侧,$CF=\frac{11}{3}$,那么是否可以求得 BF 的长。它是唯一的吗?

生10:它不唯一。如图5,因为刚才探究知道 $CG=2\sqrt{3}$,而 $CF=\frac{11}{3}<4$,可以知道在 G 的两侧可以有两个符合题意的 F 点,可知它是不唯一的。这样的配图赋值不妥。当然如果写上如下图6,就只有一种情况,是可以的。当然这种情况用勾股定理可以求出来。

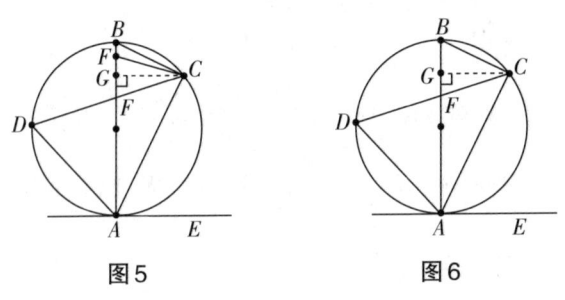

图5

图6

师:为什么这也一定是可以求解的呢?

生众:在 $\triangle BFC$ 中,已知三个条件,BC,CF,$\angle B$,知道这三个条件,老师说过可以构造直角三角形求解。

师：是的，如果知道三个条件，其中至少有一条边，这样的三角形可以解出来的，到高中学习正弦定理、余弦定理后，大家会体会更深。

3. 教学启示

(1)利用错题培养学生评价、分析等高阶性思维能力。

在数学习题教学中，分析必不可少，而且分析这一部分要做足功夫。分析的方法有多种，布鲁姆的目标分类学理论告诉我们，其中有种为组织关系分析法。而组织关系分析法中我们可以用数学实验来实现它。不少老师忽视了数学实验的重要性，没有培养学生经常使用数学实验的三大法宝——直尺、圆规、量角器来探究数学问题的好习惯，导致数学课上还没有这三样工具的师生大有人在。本课中，学生通过自己的实验探究，一步步地作图，将这个图形完整地画出来。学生发现D、C两点是确定的，从而决定了点F也是确定了，同时也发现了图形的元素之间的相对关系。由于有了实验的方法，学生探究得出该题中存在多余的条件。最终经过师生探究得出，在三角形中，如果知道三个元素(其中至少一条边)，那么这个三角形就能确定下来，有时还会出现两个解的情况。学生的习得正是笔者在以往讲解三角形全等时放手让学生作三角形实验的良好回报。笔者经常性接到送教下乡的任务，每每总是提醒学生，不要忘记陪伴你多年的三角板、直尺、圆规、量角器，那是我们数学进行探究、要素分析、组织关系分析的重要工具，正如一个电工经常携带的万用表一样。学生的分析能力还表现在能够从不同的角度审视问题，提出多样化的解决方案，这些都体现了学生分析能力的形成。

布鲁姆、安德森等人认为，评价的两个行为动词是核查和评判。通过教学片段可以看出，学生自主分析了两个条件之间的不兼容性，即30°角和CF的长互相冲突。同时他们还对这道题作出了评价，也就是发现这道题应该是错题。

(2)利用改题、编题培养学生的创造能力。

在课堂教学中，应该以高水平、深层次"问题"为导向，开展高阶思维教学。高质量问题具有以下几方面特质，从问题产生的环境看，是学习者在复杂情境中创设的问题；从问题产生的方式看，是师生、生生之间研讨后创设的问题；从问题产生的路径看，是学习者在学习过程中即时生成的问题；从问题的属性看，是有关评价、决策性的问题；从问题的种类看，主要是批判性、开放性、发散性和进阶性的问题；从问题的难度看，是能促进深度学习的劣构问题。学生发现错题，推出了矛盾，这本身就是一个良好探究的好情境、好素材，是学生在复杂情

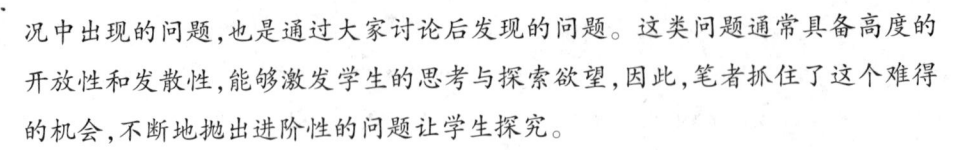

况中出现的问题,也是通过大家讨论后发现的问题。这类问题通常具备高度的开放性和发散性,能够激发学生的思考与探索欲望,因此,笔者抓住了这个难得的机会,不断地抛出进阶性的问题让学生探究。

问题1:如果让你来命题,你怎么修改?

问题2:如何求出CF的长?

问题3:如果要给CF赋值,需要给多少?

问题4:条件多余,可以删除谁?

问题5:什么时候一个三角形可以解出来?

这一个问题链,使得学生探究越来越深入,最终获得解三角形的一般方法。在培养学生高阶思维能力的同时,使学生从这道题中的收获最大化。

(3)创设宽松自由的学习环境激励学生自主探究精神。

众所周知,在探究学习时,要发挥学生的主体性,就要最大限度地倾听来自学生的声音。当笔者完成答案的讲解后,学生立马提出不同的看法,说明学生已对问题有了一定程度的思考,笔者也不急于肯定或否定,而是让学生先表达自己的见解。通过一段时间的思考,学生指出了本题的矛盾,也就是原题是错题。发现问题比解决问题更重要,学生已经具备了创新意识。接着笔者让学生进行多维度的思考,有的学生给出了托勒密定理的办法,有的学生给出了不使用三角形的办法,结果在求BF的长度时殊途同归。后面,让学生给CF进行赋值,然后探究出本题的实质就是三角形的确定问题,可以看到学生良好的探究精神,学生也体会到了自己当一回命题人的快乐。同时,笔者在习题教学中不追求快节奏,而是留给学生一定的时间和空间让他们来反思提升,这种民主、宽松、自由的学习氛围使得学生不断地迸出思维的火花,有效促进高阶思维的生成。

有句话说得好,垃圾是放错位置的资源。同样地,错题也是放错位置的宝贝。只要我们好好加以利用,同样可以点燃学生探究的热情,进而培养学生的高阶思维能力。

【案例】搭建数学建模平台,培养学生建模能力

《普通高中数学课程标准(2017年版)》中,数学建模是六大数学核心素养之一。《义务教育数学新课程标准(2022年版)》,明确要求在数学课程中,应当注重开展学生的模型思想,进一步提升学生学习数学的兴趣和应用意识。模型思想是初中数学中非常重要的数学思想,当学生具备了一定的建模能力,便能够更好地应用模型思想解决实际问题。因此,在初中数学教学过程中,为学生搭建好数学建模平台,培养学生数学建模能力,促使学生更好把握模型思想是非常重要的任务。培养学生的数学建模能力,既有利于提高学生解决问题的效率,又有利于培养学生的思维能力。

为学生搭建数学建模平台,培养学生数学建模能力,笔者在设计"数据的波动程度"一课过程中深受启发,现将本课的教学设计以及笔者基于培养学生数学建模能力的教学反思予以呈现。

1. 教学设计

(1) 化繁为简巧引入,搭建平台引建模。

在前面的学习中,我们知道可以利用平均数、中位数、众数来刻画数据的集中趋势。观察甲、乙两组数据,甲:6,6,6,6,6,6,6;乙:5,5,6,6,6,7,7。

问题1:甲乙两组数据的平均数,中位数,众数都一样,那哪一组数据更集中呢?

生:甲组数据都是6,所以更集中,而乙组数据对应更分散。

师:很好,乙组数据更分散,这在统计学中称为数据更离散,或称数据波动程度更大,这也是本节课的探究课题"数据的波动程度"。观察下列三组数据,直观感受其波动程度,如何刻画? ①6,6,6,6,6;②6,6,6,6,7;③6,6,6,6,5。

问题2:以上三组数据的波动程度可否用一个数加以刻画?

生:第一组数据都是6,记它的波动为0。类似地,第二组数据波动记为1。第三组数据的波动记为-1。

师:也就是说在日常生活中,数据的波动程度是可以量化的。类比于衡量数据的集中趋势,我们有平均数、中位数、众数这些的统计量,那么衡量数据的波动程度是否也存在类似的统计量呢?

设计意图:问题1旨在让学生观察两组数据的平均数、中位数、众数三类统计量,发现这些统计量都相同,但是集中程度不同,由此揭示课题,引出矛盾。问题2通过三组数据让学生初步感知,可以用一个统计量来刻画一组数据的波动程度,教师设计并提出问题,提供思路启发学生思考,为学生搭建数学建模平台。

(2) 历模型优化过程,晰方差模型算理。

观察下列三组数据及其散点图,甲:6,6,6,6,6,6,6;乙:5,5,6,6,6,7,7;丙:4,4,5,6,7,8,8。

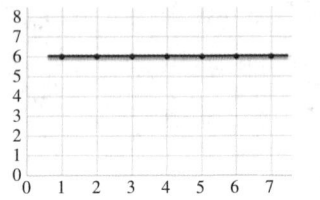

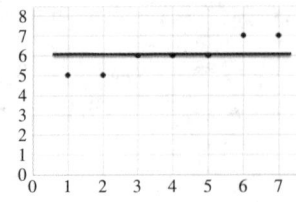

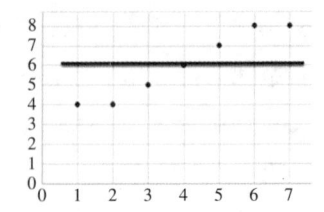

问题3：结合散点图，观察甲、乙、丙三组数据，有什么发现？

观察：一组数据中，各个数据与平均数差得越多，则数据的波动程度越大。

猜想：求出各个数据与平均数的差的和，刻画数据的波动程度。

【建立模型1】$d=(x_1-\bar{x})+(x_2-\bar{x})+\cdots+(x_n-\bar{x})$

验证：A组(5,5,6,6,6,7,7)；B组(4,4,5,6,7,8,8)。基于模型1，$d_A=d_B=0$，与实际波动程度不符。

反复观察以上模型的计算，事实上就是数据之和减数据之和，这样结果必然为0，因此该模型无法衡量数据的波动程度。

问题4：以上模型问题出在哪里呢？

观察：A组各个数据与平均数的差-1,-1,0,0,0,+1,+1，其中-1和+1都为数据的波动作了贡献，但在求和时却被抵消掉了。故可以考虑非负性，如绝对值、取平方等。

猜想：求出各个数据与平均数的差的绝对值的和，刻画数据的波动程度。

【优化模型2】$d=|x_1-\bar{x}|+|x_2-\bar{x}|+\cdots+|x_n-\bar{x}|$。基于模型2，$d_A=4, d_B=10$ 可得结论：值越大，数据的波动程度越大。

验证：C组(9,1,0,-1,-9)；D组(6,4,0,-4,-6)。基于模型2，$d_C=d_D=20$，与实际波动程度不符。

反思：模型2通过取绝对值刻画数据的波动程度的适用性仍有不足，可考虑平方或者偶次方。

猜想：求出各个数据与平均数的差的平方的和，刻画数据的波动程度。

【优化模型3】$d=(x_1-\bar{x})^2+(x_2-\bar{x})^2+\cdots+(x_n-\bar{x})^2$。基于模型3，$d_C=164, d_D=104$，可得结论：值越大，数据的波动程度越大。

验证：E组(9,1,0,-1,-9)；F组(7,6,2,0,-2,-6,-7)。基于模型3，$d_E=164, d_F=178$，与模型3的结论不一致。

反思：利用优化模型3刻画数据的波动程度，会受到数据个数的影响，可再取平均避免数据个数的影响。

猜想：求出各个数据与平均数的差的平方的和，再除以数据个数，刻画数据的波动程度。

【优化模型4】$d=\frac{1}{n}[(x_1-\bar{x})^2+(x_2-\bar{x})^2+\cdots+(x_n-\bar{x})^2]$。基于模型4，$d_E$=32.8，$d_F$≈25.4，可得结论：值越大，数据的波动程度越大。

结论：在统计学中，将模型4这一统计量称为方差。设有n个数据$x_1,x_2,\cdots,x_n$，求出各个数据与它们的平均数$\bar{x}$的差的平方分别是$(x_1-\bar{x})^2$，$(x_2-\bar{x})^2$，$\cdots$，$(x_n-\bar{x})^2$，我们用这些值的平均数，即用$\frac{1}{n}[(x_1-\bar{x})^2+(x_2-\bar{x})^2+\cdots+(x_n-\bar{x})^2]$来衡量这组数据的波动大小，并把它叫作这组数据的方差，记作s^2。方差越大，数据的波动越大；方差越小，数据的波动越小。

设计意图：此环节为本课例的重难点，也是耗时最多的环节。采用师生合作、交流、探究的教学方法，让学生经历模型1的建立，以及模型2、模型3、模型4的优化过程。这一过程中，学生们不仅能够深刻体会模型建立的过程，还能用方差刻画数据波动程度的合理性，从而极大地丰富了他们数学建模的体验。

(3)计算分解成步骤，明晰算理固技能。

例：试说明下列哪组数据的波动程度大，甲：6,5,4,3,7；乙：3,0,6,5,1。

设计意图：计算方差过程中进行步骤小结。

步骤1：求出各组数据的平均数→步骤2：求各个数据与平均数之差的平方和→步骤3：取平方和的平均数→步骤4：分别求得方差并比较大小。在模型优化过程中，学生能更好地理解方差模型算理，而通过步骤分解，应用方差公式判断两组数据的波动大小，使学生形成技能。

(4)复盘建模之历程，积累经验再创造。

本节课我们经历了发现问题、提出问题、分析问题、解决问题的过程。一是发现问题：我们发现数据的波动程度会影响平均数，中位数，众数对集中趋势的刻画。二是提出问题：我们想要探究、衡量数据波动程度的统计量。三是分析问题：通过观察，猜想，验证，优化，最终确定利用方差衡量数据的波动程度。四是解决问题：巩固了求方差的一般步骤，形成技能。

设计意图：在课堂小结环节，带领学生复盘数学建模的主要过程，即发现和提出问题，建立和求解模型，检验和完善模型，分析和解决问题。使学生积累探究经验，有利于学生在今后解决问题的过程中能够基于此经验进行再创造。

2.教学反思

(1)优化课堂活动设计,搭建数学建模平台。

教师在日常教学中要为学生搭建数学建模的平台。初中数学教学过程中有众多课程适合为学生搭建数学建模的平台,但有的教材内容因为其表征过于繁琐,如"数据的波动程度"一课的例题阅读量大且计算复杂,使得大部分学生望而却步,失去了参与探究的勇气,从而错失参与数学建模的机会。所以本课例在课前引入时便采用简单数据揭示课题,从而避免学生受困于繁琐的材料阅读及数字运算中,错过了参与模型建立的过程。因此,对于教材所呈现的课程内容,教师不能照本宣科,要根据学生实际,始终把握好为学生搭建数学建模平台的初衷,对内容加以处理,优化课堂活动设计,才能够切实发挥其搭台作用。

(2)经历合作交流探究,丰富数学建模体验。

为确实丰富学生的数学建模体验,建模过程必须有"浓墨重彩"的突出。在初中数学教学中,秉持为学生搭建数学建模平台的初衷,优化课堂活动设计,在建立模型以及模型优化的活动环节中要舍得花大手笔,让学生亲身感受到建立模型以及优化模型的过程,丰富其数学建模体验,在师生合作、交流、探究过程中确确实实地产生思维的碰撞。例如在课例"数据的波动程度"中,在经历观察、猜想的基础上建立模型1,进一步地还不断通过验证、反思、猜想等环节对所建立模型进行优化。这样模型建立和优化历程的突出,能够真正丰富学生的建模体验,使学生更好地理解方差模型的算理,为后面模型运用的步骤化奠定了基础,有利于学生更快掌握应用技能。

(3)重视建模能力培养,为学生创造发展空间。

培养学生数学建模能力是极有必要的。一是有利于正确认识数学学科的教育价值是培养学生的理性思维。数学教育的本质就是理性思维的教育,只有具备了理性思维的人才能在社会日常生活的问题解决过程中保持理性的思考。姜伯驹先生曾经说过:数学是科学的语言,数学是思维的体操,这是过去的认识,现在应该加上另外两句:数学是生活的需要,数学是最后取胜的法宝。二是有利于正确评价学生素质,促进学生全面发展。培养21世纪人才的首要手段就是素质教育,只有注重培养学生的数学建模能力,才能够切实增强学生的创新意识和应用意识,这样培养出来的学生更能够为社会的发展做贡献。三是积极培养参与中高等教育阶段数学建模活动所具备的数学建模能力。自1992年创办全国大学生数学建模后,1997年也开始创办了以中学生为主体的数学建模活动,因此,在初中日常教学中要培养学生的数学建模能力,以便今后在参与数学建模活动时有足够的经验基础,进一步拓宽视野,提升综合素质。

3. 结束语

数学建模之魅力在于它揭示了数学学科的教育价值,数学教育不仅仅是教给学生数学知识,更是让学生运用所学知识解决日常生活中的实际问题,所以说数学建模是连接数学世界与现实世界的桥梁。教师在初中数学教学过程中要善于将解决问题的方法进行模型化,为学生搭建好数学建模平台,培养学生数学建模能力,使得学生在掌握数学基础知识的基础上,又能够应用所学知识解决生活和生产中出现的问题,进而培养他们的高阶思维,让思维飞向更高的地方。

第七章

结 语

灵动课堂作为一种现代教育理念所追求的理想课堂形态,强调学生的主动参与、积极思考和创造性表达,旨在培养学生的综合素养和创新能力。而教师作为课堂的组织者、引导者和促进者,其自身素质对于创设灵动课堂起着至关重要的作用。观念是行动的指南,因此,笔者认为教师要树立正确的学生观,即要明白学生是什么。以下观念至少要清晰。

譬如,只有将学生看作是独立的人,才不会因为学生的个性张扬感到困扰。学生对学习有自己的理解,有自己的建构,都有自己的图景。所以教师不能用一成不变的眼光看待学生。

首先,学生具有独立的人格。每个学生都是独一无二的个体,拥有自己的性格、兴趣、价值观和情感体验。他们不是教育的被动接受者,而是有着自己内心世界和主观感受的人。

  学生是独立的人,
  学生是需要发展的人,
  学生是学习的主体,
  学生是教学资源,
  学生是需要帮助的人。

其次,学生具备独立的思考能力。尽管他们在知识和经验上可能相对有限,但他们有自己的思维方式和对事物的理解与判断。教育不应只是灌输知识,而应激发和引导他们独立思考,培养批判性思维和创新能力。

再者,学生有独立的发展需求。每个学生的成长轨迹和发展速度都不尽相同,他们有着各自独特的学习风格和发展方向。教育应当尊重这些差异,为学生提供个性化的教育支持,满足他们多样化的发展需求。

此外,学生在学习和生活中具有独立解决问题的能力和潜力。给予他们适当的机会和指导,他们能够逐渐学会应对困难、挫折,从中积累经验,提升自我解决问题的能力。

最后,学生作为独立的人,意味着他们应当拥有自主选择的权利。在教育过程中,应当尊重他们在学习内容、学习方式、兴趣培养等方面的自主选择,让他们在一定范围内能够主宰自己的学习和发展。

总之,认识到学生是独立的人,要求教育者以平等、尊重、理解和支持的态度对待学生,为他们创造一个能够充分发挥自主性、实现个性发展的教育环境。应充分认识到学生是学习的主体,要尊重学生的个性差异和发展需求,关注学生的身心健康和全面发展,为学生的未来发展奠定坚实的基础。只有基于这样的认知教师才能有正确的方法让学生学得主动。

再如"学生是教学资源"这一观点,教师应该从以下角度看。

首先,学生的知识储备和经验背景是丰富的资源。每个学生在进入课堂之前,都已经通过家庭、社会和个人经历积累了一定的知识和经验。这些多样的背景和积累为课堂教学提供了丰富的素材和多样的视角,教师可以引导学生分享和交流,促进知识的互补和拓展。

其次,学生的思维方式和创造力是宝贵的资源。学生在思考问题时常常会有独特的思路和创新的想法,他们的奇思妙想能够为教学带来新的活力和灵感。教师善于发掘和利用这些,可以丰富教学内容,培养学生的创新思维。

再者,学生之间的差异和互动是有价值的资源。学生在学习能力、兴趣爱好、性格特点等方面存在差异,这种差异在合作学习和小组讨论中能够产生思维的碰撞和互补。学生之间的相互交流、合作与竞争,能够促进共同进步,营造积极的学习氛围。

此外,学生的问题和错误也是重要的教学资源。学生提出的问题反映了他们的思考和困惑,教师可以据此调整教学策略,有针对性地进行讲解。而学生在学习过程中出现的错误,为教师提供了反馈,有助于教师发现教学中的薄弱环节,及时进行强化和纠正。

最后,学生的情感态度和学习热情也是一种无形的资源。积极向上的学习态度和浓厚的学习兴趣能够感染和带动其他同学,形成良好的班级学风。教师通过激发和引导学生的积极情感,可以提高教学效果。

综上所述,将学生视为教学资源,意味着教师要善于发现、挖掘和利用学生身上所蕴含的各种有利因素,以实现更高效、更有活力的教学,更有利于教师导得生动。

再如对"学生是需要帮助的人"这一学生观,可以从以下几个层面来理解。

从知识获取的角度来看,学生在学习新的知识和技能时,往往会遇到各种困难和障碍。他们可能对复杂的概念难以理解,对抽象的理论感到困惑,或者在实际操作中出现错误。这时,他们需要教师和家长的耐心指导、详细解释和反复示范,以帮助他们逐步掌握知识,提高能力。

在心理和情感发展方面,学生正处于成长的阶段,心智尚未完全成熟。他们可能会面临学业压力、人际关系问题、家庭环境的影响等,从而产生焦虑、自卑、孤独等负面情绪。这就需要成人给予关心、支持和引导,帮助他们建立积极的心态,增强心理韧性,学会应对各种挑战和挫折。

在道德和价值观的形成过程中,学生容易受到外界各种因素的干扰和影响。他们可能对是非善恶的判断感到迷茫,对社会规范和道德准则的理解不够清晰。此时,需要教育者以身作则,言传身教,为他们树立正确的榜样,帮助他们树立正确的价值观和道德观,培养良好的品德和行为习惯。

在自我认知和自我发展方面,学生可能对自己的兴趣、特长和未来发展方向缺乏清晰的认识。他们需要有人给予启发和建议,帮助他们发现自己的潜力,明确自己的目标,规划自己的未来,从而更好地实现自我价值。

总之,学生在知识学习、心理成长、品德塑造和自我发展等多个方面都可能面临各种问题和挑战,因此,他们是需要帮助的人。教育工作者和家长等应当充分认识到这一点,给予他们足够的关爱、支持和引导,帮助他们健康成长,成为有知识、有道德、有能力、有担当的社会成员。如此才能有利于教师进行价值导引,培养学生正确的人生观。

参考文献

图书：

[1]马克思,恩格斯.马克思恩格斯全集(第23卷)[M].北京:人民出版社,1972.

[2]王升.主体参与型教学探索[M].北京:教育科学出版社,2003.

[3]张天宝.主体性教育[M].2版.北京:教育科学出版社,2001.

[4]姬国君.初中生创造力发展与知识自主建构[M].北京:社会科学文献出版社,2021.

[5]汪馥郁.课堂中的逻辑味道——让理性引导教与学[M].北京:中国人民大学出版社,2014.

[6]陈海烽.灵动课堂:从传授知识到传递智慧[M].西安:陕西师范大学出版总社,2018.

[7]任长松.探究式学习——学生知识的自主建构[M]北京:教育科学出版社,2005.

[8]何小亚,姚静.中学数学教学设计[M].2版.北京:科学出版社,2012.

[9]曹才翰,章建跃.数学教育心理学[M].3版.北京:北京师范大学出版社,2022.

[10]邵瑞珍.教育心理学[M].修订本.上海:上海教育出版社,1997.

[11]中国大百科全书总编辑委员会《社会学》编辑委员会,中国大百科全书出版社编辑部.中国大百科全书 社会学[M].北京:中国大百科全书出版社,1991.

[12]章人英.社会学词典[M].上海:上海辞书出版社,1992.

[13]顾明远.教育大词典[M].上海:上海教育出版社,1992.

[14]陈奎熹.教育社会学研究[M].台北:师大书苑有限公司,1992.

[15]吴康宁.教育社会学[M].北京:人民教育出版社,1998.

[16]郑金洲.生成教学[M].福州:福建教育出版社,2005.

[17]苗颖.灵动课堂——我的历史教学主张[M].上海:上海教育出版社,2020.

[18]张华.课程与教学论[M].上海:上海教育出版社,2000.

[19]毕海滨.基于认知工具的数学实验教学研究——信息技术与中学数学课程整合的新方法[M].北京:北京邮电大学出版社,2013.

[20]庞彦福.初中数学有效教学[M].北京:北京师范大学出版社,2015.

[21]林崇德.智力发展与数学学习[M].北京:中国轻工业出版社,2011.

[22]史宁中.数学基本思想18讲[M].北京:北京师范大学出版社,2016.

[23]中华人民共和国教育部.义务教育数学课程标准(2022年版)[M].北京:北京师范大学出版社,2022.

[24]中华人民共和国教育部.普通高中数学课程标准(2017版)[M].北京:人民教育出版社,2018.

[25]中华人民共和国教育部.义务教育数学课程标准(2011年版)[M].北京:北京师范大学出版社,2012.

期刊:

[26]任勇.期盼数学教学"气"象万千[J].数学通报,2011,50(9):45-50.

[27]彭瑜,徐速.不同数学学业成就初中生数学焦虑的研究[J].数学教育学报,2012,21(4):40-43.

[28]曾琦.学生课堂参与现状分析及教育对策——对学生主体参与观的思考[J].教育理论与实践,2003,23(8):42-45.

[29]王升.论学生主体参与教学[J].教育研究,2001(2):39-43.

[30]熊川武.论后现代主义观照的教育主体现代化[J].华东师范大学学报(教育科学版),1998(4):9-16.

[31]姚明站.任务驱动 打造灵动的课堂[J].化学教与学,2014(10):38-40.

[32]陈海烽,李祎.发现和提出问题:数学教学的应然追求[J].中学数学教学参考,2021(35):70-73.

[33]陈海烽.让学生的思维飞一会儿——以"含30°角的直角三角形的性质"教学为例[J].中小学数学(初中版),2015(Z1):117-119.

[34]蔡金法,姚一玲.数学"问题提出"教学的理论基础和实践研究[J].数学教育学报,2019,28(4):42-47.

[35]温建红.论数学教学中学生提出问题的意义及培养策略[J].数学教育学报,2014,23(1):20-23.

[36]刘东升,符永平.让数学写作促进"基本活动经验"的积累——不同"写作角度"下的案例及思考[J].数学通报,2014,53(2):25-29.

[37]陈海烽.辅助线添加策略的探寻——关于平面几何难点"辅助线添加"的校本研讨[J].数学教学通讯,2017(29):15-17.

[38]胡耀华.数学写作的价值及若干教学建议[J].数学教育学报,2007,16(3):60-62.

[39]陈海烽.片段式数学实验的实践与思考[J].初中数学教与学,2020(10):6-8.

[40]陈海烽.依托实验教学 提升核心素养[J].中国数学教育,2017(9):26-30.

[41]黄楣端.在数学教学中学生合情推理能力的培养[J].福建中学数学,2004(12):2-4.

[42]戴俊峰.激发学生主动参与 构建有效数学课堂——九年级数学《直线与圆的位置关系》教学反思[J].数学教学通讯(教师版),2011(36):17.

[43]谢春华,陈海烽.基于微课的学生说题案例探析[J].数学教学通讯,2017(14):15-17.

[44]陈海烽.微课析题:积累问题解决活动经验的法宝[J].数学教学通讯,2019(2):3-6.

[45]郭玉峰,史宁中.初中学生数学基本活动经验的量化研究[J].课程·教材·教法,2013,33(11):48-54.

[46]练琼莺.数学实验要"透过现象看本质"——以"你有多少种画平行线的方法"为例[J].数学教学通讯,2021(23):14-15.

[47]陈海烽,马光德.让中考复习课充满探究味——从一节"尺规作图作平行线"课例谈起[J].中学数学,2018(20):39-41.

[48]叶澜.让课堂焕发出生命活力——论中小学教学改革的深化[J].教育研究,1997(9):3-8.

[49]陈海烽.用课堂语言激发学生学习的正能量[J].初中数学教与学,2015(1):3-5.

[50]刘东升.李庚南老师板书艺术赏析[J].数学通报,2015,54(12):20-23.

[51]林舒妍,陈海烽.数学实验辅助教学难点突破探究[J].数学教学通讯,2018(2):3-4.

[52]郑毓信.中国学习者的悖论[J].数学教育学报,2001,10(1):6-10.

[53]邢成云.基于单元统整的章起始课教学实践探索——以人教版"实数"为例[J].中学教研(数学),2022(2):1-5.

[54]邢成云."整体统摄·快慢相谐"的整体化教学[J].中国教师,2021(10):38-41.

[55]钟启泉."课堂互动"研究:意蕴与课题[J].教育研究,2010(10):73-80.

[56]张紫屏.师生互动教学的困境与出路[J].教育发展研究,2015,35(6):44-52.

[57]吴康宁,郝京华,吴永军,等.课程的社会学研究简论[J].教育研究,1997(9):26-30.

[58]陈枚.师生交往矛盾的心理学分析[J].教育理论与实践,1992,12(1):46-52.

[59]曹一鸣,贺晨.初中数学课堂师生互动行为主体类型研究——基于LPS项目课堂录像资料[J].数学教育学报,2009,18(5):38-41.

[60]于国文,曹一鸣,CLARKE D,等.师生互动的实证研究:中芬法澳四国中学数学课堂中的师生互动[J].全球教育展望,2019,48(1):71-81.

[61]赵冬臣,马云鹏,张玉敏,等.小学数学课堂师生话语的定量研究——以13节优秀课例为例[J].上海教育科研,2014(12):46-49.

[62]潘亦宁,王珊,刘喻,等.初中数学课堂上的师生互动研究——基于视频案例的分析[J].教育理论与实践,2015,35(8):59-61.

[63]丁朝蓬,刘亚萍,李洁.新课程改革优质课的教学现场样态:教与学的行为分析视角[J].课程·教材·教法,2013,33(5):52-62.

[64]朱黎生,沈南山,宋乃庆.数学课程标准"双基"内涵延拓的教育思考[J].课程·教材·教法,2012,32(5):41-45.

[65]MOLINARI L, MAMELI C, GNISCI A. A sequential analysis of classroom discourse in Italian primary schools:the many faces of the IRF pattern[J]. British Journal of Educational Psychology,2013,83(3):414-430.

[66]赵冬臣,马云鹏.教学改革的渐进性:不同年代优质课研究的启示[J].教育研究,2012,33(10):115-123.

[67]顾继玲.关注过程的数学教学[J].课程·教材·教法,2010,30(1):70-74.

[68]朱雁,徐瑾劼.TALIS2018视域下中英初中数学课堂的审视与比较[J].中国教育学刊,2019(11):24-30.

[69]陈佑清,胡金玲.核心素养导向的课程与教学改革的特质——基于核心素养特性及其学习机制的理解[J].课程·教材·教法,2022,42(10):12-19.

[70]王新民,吴立宝.课改十年小学数学课堂教学变化的研究[J].中国电化教育,2012(8):111-114.

[71]沈小亮.综合实践理念指导下的"数学活动"设计——以"探究点所在曲线的形状——抛物线"为例[J].数学教学通讯,2021(26):30-31.

[72]陈海烽.利用实验探究 提高复习效率[J].中学数学教学参考,2018(8):17-20.

[73]裴敬阁.如何提高初中数学课堂的学生参与度[J].教育实践与研究,2013(12):51-53.

[74]钱云祥.本来,数学就是这样学的[J].中学数学杂志,2004(10):4.

[75]王学沛,邓鹏,魏勇.几种数学观下的数学教学[J].课程·教材·教法,2008,28(2):53-57.

[76]邢成云,李秀珍.三角形大单元教学的实践探索[J].中小学课堂教学研究,2023(7):37-41.

[77]刘朝东.结合生活实际 提高教学效率——以数学反证法教学为例[J].宁波教育学院学报,2014,16(3):130-132.

[78]苏丽菊.搭建数学建模平台,培养学生建模能力——以"数据的波动程度"的教学为例[J].数学教学通讯,2022(17):45-47.

学位论文:

[79]孙利平.初中数学学困生形成原因及对策的案例研究[D].信阳:信阳师范学院,2015.

[80]吴晶.初中生数学焦虑、数学自我效能与数学学业成绩的关系研究[D].南京:南京师范大学,2014.

[81]夏宛央.初中学生数学观察能力培养研究[D].武汉:华中师范大学,2020.

[82]刘学.初中数学课堂不同教学设计模式对学生参与度的影响研究[D].武汉:华中师范大学,2016.

[83]马云凤.初中数学课堂中变式教学应用现状调查研究[D].沈阳:沈阳师范大学,2022.

[84]郭昕.高中数学课堂师生互动研究[D].郑州:河南大学,2019.

[85]张紫屏.课堂有效教学的师生互动行为研究[D].上海:上海师范大学,2015.

[86]刘兰英.小学数学课堂师生对话的特征分析:上海市Y小学的个案研究[D].上海:华东师范大学,2012.

[87]罗圣洁.课改二十年来初中数学课堂互动特征的变化研究——基于18节课堂录像的分析[D].重庆:西南大学,2023.

[88]程洁.基于发现和提出问题推进初中数学课堂教学的研究[D].苏州:苏州大学,2022.

[89]韦娟娟.深度学习视角下初中数学教学现状研究——以某初中为例[D].扬州:扬州大学,2022.

后记

继我第一本专著《灵动课堂：从传授知识到传递智慧》之后，我一直有个心愿，就是通过自己绵薄之力能改变初中数学的课堂教学面貌，哪怕只是一丁点儿。恰好我是省级名师陈德燕工作室的核心成员，机缘巧合与福建省寿宁县有了交集，多次下到寿宁县指导数学教学。去年有人告诉我，寿宁县数学成绩取得长足进步，我心中有一丝窃喜，自己的教育教学主张结出了果实。后来，寿宁六中的徒弟叶小平老师说运用我那本书的方法进行设计教学，在省级公开课获得好评。这更激起我写灵动课堂2.0版的欲望。因为我深切地知道，原来的那本书还存在学理性不足、策略不够系统等遗憾，恰逢参加厦门市首期卓越教师培养对象培训，其中有一项任务就是要出版自己的个人专著，两者叠加就成了我写此书的初衷。

为了更好地让自己的教学主张落地，我开展了"旨向高阶思维培养的初中数学灵动课堂构建研究"项目（项目编号：FJJKXB19-930），通过研究，我对如何激发学生学习的主动性也更有心得。让学生发现和提出问题，设计更好的问题链等策略也随之提炼出来。在这里，我要感谢我们所有五缘初中数学组的小伙伴们，在课题研究过程中，全体成员一起琢磨，一起实践，一起收获研究的喜怒哀乐，感谢陈嘉尧、胡丙火、林舒妍、练琼莺、苏丽菊、蔡歆熠、林荣珍、姚小琴、陈欣欣、谢春华、林燕莉、郑巧斌等小伙伴们。他们有的帮忙开发实验案例，有的付诸实践，有的反思提炼形成论文。还要感谢学校一直以来的支持，已经多年开展以"灵动课堂"为主题的省、市级开放周，使得"灵动课堂"在全省产生了一定的影响。

都说读万卷书不如行万里路，行万里路不如名师指路。教学的万里路就在年复一年，日复一日的课堂实践中，在寻梦中我遇到了一群贵人——西南大学教育学部的导师们。他们是宋乃庆、罗生全、王正青、赵斌、范涌峰等教授天团，他们站得高、看得远、点得透。特别感谢恩师陈婷教授，经常在深夜和学员一同讨论教学主张、书稿内容。在此，要特别感谢北京师范大学二级教授、义务教育数学课程标准修订组组长曹一鸣先生,他经常支持我、鼓励我,并拨冗为本书作序。

感谢厦门市教育局名师工程领导小组的同志们,特别感谢陈珍局长、洪军副局长、刘伟玲处长、唐华玲副处长、叶小波主任,厦门教育科学研究院的庄小荣院长、潘世峰副院长、魏登尖副主任。他们一直关心书稿的进展。我也要感谢我们的生活班主任黄谦老师,是她默默地付出使我们能静下心来,应该说军功章有她的一半。

我还要感谢西南大学出版社的编辑朱春玲老师,要知道数学图表、公式的检查是最伤神的,是她经过认真审校,提出了不少宝贵的意见和建议。另外,也要感谢陈海烽名师工作室的成员,他们有的帮我提供案例,有的帮我重新作图。如陈玲、陈琮化、廖辉辉等。此外,还有两位挚友书法家杨炳龙先生和教育部中小学名师领航工程的邢成云大哥,在此一并致谢!

一路走来,感恩每一位理解我、相信我、支持我、帮助我的人。

书中提供的案例均经过课堂考验,读者可以将之付诸实施,体验灵动课堂的魅力,让学生能真正地参与,让学习真实发生,助力学生的成长,培养新时代的建设者和接班人。当然,灵动数学课堂的创设策略肯定不止这些,希望更多的同仁加入到灵动课堂的研究队伍中来,丰富灵动课堂的研究成果。

诚然个人在审稿中也使出了洪荒之力,但个中错误在所难免,存在疏漏在所难免,恳请读者不吝指正。

陈海烽
2024年7月